Zentrum Berlins
ca. 500 Meter
allee
Str.
Allee
str.
Allee
Senefelderplatz
Schönhauser
Choriner
Friedh.
d. St. Marien-
Kloster-
Gem.
edhof
str.
Linien-
Rosa-Luxemburg-Platz
str.
Str.
Prenzlauer
St. Nikolai-
Gem.
Str.
Moll-
Mendels-
sohnstr.
Str.
str.
Münz-
str.
Hans-Beimler-
Alexanderplatz
Karl-Liebknecht-

Heinz Knobloch
Berliner Grabsteine

Heinz Knobloch

Berliner Grabsteine

Buchverlag Der Morgen
Berlin

ISBN 3-371-00085-0

Ich glaube, es war Knobloch
und der ist ja wohl todt.

Theodor Fontane
an Friedländer,
27. Dezember 1893

Berliner Grabsteine

In Berlin, das hat vor über hundert Jahren ein Vor-Gänger bedauert, gibt es keinen »Friedhof der Berühmten« wie in London oder Paris (oder Prag oder Leningrad); auch der Name Zentralfriedhof bedeutet nicht, daß dort die Großen aus mehreren Jahrhunderten versammelt sind. Wer in Berlin Grabsteine sucht und sehen will, wird sich wundern und braucht Zeit.

Außer einer Blume, einer Kerze, einem Steinchen, je nachdem, muß man Kenntnis mitbringen. Fontane wußte: Man sieht nur, was man weiß.

Der Friedhof als Museum. Er hat sogar günstigere Öffnungszeiten. Der Friedhof als Geschichtsbuch; aufgeschlagen, stumm, vielsagend.

Auch berühmte Namen unterliegen dem Verschleiß, der Vergeßlichkeit. Einzelne Friedhöfe, aber es sind wenige, zeigen am Eingang einen Lageplan und eine Tafel mit bemerkenswerten, manchmal als Ehrengrab gepflegten Grabstellen.

Ein Buch mit Berliner Grabsteinen ist ein Friedhof, den man einrichtet. Lauter Wahlstellen. Wen läßt man weg? Die oft erwähnten, längst beschriebenen. Daher wird man hier den Dorotheenstädtischen Friedhof vermissen, jedenfalls den einen, aber den anderen finden. Es fehlt der Jüdische Friedhof in der Schönhauser Allee. Es fehlen Schinkel und Brecht, Seghers und Hegel, Scharnhorst und Liebermann, Grotewohl, Borsig und Külz, Schleiermacher und Nuschke, Mühsam und die Königin Luise. Aber Claire Waldoff bekommt einen Grabstein, weil sie in Berlin keinen hat. Gleichfalls Edmund Edel, weil er keinen mehr hat. Und Arthur Nicolaier, weil er nie einen bekam.

Der erste Spaziergang, der angeboten wird, führt durch alte Quartiere, über zerstörte und eingeebnete Gräber zu vorhandenen, denkmalgeschützten und frischen. Zwei bereits früher veröffentlichte Spaziergänge erscheinen hier erneut. Erneuert. Die »Wanderung zu Fontanes Grab« ist mittlerweile für jeden möglich. Dazu ein Nachtrag, bereichert durch den Bericht einer inzwischen verstorbenen Urenkelin des Dichters. Die »Herbert-Baum-Straße 45« ist durchgesehen und im Umfang verdoppelt.

Leser haben einige Beiträge bereits ergänzt. In meiner regelmäßigen Rubrik in der »Wochenpost« war mancher Blick »Mit beiden Augen« auf ein Grab gerichtet, das Aufmerksamkeit verdiente. Gedenktage spielten dabei eine Rolle und Entdeckerfreude. Es gab Verblüffungen, Kopfschütteln über die Geschichtslosigkeit jener, die nur nach der heutigen Morgenzeitung leben. Andererseits wächst, seit das Sterben aus dem Schlafzimmer ins Krankenhaus umquartiert wurde und der Tod wie etwas Unpassendes aus dem öffentlichen Leben verdrängt worden ist, ungeachtet dessen oder gerade deshalb die Zuwendung vieler zum Begräbnisplatz, weil sie dort zu sich selber finden.

Der Friedhof hat einiges bewahrt. Manche Straße, manches Haus sind nicht mehr auffindbar nach dem zweiten Kriege. Einiges allerdings wurde im friedlichen Nachkrieg zerhackt. Überall wartet Geschichte auf uns.

Unter einer einfachen, nicht polierten, sondern abgezogenen Granitplatte, denn er liebte solche Endbehandlung bei Steinen, ruht Mies van der Rohe auf Chicagos vornehmstem Friedhof. Der Schöpfer des 1926 eingeweihten Revolutionsdenkmals in Friedrichsfelde. Einer der Großen der Architektur unseres Jahrhunderts. Noch im Jahrzehnt nach Hitler hatte der in die USA emigrierte Künstler Schwierigkeiten: Der Ausschuß, der »unamerikanisches Verhalten« untersuchte, befragte ihn über sein Berliner Kommunistengrab. Eine Jugendsünde? Mies van der Rohe erklärte: »Als ich in meinen besten Jahren war, habe ich die Sache gemacht, und ich bin verdammt stolz darauf, daß sie mir gelungen ist.«

Ein Monument aus dunklen Hartbrandklinkern. Zwölf Meter lang, vier Meter breit, etwa sechs Meter hoch. Es gefiel nicht jedem. Aber welches Denkmal gefällt bei seiner Enthüllung allgemein. In diesem – nicht etwa städtisch finanzierten – Grabmal steckten die oft zitierten Arbeitergroschen und ermöglichten überhaupt den Bau einer Gedenkstätte, weit über die Stadt hinaus von Bedeutung. Unter Hitler wurde im Januar 1935 alles zerstört, abgetragen, die Stelle dem Erdboden gleichgemacht, umgepflügt, später neu belegt. Es war die fürchterliche Angst der Machthaber vor dem kleinen Mann, der jedes Jahr im Januar hierher wie zu einer Wallfahrt ging.

Grabsteine gehören nicht bloß zur Geschichtsschreibung. Sie sind es. Der Vorarbeiter der damaligen Friedhofskolonne, ein Mann namens Pinkall, schaffte zwar wie angeordnet die Grabtafeln mit den verpönten Namen Liebknecht und Luxemburg beiseite, aber bis in den Wirtschaftshof der Gärtnerei, wo sie überlebten. Man kann sie heute im Museum für Deutsche Geschichte sehen. Steine reden. Ihr »Ich war, ich bin, ich werde sein« war angekündigt.

Nach der Befreiung bemühte sich Wilhelm Pieck, der spätere erste Präsident der DDR, um ein Wiedererstehen der Gedenkstätte. Er hatte sie seinerzeit eingeweiht. Dort lagen, ehe ihre sterblichen Reste umgegraben wurden, seine Gefährten. Erschüttert stand er am Sarg von Franz Mehring, der als einziger durch einen Zufall unzerstört geblieben war. Von Rosa Luxemburgs Zinksarg war noch ein Griff vorhanden. Trotz alledem. Pieck zeichnete eine Skizze für den Neubau einer Gedenkstätte, entwarf den Stein mit der Inschrift »Die Toten mahnen uns« und sprach zur Einweihung der neuen Anlage am Eingang zum Zentralfriedhof. Unter dem Namen Pergolenweg sind an diese Gedenkstätte angrenzende Felder bekannt. Einigen Menschen dort, die mir in jungen Jahren Chancen gaben, schulde ich einen Nachruf.

Als vor über hundert Jahren dieser für die schnell wachsende Stadt notwendige Friedhof eingerichtet wurde, entging er der Aufmerksamkeit der Geschichtsschreiber. Es war ein Literat, der so gut wie vergessene Berliner Spaziergänger Julius Rodenberg, von dem auf den kommenden Seiten oft die Rede ist, der die Gründung miterlebte. Er sei unser Berichterstatter. Er hat sich in Friedrichsfelde beisetzen lassen. Das damit verbundene Risiko konnte er nicht voraussehen.

Über Berlins Begräbnisplätze und Gräber gibt es weniger Literatur, als in einer so bewegten Großstadt zu erwarten wäre. Zum Beispiel war das Buch von Ernst Litfaß, der nicht nur die Säule erfand, nirgends aufzutreiben. Dieses Thema ist wohl stets etwas für Außenseiter.

Wer etwas über Gräber in dieser Stadt wissen möchte, kommt nicht ohne das Standardwerk eines Beamten der Allgemeinen Elektrizitäts-Gesellschaft (AEG) aus. Er hieß Willi Wohlberedt und ver-

ROSA
LUXEMBURG
* 5. 3. 71.
+ 15. 1. 19

KARL
* 13. 8. 71.
+ 15. 1. 19

faßte das »Verzeichnis der Grabstätten bekannter und berühmter Persönlichkeiten in Groß-Berlin und Potsdam mit Umgebung. Im Selbstverlage des Verfassers. Berlin 1932«. Daß er keinen Verlag fand, ist bezeichnend. Im Vorwort heißt es: »Ungezählte Sonn- und Urlaubstage der letzten 20 Jahre habe ich auf den Friedhöfen Groß-Berlins und Potsdams zugebracht.« Als er das schrieb, war er vierundfünfzig Jahre alt.

Der Hobby-Forscher, wie man ihn heute nennen würde, stellte fest: »Zur Pflege und Erhaltung der Gräber bedeutender Persönlichkeiten geschieht in Groß-Berlin so gut wie nichts; ebenso steht es mit dem Schutze künstlerisch wertvoller Grabmale. Viel ist schon vernichtet und dem Erdboden gleichgemacht, das verdient hätte, erhalten zu bleiben.« 1932, wie gesagt. »Nur ein wenig Verständnis, Pietät und guter Wille gehören, neben verhältnismäßig geringen pekuniären [geldlichen] Opfern dazu, es besser werden zu lassen.«

1934 erschien der Teil II. Dort findet sich zusätzlich Interessantes über »verschwundene« Friedhöfe und über Inschriften. Wohlberedt hatte bis dahin 2700 Gräber registriert. Obwohl Hitlers Regime im Büchlein bereits deutlich spürbar ist, bleibt die Jüdische Gemeinde gleichberechtigt neben den Büros anderer Konfessionen für Nachforschungen verzeichnet, sind jüdische Friedhöfe und Gräber erwähnt, wenn auch in dürftiger Anzahl und in keinem Verhältnis zur Bedeutung dieser Menschen in Geschichte und Leben der Stadt.

1939 erschien die nächste, fortgeführte Ausgabe. Immer noch im Selbstverlag des Verfassers, der im Vorwort beteuert: »Ganz besonders mache ich darauf aufmerksam, daß im vorliegenden III. Teile Juden (und Marxisten), so weit sie mir als solche bekannt sind, nicht aufgenommen wurden und auch für die Folge nicht mehr vorgemerkt werden.« – Vielleicht hat er sich damit die Drucklegung erkauft. Aber mußte er sein Vorwort »30. Januar 1939« datieren, den Tag wählen, der Hitlers Machtergreifung markiert? In seinen beiden früheren Schriften war Wohlberedt nie so präzise gewesen.

Dann kommt der Krieg und zerstört Gräber und sogar ganze Friedhöfe. 1952 erscheint Wohlberedts Teil IV. Vorn sein Bild. Er hat das Büchlein nicht mehr erlebt. Im Vorwort von 1950 sein Versuch, sich zu rechtfertigen: »Stets war ich bestrebt, mich jeder Parteilichkeit zu enthalten. Rassenhaß, politische Einseitigkeit und kirchlicher Fanatismus lagen mir von jeher fern.« Als er um Druckerlaubnis nachsuchte, sollte er zeitgemäß umarbeiten: »Ich mußte eine ganze Reihe Aufzeichnungen streichen (in erster Linie Juden und Marxisten) und andere dafür eintragen. Um unliebsamen Überraschungen aus dem Wege zu gehen, mußte ich mich fügen.« Wohlberedt hat seinem letzten Band, und das mag unseren Eindruck mildern, ein Gedenkblatt für Ernst von Harnack vorangestellt, »gestorben am 5. März 1945 durch Henkershand als Märtyrer für die Befreiung unseres Volkes vom Nazijoch. Seine Grabstätte ist unbekannt. Ernst von Harnack bleibt uns Vorbild für alle Zeit in Vaterlandsliebe, Furchtlosigkeit und Hilfsbereitschaft.« Als »Gräberkommissar der Reichshauptstadt« hatte von Harnack viel für die Erfassung und Dokumentation von Grabstätten tun können, doch die meisten Unterlagen sind dem Krieg zum Opfer gefallen.

Der Gang zum Friedhof gehört zu meiner Kindheit. Ich war als Siebenjähriger dabei, als mein Großvater nach dem Wochenendausflug in einer Gaststätte starb. Mehrmals in der Woche, im Sommer täglich, ging meine Großmutter auf den Friedhof. Ich kam gern mit. Kannte dort bald die Nachbarschaft, spielte unter einer Linde ungestört mit Hölzchen, Moos und roten Käfern. Der Friedhof war lebhaft und interessant. Es gab Namen zum Buchstabieren, Kindergräber mit weißgrauen Engelsköpfchen, am Erbbegräbnis eines Baurats war für sein Todesdatum Platz gelassen, sogar der Ort stand schon dabei. Konnte man auf dem Friedhof lernen, vorausschauend zu leben? Öfter kam ein Trauerzug vorbei, weinten Witwen, wehten Orgelklänge von der Kapelle, läuteten die Glocken nicht nur zur vollen Stunde. Der Friedhof war spannend. So kam es, daß ich nie Bange hatte und später gern solche Stätten aufsuchte, bald merkte, man geht dort ungestört seinen Gedanken nach, wird nicht überfahren und kaum abgelenkt. Der Friedhof gibt Frieden und innere Ruhe – falls dort niemand liegt, der dir nahestand.

Der Schmetterling auf dem Einband kommt vom Grab von E. T. A. Hoffmann. Ein uraltes Symbol. Der Flatterer verkörpert gleichermaßen die Flüchtigkeit unseres Daseins wie die Unsterblichkeit, die viele ersehnen, die wenigen zukommt.

Große Hamburger Straße

Wir biegen in die Große Hamburger Straße. Mittlerweile kennen viele den Weg zu Mendelssohns Grab. In den letzten Jahren wurde der Gedenkstein für die Opfer der Deportationen neu gestaltet; eine Figurengruppe steht neben dem Eingang zur städtischen Grünfläche, die einmal ein jüdischer Friedhof gewesen ist.

Von einem breiten Weg umrandet, ist sie der ideale Laufplatz für junge Mädchen, die nebenan im Gebäude der ehemaligen Jüdischen Knabenschule den Beruf des Industriekaufmanns erlernen, der Industriekauffrau, bitte schön. Sie drehen im Sportunterricht ihre Runden, traben an Mendelssohns Grab vorbei. Wen stört das? Sind hüpfende Brüste und Mädchenkeuchen nicht im Sinne eines Menschenfreundes?

Der Spaziergänger liest auf Tafeln die Vorgeschichte. 3000 Grabsteine, vom Erdboden verschwunden, und einige vielleicht noch nebenan auf dem Schulgelände unter der Erde. Ein Stück steinernes Berlin, von dem nur einige Abbildungen überliefert sind. Um so wertvoller eine Beschreibung vor hundert Jahren. Von Julius Rodenberg, dem unentwegten Berliner Spaziergänger. Julius Levy, aus Rodenberg stammend; er hatte zwar jegliche Bindung zum Judentum abgebrochen, als er in jungen Jahren in Berlin seinen Namen wechselte, zugunsten einer literarischen Laufbahn, aber es war kein Übertritt zu einer anderen Religion. Es war mehr eine Art Weltstadtbürgertum, das ihn künftig prägte und mit vielen Fäden an die Geschichte Berlins fesselte.

»Unter dem grauen Novemberhimmel stehe ich vor einem beträchtlichen Gebäude der Großen Hamburger Straße, dessen Glocke ich, nicht ohne ein gewisses Zagen, berühre. Das Haus ist die Jüdische Alters-Versorgungsanstalt, das daneben die Jüdische Knabenschule und beide zusammen begrenzen den ältesten, nunmehr schon lange geschlossenen Jüdischen Friedhof, welcher ein weites, offenes Terrain zwischen den benachbarten Quartieren der Großen Hamburger und Rosenthaler Straße bildet, und gegen Norden an den gleichfalls längst geschlossenen alten Sophienkirchhof stößt – dort sind von literarischen Zeitgenossen Ramler und die Karschin, hier ist Moses Mendelssohn bestattet worden.

Zögernd nur, wie ich sie gezogen, meldet die Glocke mich im Innern an; undeutlich durch das Wagengerassel, das in diesen Straßen nicht aufzuhören scheint, vernehme ich nahende Schritte, die Tür wird mir von einer freundlichen Dame geöffnet, und noch bevor ich den Friedhof betrete, mache ich die Bekanntschaft ihres Oheims, des Herrn Friedhofsinspectors Landshuth. Der Herr Inspector ist ein Mann von neunundsechzig Jahren und das Bild eines anspruchslosen jüdischen Gelehrten. Die Fenster seines Studierzimmers gehen nach dem Friedhof; die eine Wand ist ganz mit Büchern und Schriften bedeckt, an der anderen hängen zahlreiche größere und kleinere Porträts jüdischer Berühmtheiten, den Ehrenplatz in der Mitte nebeneinander haben Lessing und Mendelssohn. Namentlich mit dem Letzteren hat der Herr Inspector sich viel beschäftigt, er ist noch einer von denen, die fest an den Mendelssohn'schen Ideen hängen, und er zeigte mir einen Kasten, der voll von teilweise noch ungedrucktem Material zur Geschichte Mendelssohns ist.

Hier, mitten in Berlin, in einer seiner bevölkertsten Gegenden, lebt dieser Mann, wie weit von ihm geschieden, ein Leben der Vergangenheit. Er lebt mit seinen Toten, und seine Toten leben mit ihm; er lebt mit ihnen wie in einer großen Familie, ist vertraut mit jedem Grabstein, hat viele von den ältesten überhaupt erst wieder aufgerichtet, deren Inschriften entziffert, manche ganz neu wieder hergestellt und hält sie alle in musterhafter Ordnung. Er kennt genau die Geschichte jedes einzelnen dieser unzähligen Toten, von denen nichts mehr ist als ein eingesunkener Hügel und ein Name; die vielfachen Familienverzweigungen bis auf den heutigen Tag, ihre ehemaligen Wohnstätten und deren Veränderungen im Laufe der Zeit. Auf diesem Friedhofe ruhen die Väter der jetzigen jüdischen Gemeinde von Berlin, sie, die vor zweihundert Jahren aus Wien kamen; die Vorfahren aller gegenwärtigen Größen jüdischen Ursprungs und unter ihnen nicht wenige, deren Nachkommen, ihrem jüdischen Ursprung entfremdet, hohe Stellungen im Staat und in der Beamtenwelt einnehmen. Aber für den Herrn Inspector gehören sie noch immer zur Familie, und mit derselben Liebe und Pflege hegt er ihr Gedächtnis.

Der älteste Grabstein ist von 1672, der zweite von 1675, und bis zum Jahre 1827, wo der neue, nunmehr auch geschlossene Friedhof vor dem Schönhauser Tor angelegt wurde, war dieser die einzige Begräbnisstätte der Gemeinde. Gegen zwölftausend Tote ruhen auf ihm. Die Juden haben einen schönen Ausdruck für einen Friedhof; sie nennen ihn den ›guten Ort‹ – und er war es wohl jahrhundertelang für sie, der Ort, aus welchem sie nicht mehr vertrieben werden konnten. Ein jüdischer Friedhof, wenn er nicht etwa jene Art schauerlicher Romantik wie der Prager hat, bietet dem fremden Besucher wenig Anziehendes. Es ist nur die düstre Seite des Todes, die er zeigt; er verhüllt nichts durch freundlichen, zu den Sinnen sprechenden und sie beruhigenden Schmuck. Aber was die Pietät für die Gestorbenen betrifft, so möchte ich wohl in Berlin vergeblich einen anderen Friedhof suchen, wo man ihr Andenken über zwei Jahrhunderte hinaus in gleicher Weise liebevoll erhalten hat. Mehr als dreitausend von den alten Grabsteinen sind ermittelt, renoviert und zum Teil wieder aufgerichtet worden. Die tiefe Melancholie des Herbsttages ruht auf dieser stillen Stätte voll aufrecht stehender Steine, mit kahlen Bäumen dazwischen und welkem Laub, aufgehäuft über den eingesunkenen Gräbern. Ringsum ist der Friedhof von einer Mauer und von Häusern eingeschlossen, durch den Nebel herein schaut der hohe Turm der Sophienkirche und dumpf, mit den Geräuschen aus den umgebenden Gebäuden, mischt sich der Lärm der Stadt. Vorn an der Mauer, wo früher der Eingang gewesen, sind die Gräber der Rabbinen und dann, in einer großen Gruppe zusammen, die der ersten Einwandrer aus Wien. Viele von diesen Grabsteinen sind sehr zierlich ausgehauen, mit Säulenknäufen und Blumengewinden – dem spärlichen Zierat, welchen das jüdische Ritual den Toten gestattet. Hier und dort sieht man die segnend zusammengefügten Hände der Priester, die Gießkanne der Leviten. Auch der Löwe findet sich, um anzudeuten, daß der Name des hier Bestatteten Jehudah gewesen – denn Jehudah heißt Löwe. Zahlreich sind die Gedenktafeln, welche von Urenkeln bis zur achten Generation ihren Vorfahren gewidmet worden; und ganz am Ende gelangt man auf ein weites Stück, von Rasen bedeckt, wo nur noch einzelne, schon halb in die Erde gesunkene Steine stehen; dann wieder eine dichtere Reihe von Gräbern, versteckt unter Baum- und Buschwerk, zuletzt nur noch eines, hier und dort – und nun auf einmal

משה בן מנחם

wieder die Stadt, aus der Ferne die Klingel der Pferdebahn und über meinem Haupte dahinfliegend eine Schar Raben . . .

Ein Grab aber hebt von allen Gräbern sich leuchtend ab – es ist von einem Gitter umschlossen, mit Efeu bewachsen, und auf dem Grabstein steht, oben in hebräischer Schrift, unten in goldenen deutschen Lettern:

Moses Mendelssohn
geb. zu Dessau den 6. September 1729
gest. zu Berlin den 4. Januar 1786.«

Sein Grab ist heute das einzige weit und breit.

Mancher bringt einen Stein mit und legt ihn oben hin. Lange liegt er dort nicht. Sind es spielende Kinder oder ordnungskranke Trottel, die immer wieder diese Botschaften herunterwischen?

Am Schulhaus das Porträt des Herrn Moses und sein Spruch zum Mitnehmen: »Nach Wahrheit forschen, Schönheit lieben, Gutes wollen, das Beste tun«.

Toleranzstraße

Als die evangelische Sophiengemeinde 1712 das vor der Stadt gelegene Grundstück kaufte, reichte es nicht aus. 1714 schenkte die benachbarte jüdische Gemeinde ein Stück Land. Das war der Beginn guter Beziehungen.

Wer günstig kommt, und das kann sonntagvormittags sein, findet das große Tor geöffnet, geht rechts an der Sophienkirche vorbei und gelangt auf einen weiträumigen Hof: alte Bäume und einige Grabstellen; auch ein Sandhaufen und anderes zum Spielen. Der Kindergarten hat Tradition, 1885 richtete die Gemeinde eine der ersten Kleinkinderbewahranstalten ein.

Die Kinder spielen, der Zufall will's, gleich neben der Grabstätte des Historikers Leopold von Ranke. Falls sie ihn nicht kennen und nie erfahren, daß er 54 Bände füllte und die Geschichte so zeigen wollte, wie sie »eigentlich gewesen ist« – ihre Sandburgen passen genau ins Geschichtsbild.

Ein Stück entfernt und durch ein Gitter vor Zugriffen, aber nicht vor der Berliner Luft geschützt, das einzige freistehende Barockgrabmal der Hauptstadt. Friedrich Johann Koepjohann, ein Schiff-

baumeister vom Schiffbauerdamm und Wohltäter der Sophiengemeinde. Der Name seiner Frau ist mit ö geschrieben.

An der Wand der vor einigen Jahren rekonstruierten schönen Barockkirche sind Grabtafeln eingelassen. Für Carl Wilhelm Ramler, den Dichter und Versmaßbeherrscher, der über Mendelssohns Tod eine Trauerode schrieb. Um die Ecke, frisch vergoldet, die Tafel für Anna Louisa Karsch, die nicht vergessen sein darf, denn sie hat ihr Feld im Berliner Dichtergarten mit Fleiß bearbeitet. »Kennst Du, Wanderer sie nicht, / So gehe und lerne sie kennen.«

Johann August Buchholtz. Viele Titel, an manche Zeitungsanzeige erinnernd. Hof-Etats-Rentmeister, Königlicher Kriegs- und Domänenrat, Trésorier und Hofstaats-Rentmeister. »Er diente dem königlichen Hause 71 Jahre«, und sein Name ist Formel und Ausrede gewesen für Einsparungen, für Geldknappheit aus Gründen der Rüstung. »Buchholtz hat kein Geld dazu«, schrieb König Friedrich II. an den Rand, als beispielsweise 1766 das Ministerium Mittel beantragte, um die Lange Brücke instand zu setzen (heute zwischen Marstall und Palast der Republik). Er schob auch im Gespräch den Geldbeutelbewahrer vor: »Da kennen Sie Buchholtzen schlecht!«, und es geriet unter die geflügelten Worte.

Schließlich Zelter. Maurermeister, Musiker und Komponist. Er leitete die Singakademie, die ihm den Stein setzte, und er war Goethes bester Freund. Ihr Briefwechsel beweist es.

Auf einem verwitterten Sandstein an der Sophienkirche: »Hier ruht an des Sohnes Seit gegen diesem Leichensteine / Dorothe Elisabeth so aus Kautschens Fleisch und Beine / Auf die Welt geboren wurde, da man sechszehnhundert Jahr / Und noch sechs und achtzig zehlte. Johann Wilhelm Finne war / Ihr vertrauter erster Mann, bey dem sie in funfzehn Jahren / Von neun Kindern Mutter ward, aber auch den Riß erfahren / Daß der Mann wie auch fünf Kinder gingen in die Ewigkeit / Und sie also nur noch viere hier behielte in der Zeit. / Doch nachdem sechs Jahre hin, daß sie Witwe war gewesen / Kam ihr zweyter Ehemann, der sie sich ihm Auserlesen / Zur Gehülfin seines Hauses, Herr Johannes Daniel / So aus Schwartzenhauer Stamm und trat an des Ersten Stell. / Mit demselben zeugte sie binnen sechs und zwanzig Jahren / Sohn und Tochter, welche Beyd schon voran zu Gott gefahren / denen sie auch nachgefolget, als sie ward am achten May / Siebzehnhundert zwei und fünfzig von des Lebens Banden frey / Da sie sechs und sechzig Jahr in demselben es geschehen / Daß sie von elf Kindern hier funfzehn Enkel hat gesehen. / Nun, mein Wandrer, gehe weiter, eile und errette dich / Damit Du dereinsten sterbest in dem Herren seeliglich. / Und das helfe Gott und Allen / Die wir noch im Leibe wallen / Durch Tod, der uns Heyl verschafft / Und durch seines Geistes Kraft«

Dort, wo Zelter und Buchholtz liegen, ist der Ausgang in die uralte Sophienstraße, die zu den neubelebten der Stadt gehört. Entlang an einer langen Reihe efeuüberwachsener, meist anonymer Gräber. Es sind Bewohner aus der Nachbarschaft, tödlich getroffen in den letzten Kriegstagen von 1945.

Zurück in die Große Hamburger, wo das katholische St.-Hedwigs-Krankenhaus das Wort von der Toleranzstraße bekräftigt, das Anfang des Jahrhunderts die Runde machte. Toleranzstraße. Welche Straße dürfte sich so nennen lassen?

Die Große Hamburger mündet in den Koppenplatz. Da sind auch Berliner Grabsteine. Sie sind nur im Dunkel der Vergangenheit verborgen.

Christian Koppe war Stadthauptmann und Ratsverwandter, was nicht auf familiäre Beziehungen zur Stadtverwaltung deutet, son-

dern eher mit Verwendung zu tun hat. Ein angesehener und vermögender Mann, der in dieser Gegend 1696 ein Grundstück erwarb und es 1704 oder 1705 der Armenverwaltung stiftete, damit sie ein Armenhaus und einen Armenfriedhof errichten sollte.

Das Armenhaus hieß im Volksmund »das Türmchen«, weil ein kleiner Turm das Dach schmückte. »Es war ein Hospital der traurigsten Art«, schreibt Adolf Streckfuß in seiner Berlin-Geschichte:

Über zwanzig alte Weiber waren in drei Stuben zusammengepfercht in jammervollster, schmutzigster Armut. »Auf dem Hofe hinter dem Hause linker Hand befand sich das Grabgewölbe der Koppe'schen Familie ... Wenn man einige unbequeme Stufen hinabstieg, so trat man in ein niedriges Tonnengewölbe, dessen weißgraue Wände von den Salzen, die sich auf denselben kristallisiert hatten, erglänzten ... Auf dem Boden standen ungeordnet zwölf Särge verschiedener Größe, teils von eichenem, teils von kiehnenem Holz, in ihnen ruhten die Leichen der Koppeschen Familie, die sich sämtlich gut erhalten hatten. Durch die im Gewölbe herrschende eigentümliche Luft waren sie zu einer Art Mumien verdorrt. Besonders gut erhalten war der Leichnam des Ratsmannes Koppe selbst.« Christian Koppe hatte in seinem Testament bestimmt, daß er und seine Familie dort ihre letzte Ruhestätte finden sollten, und war 1721 beigesetzt worden.

Hinter dem Armenhaus wurden jene begraben, »deren Angehörige für die letzte Ruhestätte nicht die schweren Abgaben anderer Kirchhöfe opfern konnten oder wollten. In einem abgelegenen Winkel ruhten diejenigen, welche Verzweiflung zum Selbstmorde getrieben hatte.« 1811 errichtete die Behörde auf dem Koppeschen Armenfriedhof ein Leichenschauhaus »zur Ausstellung tot aufgefundener Leichname und zur Obduktion derselben«.

Karl Gutzkow, als er sich 1852 an seine Berliner Knabenzeit erinnert: »Es waren traurige Gräber, hier und da mit einem dünnen, verbrannten Rasen bedeckt, doch alle namenlos, ohne Kreuze, ohne den Schatten eines Baumes, den Schmuck einer Blume.«

1839/40 wurde der Armenfriedhof aufgehoben, das Gelände um 1853 planiert und unter dem Namen »Koppenplatz« dem öffentlichen Verkehr übergeben; 1855 beauftragte die Stadt Berlin den Architekten Friedrich August Stüler, ein Grabdenkmal für Christian Koppe zu gestalten. Die Inschrift lautet: »Herr Christian Koppe, Rathsverwandter und Stadthauptmann zu Berlin, widmete diesen Platz und dessen Umgebung im Jahre 1705 als Ruhestätte den Armen und Waisen, in deren Mitte Er selbst mit den Seinigen ruhen wollte und ruht. Sein Andenken ehrt dankbar die Stadt Berlin. 1855.« Die Säulenfront ist noch auf dem Koppenplatz zu sehen. »Die Gräber sind verschwunden, heut tummelt sich auf dem schönen, zum Teil schon von eleganten Häusern umgebenen Koppenplatz eine lustige Kinderschar«, so Streckfuß um 1886.

Toleranzstraße.

Wenn wir den Koppenplatz durch die Ackerstraße verlassen, die Wilhelm-Pieck-Straße überqueren und dann nach links gehen, um in die nächste Querstraße, die Bergstraße, einzubiegen, sind wir im Gebiet der Familienhäuser, der ersten großen Berliner Mietshäuser im ersten Drittel des 19. Jahrhunderts. Hier fand Bettina von Arnim das erschütternde Material für ihr Buch, das »dem König gehörte«, hier wurde das Proletariat literarisch entdeckt und als politische Gefahr erkannt, im Voigtland an der Invalidenstraße; die Gegend der Handwerker, abhängigen Heimarbeiter, Tagelöhner und armen Teufel.

Als Johann Friedrich Geist und Klaus Kürvers an ihrem Standardwerk »Das Berliner Mietshaus« (1980) arbeiteten, sahen sie sich die Totenbücher der Sophiengemeinde aus den Jahren 1824 bis 1830 an. Alle vier Tage erlebten die Bewohner der Familienhäuser einen Sterbefall im eigenen Haushalt oder in der Nachbarschaft. »Nur 8,5 % der Verstorbenen sind älter als 55 Jahre.« Und die Lebenserwartung? Im Durchschnitt liegt sie bei dreizehn Jahren. »Für die, die das erste Lebensjahr überlebt haben, bei 19 Jahren, und für erwachsene (über 15 Jahre alte) Männer und Frauen liegt sie bei 52 bis 53 Jahren.«

Der Umgang mit dem Tod gehört zum Alltag. »Die Hinterbliebenen behalten ihre Toten entweder in der eigenen Wohnung oder bewahren solche in einem gerade leer stehenden Zimmer auf.« Die Toten werden entweder auf dem Armenfriedhof an der Linienstraße (Koppenplatz) beerdigt oder auf dem den Familienhäusern gegenüberliegenden zweiten Sophienkirchhof in der Gartenstraße, der zwischen 1798 und 1875 belegt wurde. Wer sich auf dem unmittelbar an der Sophienkirche gelegenen Friedhof begraben lassen wollte, mußte fünf Taler und 21 Groschen Alt-Kurant bezahlen, während es auf dem neuen Friedhof vier Taler weniger kostete. »(Kinderleichen sind billiger und gelten als 1/4 Leiche).«

Die Bedingungen, unter denen Menschen »aufwachsen, leben und sich bewältigen müssen«, verändern auch ihre Sprache. 1862 beklagt ein Geistlicher: »Die Wörter ›Grab‹ und ›begraben‹ sterben im Voigtlande aus. Das ›Grab‹ ist zum ›Loch‹, aus ›begraben‹ ein ›inbuddeln‹ geworden, und 14jährigen Kindern sind die ordentlichen Bezeichnungen höchst ungewohnt, die gerügten höchst geläufig.«

Der Sophienfriedhof in der Gartenstraße existiert nicht mehr. Als er um 1930 in städtischen Besitz überging, wurde er in eine Grünanlage verwandelt, mit dem Stadtbad an seiner Rückseite. »Zillepark« heißt er heute, weil 1948, zum 90. Geburtstag des Zeichners, dessen erstes Denkmal von einem Kreuzberger Hinterhof hierher versetzt worden war; aber es zerbröckelte schnell und konnte nach der Rekonstruktion des Parks um 1977 nicht wieder aufgestellt werden.

Den dritten Sophienfriedhof, den noch bestehenden, finden wir ein Stück weiter nördlich, in der Bergstraße, wenn wir die Invalidenstraße überquert haben.

Trauerzüge

An einer Hauswand in der Bergstraße, dem Eingang zum Friedhof der Sophien-Gemeinde schräg gegenüber, verblaßt die (erhaltenswerte) Inschrift: »Trauermagazin Otto Weber. Mohrenstraße 45. Kostüme, Kleider, Mäntel, Hüte.« Sitten und Gebräuche ändern sich unmerklich. Eines Tages fällt es einem auf. In meiner Kindheit sah ich im Straßenalltag Witwen mit langem oder kurzem Schleier. In den siebziger Jahren wurden häufiger als heutzutage Trauerflore getragen, am Mantelärmel oder als Bändchen im Rockaufschlag. Die Zeiten ändern sich. Manches verschwindet und wird Kulturgeschichte.

Als der jung gestorbene Berliner Philosoph Eduard Gans 1839 auf dem Dorotheenstädtischen Friedhof begraben werden sollte, war der Trauerzug so lang, daß der Wagen des Königs, der zufällig den Weg kreuzte, halten und warten mußte. Und an der nächsten Straßenecke, nicht von einem Trauerzug zum Anhalten und Warten genötigt, im Gegenteil, kommen dir Gedanken.

Als am 3. März 1984 der Schauspieler Friedrich Richter neunundachtzigjährig gestorben war – ich verehrte ihn, war einmal bei ihm eingeladen; er las meiner Frau und mir eine eigene Geschichte vor –, stand in der Zeitung, daß die Trauerfeier im Deutschen Theater stattfinden und der Sarg anschließend auf dem Friedhof der Französisch-Reformierten Gemeinde in der Chausseestraße beigesetzt würde. Ich war so naiv zu glauben, ein Trauerzug würde vom Theater dorthin führen, und wollte mich anschließen – es gibt heute zwar manche Verkehrsstörung, Trauerzüge aber gehören nicht mehr dazu.

Bergstraße. Nach den Bergen genannt, den vormaligen Sandhügeln dieser Gegend. Eine kurze Straße, ihr nördliches Ende liegt in Westberlin. Die Staatsgrenze führt am Straßenrand entlang. Bernauer Straße. An der Hausfluchtlinie. Das ist ein Begriff aus dem Grundbesitzerwortschatz.

Somit ist ein Teil dieses Friedhofs der Sophien-Gemeinde als Grenzgebiet abgefriedet, der Zutritt nicht erlaubt. In diesem Abschnitt liegen Max Stirner und Adolf Streckfuß begraben.

Max Stirner

Max Stirner stammte aus Bayreuth und lebte nach ausgedehnten philosophischen Studien in Berlin als Lehrer an einer höheren Töchterschule. 1845 veröffentlichte er »Der Einzige und sein Eigentum«, eine Schrift, die als das Äußerste gelten kann, »was der philosophische Radikalismus der Hegelschen Linken an kühner und geistreicher Negation hervorgebracht hat«, so das alte Lexikon von Meyer. Marx und Engels polemisierten scharf gegen Stirner. Wenn sein Name in Personenregistern erscheint, begleiten ihn Begriffe wie: Philosoph, Linkshegelianer, Theoretiker des bürgerlichen Individualismus, Journalist und Sozialtheoretiker; er predigte die Theorie des Egoismus und vertrat einen zum Anarchismus tendierenden Solipsismus. Letzteres wiederum bedeutet, daß einer nur das Ich mit seinen Bewußtseinsinhalten als wirklich anerkennt. Es sei niemandem geraten, sich mit dieser Auffassung Stirners Grab vorläufig nähern zu wollen.

Friedrich Saß wußte 1846 mitzuteilen: »Stirner selbst aber ist als Persönlichkeit gar kein ›Einziger‹, sondern von der liebenswürdigsten Humanität durchdrungen.« Er hieß eigentlich Kaspar Schmidt, wurde aber von seinen Freunden Max Stirner getauft wegen seiner hohen Denkerstirn. Es war eine trinkfrohe Gemeinschaft, die sich nach der Hippelschen Weinstube in der Friedrichstraße »Die sieben Weisen des Hippelschen Kellers« nannte. Fontane kannte sie alle. Er erzählt, einer von ihnen, der Leutnant Saint Paul, wurde 1843 Zensor in Köln, um die durch Marx berühmte »Rheinische Zeitung« »totzumachen«. Saint Paul »war aber wegen eigener politischer Freisinnigkeit die dazu denkbar ungeeignetste Persönlichkeit«. Dazu fällt einem das prahlerisch-wilhelminische Wort ein, das hier einmal einen angenehmen Sinn bekommt: Den preußischen Leutnant macht uns keiner nach.

Jedenfalls trank dieser Zensor zusammen mit den Redakteuren, die er zähmen sollte. Dann rief man ihn nach Berlin zurück. Er wurde Lektor im Polizeipräsidium (was immer das bedeuten mochte), bis man ihn auch hier entfernte. »Dienst und Amtspflicht, vor allem aber pünktlich regelmäßige Tätigkeit« – Fontane hebt dieses Wort kursiv hervor – »waren ihm fremde Dinge.«

Die »Sieben Weisen« hatten emanzipierte Berlinerinnen um sich. Manche Paare wohnten zusammen, ohne verheiratet zu sein.

Ernst Dronke erzählt 1846 von der Hochzeit eines »emanzipierten Paares«. Er und sie wohnten bereits zusammen, dann ließen sie einen Geistlichen zur Vollziehung der legitimen Ehe kommen. »Als die Braut erschien, sah man dem Geistlichen seine Verwunderung darüber an, daß die Dame weder einen Myrthenkranz noch sonstigen festlichen Brautschmuck trug, sondern im einfachen Hauskleide erschien. Indes begann er die Handlung. Währenddessen benahmen sich die Zeugen in ziemlich auffallender Weise. Der eine, ein bekannter Schriftsteller, lag auf dem Sofa, die Beine über einen vor ihm stehenden Stuhl gestreckt und seinen Schnurrbart streichend; ein anderer stand am Ofen, die Hände in den Taschen und eine verkohlte Zigarre im Mund; die beiden letzten beschäftigten sich an einem anderen Fenster damit, die Vorübergehenden auf der Straße zu betrachten und kehrten während des ganzen Aktes der Versammlung den Rücken zu. Als es endlich zum Wechseln der Ringe kommen sollte, ergab es sich, daß keiner der beiden Gatten daran gedacht hatte, diese notwendigen Attribute herbeizuschaffen. Jeder Teil hatte geglaubt, daß der andere dafür Sorge zu tragen werde. Da auch keiner von den Zeugen im Besitz eines Ringes war, so wurden in Ermangelung eines Besseren zwei Ringe von den Fenstervorhängen gelöst ...« Es war Max Stirners Hochzeit, die Dronke so beschrieb.

Stirner war der erste der »Sieben Weisen«, der sich verheiratete. Fontane wußte mehr: »Seine Frau hatte etwas Geld, das, der Weisheit der ›sieben Weisen‹ entsprechend, sofort in einem großen Gesamt-Unternehmen angelegt werden sollte.« In einem Milchgeschäft. Man schloß Verträge mit etlichen Bauern, Pächtern und Gutsbesitzern. Sie lieferten von einem bestimmten Tage an bestimmte Mengen Milch an die Zentrale in der Bernburger Straße, einer kleinen, in der Nähe des späteren Anhalter Bahnhofs gelegenen Querstraße.

Fontane: »Die Milch kam denn auch, aber die Käufer blieben aus, und nachdem schließlich mehrere Tage lang ein gewisser saurer Milchton die ganze Bernburgerstraßenluft durchzogen hatte«, mußte eines Nachts der ganze Vorrat weggegossen werden. »Das Vermögen der Frau Stirner war hin.«

Es heißt, Stirner hätte dann den Köchinnen und Hausfrauen Milch und Butter an die Wohnungstür geliefert. Das ist, recht besehen, gar nicht als anarchistisch zu verwerfen. Doch es machte ihn weder reich noch berühmt. Nachdem seine ehemalige Frau nach der Märzrevolution mit einem anderen Mitglied des Zecherbundes nach Australien ausgewandert war, lebte Stirner bis zu seinem Tode als Privatgelehrter und Zeitungsberichterstatter unter dürftigen Umständen – 1853/54 kam er zweimal in Schuldhaft – in der Philippstraße, nahe der Charité, und starb am 26. Juni 1856. Es soll nur ein Bild von ihm geben. Eine Karikatur. Die hat der junge Friedrich Engels gezeichnet.

Adolf Streckfuß

Am 20. Januar 1844 erschien in der Schweiz eine Broschüre: »Ruchlosigkeit der Schrift: ›Dies Buch gehört dem König‹. Ein untertäniger Fingerzeig, gewagt von Leberecht Fromm« – es ist der junge Adolf Streckfuß, der unter diesem scheinheiligen Namen Bettina von Arnims Buch analysiert und unter die Leute bringt. In einem Schlußgebet spricht Leberecht Fromm von einem Gespenst, das er in diesem Buch entdeckt zu haben meint. Es ist ein Gespenst, das in Europa umgeht. Schaudernd beendet Streckfuß seine Heuchelei: »So steht der Teufel denn entlarvt vor uns in seiner ganzen Scheußlichkeit, und der Name dieses finster drohenden Gespenstes ist: Communismus!«

Bei Adolf Streckfuß liest nach, wer Einzelheiten über fünfhundert Jahre Berliner Geschichte erfahren möchte. Zwei umfangreiche Bände, die 1879 erschienen sind. Da war Streckfuß bereits Stadtrat, aber kein Hofhistoriker.

Angefangen hatte es bei ihm mit landwirtschaftlichem Interesse. Nach praktischer Tätigkeit studierte er das Agrarwesen und war nach dem erfolgreichen Dozentenexamen der Land- und Staatswirtschaft 1848 gerade wieder in Berlin, als die Märzrevolution begann. Als radikaler Demokrat wurde Adolf Streckfuß Mitglied des Berliner Volksklubs und anderer Vereinigungen, verlor jedoch deshalb nach dem Sieg der Reaktion den Anspruch auf die staatliche Laufbahn als Universitätslehrer. In solchem Falle wurde schon mancher freischaffend. Mit noch frischer Erinnerung verfaßte Streckfuß eine Broschüre über das Erlebte, eine Vorarbeit zu seinem Buch »Berlin März 1848«.

1851 wohnte er als Literat in der Anhaltischen Straße Nummer 3 und veröffentlichte »Die große französische Revolution und die Schreckensherrschaft«, ein Buch mit Anspielungen, das möchte sein. Es brachte ihm eine Anklage wegen Hochverrats ein. Freigesprochen, durfte er sein Werk nicht beenden und wurde künftig »von der Polizei in seiner schriftstellerischen Tätigkeit dermaßen gestört«, daß er sie aufgab und ein Zigarren- und Tabakgeschäft eröffnete. Es ernährte seinen Mann. Es war ein Märzgedanke, denn das erlaubte Rauchen auf der Straße gehörte zu den wenigen gebliebenen Errungenschaften der Achtundvierziger.

1859 im Adreßbuch: »Adolf Streckfuß, Tabakhändler, en gros et en détail, Linienstraße 100«. Das ist zwischen der Kleinen Hamburger und der Ackerstraße. Er hat vier Filialen. Leipziger Straße 25, Roßstraße 12a, Neue Wilhelmstraße 3 und Alte Schönhauser Straße 30. Die letztere ist, wenn ich es den alten Straßenplänen recht entnehme, an der Ecke Weinmeisterstraße. Gestern noch ein Freiplatz. Eine dieser vom zweiten Weltkrieg ins Stadtbild geschlagenen Lücken. Heute wurde sie bebaut.

Wer einziehen wird in Streckfußens Raucherecke? Das Antiquariat aus der Münzstraße.

Wie folgerichtig. Hatte man mir nicht dort vor zwei Jahren die seltene, zweibändige Berlin-Geschichte von Adolf Streckfuß angeboten!

Es gibt aber noch eine frühere, zweibändige, 1864 in Berlin verlegte Ausgabe, die mit dem Jahre 1808 schließt und den Worten: »Die gegenwärtig in Preußen herrschenden Presseverhältnisse bieten große Schwierigkeiten für diejenige rücksichtslose Unparteilichkeit, welche die Darstellung der Geschichte allein fruchtbringend macht; ein Schriftsteller, der die Geschichte unserer Tage schreiben will, muß dies mit der Feder in der einen und dem Strafgesetzbuch in der anderen Hand tun, wenn er nicht Gefahr laufen will, gegen die Gesetze zu verstoßen, die Leser aber müssen die Kunst verstehen, zwischen den Zeilen zu lesen . . .«

Immerhin, diese Zeilen sind gedruckt worden.

Literarisches Opfer

Die Beerdigung fand am Neujahrsmorgen 1835 auf dem Sophienfriedhof statt. In aller Stille. Willibald Alexis berichtete im »Morgenblatt«: »Wiewohl die Zeitungsanzeige von einem Herzkrampf redet, unterliegt es doch keinem Zweifel, daß die 28jährige, blühende, geistvolle Gattin eines hiesigen jungen lyrischen Dichters sich durch einen Stich ins Herz selbst das Leben genommen hat. Das Werkzeug, der Dolch, befindet sich in den über den Selbstmord geführten Akten des Kammergerichts.« Es war derselbe Dolch, den Charlotte Stieglitz vor Jahren ihrem Verlobten geschenkt hatte, der in dem Ruf stand, ein Dichter zu sein.

Heinrich Stieglitz hatte die sechzehnjährige Charlotte Willhöft in Leipzig kennengelernt, als sie nach einer pietistischen Erziehung gerade das wirkliche Leben entdeckte und sich für den Studenten begeisterte, der verwegen aussah, als politischer Märtyrer galt und in dem Ruf stand, ein Dichter zu sein. Sie heirateten 1828, als Heinrich Stieglitz in Berlin Anstellung als Gymnasiallehrer und Unterbeamter der Königlichen Bibliothek fand, aber: »Daß er mechanische Geschäfte zu besorgen hatte, daß er peinlich an Ort und Stunde gebunden war, war ihm unerträglich«, und »erfüllt von dichterischen Plänen, sah er in seiner amtlichen Beschränkung, die ihm ein großes Glück hätte werden können, nur eine feindselige Hemmung«. Im Sprachgebrauch seines Jahrhunderts war unter amtlicher Beschränkung der Zeitverlust zu verstehen, den sein Amt ihn kostete. Stieglitz fühlte sich zu Höherem berufen. Er wollte Dichter sein. Aber es fehlte ihm die poetische Kraft.

Seine Frau merkte das leider nicht. Sie war das literarisch stärkere Talent von beiden, aber das sagte ihr keiner. Wer kannte damals ihre Tagebuch-Aphorismen wie: »Wenn jeder auf der Brust das Herz trüge, das er drinnen hat, es müßte eine drollige Ordenschaft abgeben. Da würde man gewahren Steinherzen, Wachsherzen, verkohlte Herzen, Lederherzen, Lehmherzen, Flatterherzen, Doppelherzen, blutlose, formlose, plastische, romantische, herzlose, kurz eine unübersehliche Musterkarte menschlicher und entmenschter Herzen. Leg dich recht auf die Augenlektüre! Man muß nur ja scharf lesen, damit man die Handschriften nicht verwechsle!«

»Meyer's Groschen-Bibliothek der Deutschen Klassiker« druckte im 245. Bändchen (in dem ihr Mann mit seinen längst ungenießbar gewordenen Orient-Gedichten mehr Raum bekommt) solche Beispiele ab: »Ein Monarch wie Friedrich der Große kommt mir vor wie eine recht strenge Herrschaft, die in allem ihr Gesinde kurz hält; nur zum Kirchengehn gibt sie ihm vollkommne und absolute Freiheit. Im Übrigen hat es zu schweigen, zu dulden, zu gehorchen.«

Charlotte hatte mehrere solcher Einfälle. Sie half auch ihrem Mann, der sich mit einem Trauerspiel quälte, manche Szene zu vollenden, litt aber unter seiner Stagnation. Und er glaubte, daß die Ehe ihn in der vollen Entwicklung seiner Dichtkunst hemme. Er kündigte seine Stellungen und wurde freischaffend. Reisen sollten ihn von seinem Trübsinn heilen, halfen aber nicht.

Seine Frau, die sein Talent immer noch mehr als er überschätzte und vermutlich seine Stimmung dadurch noch verdüsterte, kam auf den Gedanken, ihren unproduktiven Mann blitzartig aus seinem Hinbrüten zu reißen, ihn durch ein aufwühlendes tragisches Erlebnis und tiefen Schmerz zu einem bedeutenden Werk zu beflügeln. In diesem Sinne verfaßte sie einen Abschiedsbrief, schickte ihren Mann am 29. Dezember 1834 abends ins Konzert und erstach sich im Bett.

Die erhoffte Wirkung blieb aus. Nun stand Heinrich Stieglitz öffentlich unter Erfolgszwang. »Der Blick der Nation richtete sich auf ihn«, steht in der »Groschen-Bibliothek« zu lesen, denn »man erwartete, daß er durch eine große dichterische Tat sich solcher Aufopferung würdig zeige«. Da mag die Nation noch so eindringlich blikken; der gute Wille allein tut's nie. »Er hat seit dem Tode seiner Gattin nichts Nennenswertes mehr gedichtet.«

Stieglitz lebte fortan meist auf Reisen durch Deutschland, die Schweiz und Italien, vor Brotarbeit durch einen reichen Petersburger Onkel bewahrt. Noch 1846 mahnte ihn ein »Damen-Lexikon«: »Schon seit längerer Zeit wartet man vergebens . . .«

1849 starb Heinrich Stieglitz in Venedig an der Cholera. Ein Jahr später wurde sein Sarg auf dem Sophienfriedhof neben Charlotte beigesetzt. Die Stelle ist eingeebnet.

Intermezzo

Dein Geist der ist da droben,
Dein Leib ist hier im Grab
Oh! Sende Heil von oben
Und Ruh auf mich herab.
Sei bis ich zu dir komme
in Deine schöne Welt
Sie mir, Du Gute, Fromme
Ein Engel, der mich hält.

Auf dem Grabmal Schadows
für seine erste Frau,
Marianne Schadow, 1816

»›Jott‹, fuhr die Nimptsch fort, ›alles is jetzt für Efeu mit Azalie, bloß ich nicht. Efeu is ganz gut, wenn er aufs Grab kommt und alles so grün und dicht einspinnt, daß das Grab seine Ruhe hat und der drunter liegt auch. Aber Efeu in 'n Kranz, das is nich richtig. Zu meiner Zeit, da nahmen wir Immortellen, gelbe oder halbgelbe, und wenn es was ganz Feines sein sollte, denn nahmen wir rote oder weiße und machten Kränze draus oder auch bloß einen und hingen ihn ans Kreuz, und da hing er denn den ganzen Winter, und wenn der Frühling kam, da hing er noch. Un manche hingen noch länger. Aber so mit Efeu oder Azalie, das is nichts. Un warum nich? Darum nicht, weil es nicht lange dauert. Un ich denke mir immer, je länger der Kranz oben hängt, desto länger denkt der Mensch auch an seine Toten unten. Un mitunter auch 'ne Witwe, wenn sie nich zu jung is.‹«

Theodor Fontane, »Irrungen und Wirrungen«

Der Frau Wedhorn war vor vier Wochen der Mann gestorben. Am heutigen Sonntag war sie mit ihrer Nachbarin auf dem Kirchhof gewesen. Beim Nachhausegehen setzen sich die beiden in einen Kaffeegarten. Im Saale wird getanzt. Der tanzlustigen Witwe zuckt es in den Beinen. Eine Weile überlegt sie. »Ach watt, Schulzen«, sie steht auf, »kommen Se, wir danzen. Langsam danzen trauert ooch.«

»Da lag die schreckenerregende ›Charité‹, das große von Friedrich des Großen Vater so benannte Krankenhaus, das dem Volke wie alle Krankenhäuser gleichbedeutend mit dem Vorzimmer des Todes war und auch darum dem Kinde so schreckhaft erschien, weil die Sage ging, seine Toten würden in ›Nasenquetschen‹ begraben. So nannte das Volk Totenladen, bei denen kein Maß nach Beschaffenheit der Leiche genommen wurde. Sie mußten passen, wenn auch beim Zunageln des Deckels die Nase zugrunde ging.«

Karl Gutzkow, »Aus der Knabenzeit«

Amazonen

Am 23. März 1813 appellierten neun preußische Prinzessinnen an die »Frauen im preußischen Staate«, Geld herzugeben, Schmuck, Leinwand oder was auch immer dem Vaterland nutzen könnte.

Viele würden zwar bald den Mann, Sohn oder Vater hergeben müssen ... Zur gleichen Zeit rief im russisch-deutschen »Volksblatt« der Theaterdichter und Staatsrat Kotzebue die Frauen auf, in Berlin eine Amazonenschar zu bilden und an der Seite der Männer in den Krieg zu ziehen. Ob sie diesen Appell nun kannten oder nicht, einige Frauen und Mädchen zogen tatsächlich militärische Männerkleider an.

Die achtundzwanzigjährige Eleonore Prochaska aus Potsdam, Tochter eines invaliden Unteroffiziers, ließ sich heimlich unter dem Namen August Renz bei den Lützowern anmustern und kam nach einem Gefecht ums Leben. Andere kämpfende Frauen waren die achtzehnjährige Auguste Krüger aus Friedland in Mecklenburg, Maria Werder, Anna Lühring, Elisabeth Holstein und Louise Grafemus, die eigentlich Esther Manuel hieß, eine dreißigjährige Jüdin, die »in Mannskleidern« ihrem Mann nachreiste, einem Wachtmeister, und in Berlin in das Königsberger 2. Landwehr-Ulanen-Regiment eintrat. Sie machte Feldzüge mit, wurde ebenfalls zum Wachtmeister befördert und zweimal verwundet, bei Jüterbog, am Fuß, erhielt das Eiserne Kreuz, begegnete in all dem Getümmel sogar ihrem Ehemann, verlor ihn aber anderntags »durch eine Kanonenkugel«.

Johanna Stegen verkleidete sich nicht. Im Frühjahr 1813 hatte das umkämpfte Lüneburg mehrfach den Besitzer gewechselt, am 2. April, als den preußischen Jägern die Munition ausgegangen war, schleppte die zwanzigjährige Johanna Stegen mehrmals unter

Lebensgefahr Patronen herbei, die sie sich aus einem umgestürzten französischen Munitionswagen in die Schürze häufte.

»Im dichten Kugelregen
Manch tapfrer Jäger fällt,
Doch stets Johanna Stegen
Die volle Schürze hält.«

Das dichtete Varnhagen van Ense. Er begegnete dem Mädchen im Herbst 1813, als sie in ihrer Heimatstadt öffentlich vom russischen General Tettenborn geehrt wurde, in dessen Stab Varnhagen damals diente. Ein Major von Reiche nahm Johanna, die bisher Dienstmädchen gewesen war, als Hausgefährtin für seine Frau mit nach Berlin.

Wir sind am Grab Johanna Stegens auf dem Sophienfriedhof angelangt. Der Stein aus schwedischem Virbogranit mit Porträtrelief und Inschrift ist zwei Meter hoch. Ein Werk des Bildhauers Albert Moritz Wolff. Oben das Eiserne Kreuz, die in jenem Krieg 1813 gestiftete Auszeichnung, darunter ein Medaillon mit Johannas Profil. Ein Geschoß hat vermutlich während der letzten Kämpfe 1945 die Bronzetafel getroffen, aber das Mädchengesicht verschont. Das Einschußloch ähnelt in seiner Zufälligkeit der verirrten Kugel, die manches Grab verursacht.

»Hier ruht Das Heldenmädchen von Lüneburg Johanna Stegen verehelichte Hindersin, geb. 11. Januar 1793 in Lüneburg, gest. 12. Januar 1842 in Berlin. Sie trug im Gefecht bei Lüneburg am 2. April 1813 den Füsilieren und freiwilligen Jägern des 1. Pomm. Inf. Regts. Patronen zu. Diese Heldentat ermöglichte den Truppen den Sieg. An ihrer Seite ruht ihr Gatte Wilhelm Hindersin Oberjäger im Reicheschen Jäger-Bataillon 1813/14, Feldwebel im 27. Infanterie-Regiment 1815, später Königl. Oberdrucker im Kriegsministerium, geb. 25. September 1792 in Berlin gestorben 31. Januar 1863 in Berlin.«

Johanna Stegen starb 1842 in Berlin. Im Herbst des gleichen Jahres trat in Weimar eine Händlerin auf, »die Brust mit mehreren Orden geschmückt, die sich für einen ehemaligen Schwarzen Husaren ausgab, der sich in den Befreiungskriegen auszeichnete«, jetzt handelte sie mit allerlei Waren des täglichen oder wöchentlichen Bedarfs und erregte viel Aufmerksamkeit und Teilnahme. »Ihr Geschäft war schwunghaft, namentlich durch die vielen Geschenke, die sie erhielt.« Ergänzend wußte der Korrespondent, der das nach Wien berichtete: »Dieser Schwarze Husar, Wilhelmine Krüger, ist aber nichts anderes als eine Landstreicherin und Betrügerin.« Sie hatte ihre Orden von irgendwoher und war schon mehrfach als falscher Schwarzer Husar ertappt und bestraft worden. Aber Bedarf schien vorhanden für solche Tochter Courage.

Ein Konzert?

Der als Musikkritiker und »Vater des Berliner Feuilletons« namhafte Ernst Ludwig Kossak schrieb 1851: »Der Ruhm, wenn er mit Geld geharnischt ist, läßt sich leicht ertragen, aber der unfruchtbare Ruhm ohne diese Waffe ist für einen kränklichen Mann schwerer als ein Mühlstein ...« Kossak meinte damit den am 21. Januar verstorbenen Albert Lortzing, der seit Jahren durch mehrfache Engagementslosigkeit und andere Nachteile verarmt war. Daran hatte auch die Dirigentenstelle am Friedrich-Wilhelmstädtischen Theater in Berlin nichts ändern können. Der sterbende Musiker hatte die Kündigung seines Vertrags zum 1. Februar 1851 in der Tasche. Um so ehrenvoller sein Begräbnis: Generalintendant Küstner und Generalmusikdirektor Meyerbeer waren erschienen, Sänger und Musici von der Hofkapelle, mehrere Kapellmeister ... Es war Kossak, der für Lortzings mittellose Hinterbliebene ein Konzert veranstaltete, dessen Einnahmen ihre größte Not linderten.

Davon erzählt Lortzings Grabstein zwischen den Zeilen: »Sein Lied war deutsch, und deutsch sein Leid / Sein Leben Kampf mit Not und Neid / Das Leid flieht diesen Friedensort / Der Kampf ist aus, sein Lied tönt fort. – Dem Meister deutscher Tonkunst von den Mitgliedern des königlichen Hof-Theaters zu Braunschweig im Jahre 1859.« Auf der Rückseite: »Erneuert im Jahre 1927 / die Stadt Berlin«. Nun ja.

»Hier ruhet in Gott der letzte Enkel Johann Sebastian Bachs, Wilhelm Bach«, das also ist sein Kennzeichen? Enkel zu sein. Doch das sorgsam restaurierte Kreuz aus Berliner Eisenkunstguß nennt weitere Verdienste: »Kapellmeister der Königin Luise und Musiklehrer ihrer Kinder«. So eingerahmt zwischen Großvater und Preußen ein Mann, der unauffällig leben wollte. Wahrscheinlich hatte man ihn zu oft gefragt: Sind Sie verwandt mit *dem* Bach?

Wilhelm Friedrich Ernst Bach, in Bückeburg geboren als Sohn des Johann Ch. F. Bach. Wie er nach Berlin kam? Die Angaben widersprechen sich. Angeblich hat er in Minden den König Friedrich Wilhelm III. mit einer Kantate erfreut. Doch ich vertraue eher den Recherchen von Enrico Straub, der mit der Kamera über Berliner Friedhöfe wandert: Wilhelm Bach wurde 1789 Cembalist und Pianolehrer von Elisabeth Christine, der Witwe Friedrichs II., in Berlin. Hier »organisierte er über zwei Jahrzehnte lang das Musikleben am preußischen Hof«; er wurde Luisens Kapellmeister und

Hier ruhet
in Gott
der letzte Enkel Johann Sebastian Bachs,
Wilhelm Bach,
Kapellmeister der Königin Louise und Musiklehrer ihrer Kinder,
Ihm zur Seite
die Tochter
Auguste Bach,

Musiklehrer aller königlichen Kinder. Er hat viel komponiert. Vielleicht wäre manches der Wiederkehr wert.

Außer Lortzing und Bach liegen hier ein Organist der Sophienkirche, Karl Hennig (gest. 1873) und der Kapellmeister und Liederkomponist Gustav Michaelis (gest. 1887). Dann Walter Kollo (1878–1940), von dem »Untern Linden, untern Linden« stammt, manche Operette und »Mein Papagei frißt keine harten Eier«. Nahebei Carl Bechstein (1826–1900), der Gründer der Pianofortefabrik, deren Flügel Weltruf erlangten. So viele Musiker – da könnte doch jemand auf die Idee kommen, aus ihren Werken ein Konzert zu veranstalten. Ein »Sophienkirchhofs-Konzert«, an dem mitzuwirken auch der Musikdirektor Zelter, Goethes engster Freund, einen Anspruch hätte. Er liegt begraben auf dem älteren Sophienfriedhof.

Der Musikkritiker Kossak, von dem schon die Rede war, erlitt mit dreiundvierzig Jahren einen Schlaganfall und lag bis zu seinem Tode (1880) dreizehn Jahre gelähmt wie Heine, den er in besseren Tagen in Paris besucht hatte, in einer »Matratzengruft«. Schnell und gründlich vergessen. Damals, nach Lortzings Tod, hatte er geschrieben: »Ich will euch sagen, ihr Männer der Gesetze, wenn wir das Gesetz über die in fernen Meeren verschollenen Seefahrer fertig haben, wollen wir ein Gesetz über mitten in Berlin verschollene Künstler beraten . . .«

Als das Konzert für Lortzings Hinterbliebene stattfand, erklärte der Komponist Peter Cornelius: »Mancher, der im Leben eng und gedrückt einherging, braucht einen großen Sarg. Auch Lortzing wächst im Sarge.«

Märzgedanken

In einem Feuilleton hat Ernst Kossak »Ein Leichenbegängnis« geschildert: »Man hat oft gesagt, das Leben sei teuer in Berlin; das Sterben ist bei weitem teurer. Vielleicht ist das Begrabenwerden am teuersten . . . Wie man in Berlin sagt, man geht zu Tisch, zu Wein, zum Ball, so sagt man auch, man geht: zur Leiche; die Leichenbegängnisse rangieren demnach mit anderen Belustigungen der märkischen Menschheit, die können von mehr oder minderer Modernität sein, man kann dabei eine größere oder kleinere Gelegenheit haben, Luxus zu entwickeln oder sich an andrer Aufwand satt zu sehen.«

Ernst Kossak. Sein Grab auf dem Matthäi-Friedhof ist verschollen, eingeebnet.

Wenn es nicht zu allen Zeiten die Spaziergänger gäbe ... »Über Land und Meer«, die vor hundert Jahren vielgelesene Illustrierte brachte 1881 einen Streifzug von B. W. Zell über Berliner Friedhöfe. So erfahren wir, daß »eine schöne schwarze Marmorsäule die Ruhestätte des unlängst verstorbenen Schriftstellers Kossak« ziert. Hinter dem Pseudonym B. W. Zell verbirgt sich die damals einunddreißigjährige Bertha Wegner, eine später produktive Schriftstellerin.

Im Sommer 1850 ging Ernst Kossak spätabends über den Friedhof der Märzgefallenen im Friedrichshain: »Der kleine Kirchhof jener armen Gemeinde lag da, so einsam, als ob nie ein stolzes Heer diese Särge hinausgetragen, als ob nie tausend Häupter sich vor ihnen entblößt und gebeugt hätten!« Vor allem Ein Haupt. Das des Königs. Diese Tatsache muß Kossak, der sich selber, wie die Rede geht, in jenen Märztagen 1848 bedeckt gehalten hat, in seiner Betrachtung weglassen. Die Geschichte war noch zu frisch.

Adolph Menzel, der damals 32 Jahre zählte, schrieb wenige Tage nach der Revolution an einen Freund: »Das war ein traurig feierlicher Tag, dergleichen in Berlin zu erleben man nicht gedacht hätte.« Der Friedhof für diese Opfer befand sich damals außerhalb der Stadt, im Friedrichshain, damit die Innenstadt von zu erwartenden Kundgebungen an Jahrestagen verschont bliebe. Ähnliches geschah 1919, als Liebknecht und andere und später Rosa Luxemburg weit weg vom Alltag begraben wurden.

Menzel: »Ich habe den Trauerzug nacheinander von verschiedenen Orten aus beobachtet und namentlich auch lange dem Schloß gegenüber. Auf dem Balkon standen ein Adjutant mit einer Trauerfahne, ihm gegenüber ein Bürgeroffizier mit einer schwarz-rot-gelben Fahne, und noch zwei bis drei schwarze Herren, die nicht zu erkennen waren. So oft nur ein neuer Zug Särge vorbeikam, trat der König barhaupt heraus und blieb stehen, bis die Särge vorüber waren. Sein Kopf leuchtete von ferne wie ein weißer Flecken. Es mag wohl der fürchterlichste Tag seines Lebens gewesen sein.« Hat er damit die Krone gerettet?

Freiligrath faßte es in Verse: »So war's! Die Kugel in der Brust, die Stirne breit gespalten, / so habt ihr uns auf schwankem Brett auf zum Altan gehalten! / ›Herunter!‹ – und er kam gewankt – gewankt an unser Bette; / ›Hut ab!‹ – er zog –, er neigte sich! – / ... bleich stand er und beklommen.«

Menzel: »Ich komme jetzt eben von draußen und habe die Gräber gesehen. Sie sind auf einem kleinen Hügel so gegraben:« Er zeichnet die Anlage: »... und so stehen die Särge, es ist da noch Platz gelassen für die, welche von den Verwundeten noch immer nachsterben. Jeden Tag kommen neue hinzu. Es sind schwarze und gelbe Särge, wie sie in den Magazinen zu haben waren, geschmückt mit Kränzen, Blumen, wie es Angehörige geordnet, auf den meisten sind Zettel (mit Steinen oder Erdstücken beschwert gegen den Wind) mit Namen und Stand der Darinliegenden, darunter auch mehrere Frauen und Kinder! – Gesichter habe ich da gesehen!«

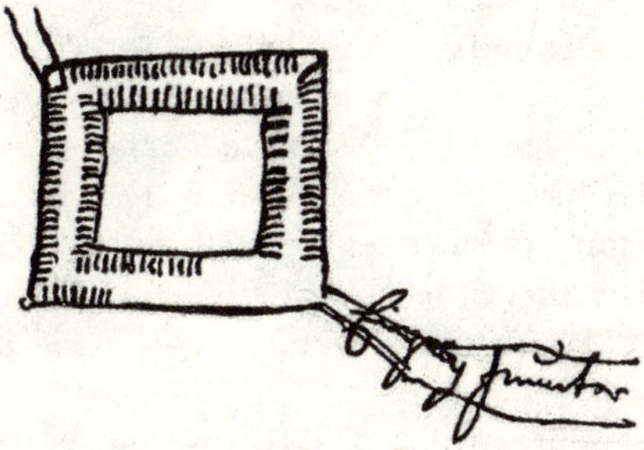

Nun wieder Kossak, der sich erinnert, wie es ein Jahr später aussah: der Friedhof »von Bewaffneten besetzt, geharnischte Reiter zogen die Stadtmauer entlang, auf den Wegen standen Vedetten, als erwarteten sie einen Angriff; schwarzgekleidete Frauen und Kinder zogen die Anhöhe hinab. Sie trugen ihre Kränze wieder heim; innerhalb der Stadt hörte man unseliges verwirrtes Geschrei. Über den Hügel aber schnob zornig der zertrümmernde Nordwind und drehte rasend die Flügel der holländischen Mühle, die neben dem Friedhof steht, wie jene andere neben dem Sommerhaus Friedrichs des Einzigen.«

Da sind mehrere Anspielungen, jene verruchten Nebensätze, wie sie in Feuilletons vorkommen. Die Mühle, der Friedrich, das ist in dem nach diesem Friedrich benannten Hain die Erinnerung an ein anekdotisches, aber republikanisch anmutendes Geschehen um einen Potsdamer Müller und eine Gerichtsbarkeit, von Kossak dem Regierenden unter die Nase gerieben.

»Warum starben sie?« fragt er. »Sie starben für Freiheit und Recht? Auf den Inschriften steht es ...«

»Und nicht an ihren Persönlichkeiten haftet die Bedeutung des Ereignisses, sondern daß sie starben an *einem* Tage, begraben wurden an *einem* Tage, beisammen liegen wie schweigende Buchstaben, die leer für sich, miteinander einen bedeutsam unumstößlichen Spruch ausdrücken.«

1849 schrieb Bismarck: »Gestern war ich im Friedrichshain, und nicht einmal den Toten konnte ich vergeben, mein Herz schwoll von Bitterkeit und Gift über die Meuterer, die Verbrecher, die Mörder, mit deren Gräbern die Berliner heute Götzendienst treiben.«

1873: Zwanzigtausend Arbeiter demonstrieren zum Friedhof. Es kommt zu Kämpfen mit der Polizei.

1892: Der siebenundzwanzigjährige Maurer Gustav Lauterbach schreibt einen Zettel, den er in einen Neubau in der Frankfurter Allee einmauert: »Heute 18. März Gedenktag 1848«.

1898: »Ich öffne, ehrfürchtig, ein einfaches Holzgatter«. Mit diesen Worten beginnt der Lyriker Arno Holz sein Gedicht »Die Märzgefallenen«. Die alten Buchstaben auf den Grabsteinen sind kaum zu lesen. »Mit Mühe nur ... entziffre ich: ›Ein ... un ... be ... kann ... ter ... Mann.‹«

1908: Insgesamt wurden 231 Kränze niedergelegt, meldet der »Berliner Lokalanzeiger«. Sechzig Schleifen verfielen der polizeilichen Zensur.

1910: Man sucht vergebens nach einem Sinnbild oder Denkzeichen, aus dem die Bedeutung des Ortes ersichtlich würde, heißt es in einem zeitgenössischen Bericht. Noch immer verhöhnt die Verzierung des Grabsteins des jüdischen Buchdruckers Bernstein die Zensur: Der preußische Adler trägt als Helmschmuck den Buchdruckergreif, der in seinen Klauen die beiden Druckerpilze hält als Erinnerung an die Pressefreiheit von 1848.

1918: Wieder werden revolutionäre Kämpfer beigesetzt. Karl Liebknecht spricht. Er mahnt, bei dem bis jetzt Errungenen nicht stehenzubleiben.

Heute: »Das Denkmal habt ihr selber euch errichtet«. Drei Platten ehren die 33 Toten des November und Dezember 1918, unter ihnen

Erich Habersaath, 25 Jahre alt, am 9. November 1918 beim Angriff auf verbarrikadiertes Militär gefallen.

»Daß unser Volk niemals darauf verzichtet, wofür ihr starbt«. Der Stein in der Mitte der nach 1945 neu gestalteten Anlage ist den Toten von 1848 und 1918 gewidmet. Auf seiner Rückseite stehen die Namen der Märzgefallenen.

Von ihren Grabsteinen sind nur wenige übriggeblieben.

»Hermann Schulz, 15 Jahr, Lehrling.

Adeline Behm, geb. Neumann, 29 Jahr, Arbeitsfrau.

Gustav von Lenski.

Trost, Schuhmachermeister.«

Berufe: »Malergehülfe, Handlungsdiener, Bäckergesell, Arbeitsmann« und unterschiedliche Ansichten der Hinterbliebenen:

»... gestorben den 18. März 1848.

... ein Opfer der Ereignisse des 18. März 1848.

... gefallen den 18. März im Freiheitskampfe.«

Es ist sehr still und grün hier am Sonnabendvormittag unter den Bäumen.

Ein Schüler steht vor dem Gedenkstein und notiert etwas. Draußen vor dem Zaun lehnt sein Rad an der Mauer. Es sieht blank aus und schnell und hat am Lenker einen Rückspiegel.

Mutter Gräbert

Mutter Gräbert liegt auf dem Elisabethfriedhof an der Ackerstraße. Aber wo genau? Die Verwaltung wird's wissen. Aber dieser Spaziergang über den Friedhof war heute nicht beabsichtigt, sondern nur zustande gekommen, weil unsereiner wieder nicht die Öffnungszeiten auswendig beherrscht, das Kleine Einmaleins des Alltags: Heute ist Mittwoch, und da hat der Optiker in der Brunnenstraße geschlossen. Kurzum, der Notizblock mit den Daten steckt nicht in der Tasche und im Gedächtnis schon gar nicht Mutter Gräberts Todesdatum.

Die Verwaltung läßt dich suchen. Im Büro liegen die Bände: »Alphabetisches Verzeichnis über bestattete Leichen des Alten Kirchhofs St. Elisabeth« seit 1858. Große Schriftzüge. Mit dem Auge die Spalten entlang. Was da für Geschichten stecken. Einmal nur aus

Lebensdaten, Adresse, Beruf und anderen amtlichen Einzelheiten völlig unbekannter Menschen ein verzweigtes Stück Geschichte formen. Sogenannte unbedeutende Menschen! Vielleicht verdankst du einem oder einer, deren Staub hier liegt, deinen Zahnarzt oder eine Liebste. Oder ein Stück Straßenpflaster.

Wer noch die alte deutsche Schrift entziffern kann, hat es ein wenig leichter beim Lesen der Namen. Jahr um Jahr. Endlich, 1870, die zehnte Eintragung, denn sie starb früh im Jahr: »Gräbert, Johanna, geb. Pickenbach«, das ist sie. Und nicht »Julie«, »Julia« oder »Julchen«, sondern Johanna. 60 3/4 Jahre alt. Weinbergsweg 10. Da wohnten sie, der Cafétier Louis Gräbert, dessen Vater in der Nähe des Rosenthaler Tors ein Tanzlokal besaß, und seine Johanna, Bürgermeisterstochter aus Teltow im Süden Berlins, wo es damals noch die berühmten Rübchen gab.

Beigesetzt am 22. Januar 1870. »Großer Leichenwagen II. Klasse«, wie sich das gehört für eine populäre Figur. Schließlich hat sie den Menschen viel Freude gemacht.

Das junge Ehepaar Gräbert gründete am Weinbergsweg – nur einen kurzen Spaziergang vom Friedhof entfernt – das »Vorstädtische Theater« mit Saal und Garten, so daß bei gutem Wetter im Freien gespielt werden konnte. Was die Leute sehen wollten? Possen mit Gesang und ohne. Rührstücke, auch Dramen aller Art. Theatersammler Werner Meidow nennt Titel: »Der Wahnsinnige oder das Irrenhaus zu Dijon«, »Die Geheimnisse des grauen Hauses«, »Der Bräutigam von Mexiko«, »Die Verschwörung auf Kamtschatka«, »Der Hutmacher und Strumpfwirker«. Ich gebe zu, ich würde ihretwegen ins Theater gehen mögen. Sogar Klassiker aufzuführen wurde genehmigt. Aber kein »unsittliches oder politisches Stück«, das hatte Louis Gräbert unterschreiben müssen, als er am 7. Oktober 1848 seine Konzession bekam. Jedes Datum will betrachtet sein. So sehr saß den Behörden im Herbst der März noch in den Knochen. Das ist klar. Aber wie soll einer wissen, was gerade »politisch« wirkt und was nicht? Und »unsittlich«? Das hängt ohnehin ab von der Qualität des letzten Beischlafs des jeweiligen Staatsanwalts. Außerdem: Solange sich die Leute miteinander tummeln, bauen sie keine Barrikaden. Das hätte sich der König sagen lassen können.

Louis Gräbert starb jung. Fortan mußte sich Julie – unter diesem Vornamen wurde sie bekannt – auch um den künstlerischen Teil kümmern. Sie leitete das Unternehmen energisch auf ihre Art. Rodenberg, unser großer Berliner Spaziergänger, hat noch ihre dunkelroten Theaterzettel an den Anschlagsäulen gesehen. »Gespielt ward in ihrem Theater wöchentlich nur viermal, und es mußte schon hoch kommen, wenn es ein Stück bei ihr über zwei oder drei Vorstellungen hinaus bringen wollte.« Die Zuschauer verlangten immer Neues. Sie wohnten gleich nebenan, »gingen jede Woche viermal ins Theater, und viermal jede Woche wollten sie ein neues Stück sehen. Dieses anspruchsvolle Publikum war kein geringes: Es waren die reichgewordenen Schankwirte, Bierbrauer, Schlächtermeister und Professionisten [soviel wie Handwerker] mit behäbigen Frauen und gebildeten Töchtern ...«

Zum Kunstgenuß gehört gutes Essen. Das konnte sie bieten und beschäftigte manches Mal die halbe Verwandtschaft aus Teltow und Umgebung. Für die Aufführungen sorgten zwei Regisseure.

Mutter Gräbert. Die harmonisierte Frau Wirtin hatte Speisekarten, drauf standen Schmor- und Gänsebraten. »Eine rüstige Matrone, mit aufgeschürzten Ärmeln und hochrotem Gesicht, so habe ich sie noch gekannt und gesehen«, erinnerte sich Rodenberg, als er am Pfingstsonnabend 1884 durch den Berliner Norden ging. Ein Unkundiger könnte vermuten, sie habe selber mitgespielt; diese Theaterfrau aus der Vorstadt wurde ein Original, weil in ihrem Musentempel die Pausen zwischen den Akten länger dauerten als bei jeder anderen Bühne. Die Zuschauer sollten essen. Und trinken. In aller Ruhe. Kunst geht durch den Magen. Mutter Gräbert wußte nichts von häuslicher Fernsehzukunft, aber schaute tief in die Zuschauenden: »Det ist mir ejal, wenn det Stück denn bis Mitternacht dauert. Hauptsache is nich det Stück! Hauptsache sind die Pausen, is der Verkoof von Weißbier und Schinkenstullen!« Im Unterschied zu mancher heutigen Kulturveranstaltung wurde während der Darbietung nicht serviert.

Berlinernde Anekdoten berichten von ihr. Als Gräbert im Sommer sogar Klassiker aufführen durfte, sollte Schillers »Jungfrau von Orleans« auf den Spielplan. Mutter Gräbert änderte den Titel. Sie wußte, daß man ihrer Darstellerin mit Lachsalven begegnet wäre. Deshalb hieß das Stück bei ihr: »Mädchen von Orleans«.

Das Leben geht weiter. Ihr Grab A 12 Nr. 35, nach dreißig Jahren für weitere dreißig Jahre gekauft, ist längst neu belegt – nicht einmal mehr das. Es ist verschwunden. Es gibt keine Nummer 35 mehr, nur etwa die Stelle läßt sich ausfindig machen. Am Hauptweg auf der linken Seite.

Gute hundert Jahre hat Mutter Gräbert überlebt in Anekdoten. Einmal, als ein Stehplatzsteher pfiff, sprach sie ihm ins Gesicht: »Entweder raus oder klatschen! Pfeifen jibt's nich!« Und dafür hat sie kein Staatsbegräbnis erhalten?

Die Wollanks

Wie die Fassade einer verwitterten römischen Villa an eine Berliner Hauswand gelehnt ihr Erbbegräbnis. Eine Dynastie. Reiche Gutsbesitzer. Wollanks Weinberg, etwa dort sitzt heute Heinrich Heine als Denkmal und wird von Kindern froh beklettert.

Erst war es ein Weg außerhalb der Stadtmauer, dann wurde er im Juni 1832 Wollankstraße benannt nach dem Gutsbesitzer, dem der Weinberg gehörte. Im Mai 1872, nach dem Kriege, nach der Reichsgründung, gab man neue Namen. Die Wollankstraße wurde umbenannt in Lothringer Straße. Heute trägt sie gemeinsam mit der Elsasser Straße den Namen Wilhelm Piecks.

1844 erwarb der Gutsbesitzer Wollank diesen Begräbnisplatz der St.-Elisabeth- und Versöhnungsgemeinden. Daher das dauerhaft angelegte Grabstück. Zwei Engelsfiguren, die eine kopflos. Unter zwanzig Namen fällt auf Wilhelmine Amalie Friederike Wollank, geborene Pittelko (17. Januar 1801 bis 16. November 1852). Vornamen reden. Wilhelmine und Amalie waren preußische Prinzessinnen, Schwestern vom König Friedrich II., und Friederike hießen Schwiegermutter und Schwester der Königin Luise. Vornamen erzählen. Von den Eltern und ihrer Zeit.

»... geborene Pittelko ...« klingt nach Fontane. Die Witwe, ihm als Figur wichtiger als die ganze »Stine«. Zu Hause vor den Büchern ändert es sich. »Pittelkow« bei Fontane. Es war nur der Klang.

Kleine Rosenthaler Straße

So einem, der durch jedes Tor geht, das offensteht, oder doch zumindest hineinsehen mag, kann es passieren, daß er plötzlich auf einem Friedhof steht, der gar nicht zu erkennen war hinter der hohen Ziegelmauer; es ist ja auch der Haupteingang und ohne Schild.

Alte Gräber, alte Bäume und ringsum alte Häuser. Das muß früher mächtig gekracht haben, Stadtecho, wenn die höheren Dienstgrade unter Salven bestattet wurden, denn es sind ihrer viele, und die Titel lang. Erstes Garderegiment, Generallieutnant, Platzmajor, sogar ein kaiserlicher Admiral; er hat alle seine Anker mitgebracht ans Seemannsgrab, drei Stück, aber sie sind vorsorglich mit Betonklötzen beschwert.

Der Garnisonfriedhof ist früher noch größer gewesen. Als jedoch im 19. Jahrhundert in der Gormannstraße, gleich um die Ecke, Wohnhäuser gebaut werden sollten, verschwand der Soldatenteil von der Erdoberfläche, während der danebenliegende Offizierskirchhof wegen seiner namhaften Toten erhalten wurde.

Viel vornehmes Volk mit eisernen Grabkreuzen oder kleinen Säulen. Das Holzkreuz des Einfachen hält solange nicht. Dort am Rande die drei Reihen ... Die meisten unbeschriftet. Diese Menschen kamen in den letzten Kriegstagen von 1945 um; da steht das Wort »gef.«, (lange Zeit nur Männern vorbehalten) für ein paar Frauen zwischen achtundvierzig und einundfünfzig Jahren. Haben sie nach Milch angestanden oder nach Wasser? War es die weiße Fahne, als die SS nochmals wiederkehrte? Und die namenlosen Soldaten, die sich nicht träumen ließen, daß sie einmal neben Generalstäblern vergraben werden würden. Der Zehnjährige – traf es ihn als Melder oder beim Brotholen? Oder spielte er Krieg?

Es geht sich leicht über einen Friedhof, wenn du denkst, daß du dort niemanden hast.

Draußen, später, wie war das, bei wem stand das, die uralte Inschrift, die hier so absurde – stand sie bei einem General? Oder bei dem Kaufmann, oder bei der Baronin?

Tatsächlich, doch beim General. Hinten auf seinem türhohen Eisenkreuz *Fürchtet euch nicht*. Das hätte er mal zu Lebzeiten rufen sollen. Aber dann wäre er nicht General geblieben. Stünde auf seinem Grabkreuz etwas mit Auferstehung, das wäre unheimlicher. Aber es steht hier auch irgendwo.

Die Einrichtung trägt einen langen Namen. Es hat aber auch lange gedauert, ehe sie zustande kam, eine »Interessengemeinschaft Denkmalpflege. Kultur und Geschichte der Hauptstadt Berlin«. Ich mache da mit. Dort sind die Versammlungen nämlich kurzweilig und anregend, und zuweilen braucht der Mensch das Gefühl, ein Stück seiner Jahreszeit von Nutzen gewesen zu sein.

Denkmalpflege ist insofern eine mögliche Tätigkeit, als es nicht allzuviel zu pflegen gibt. Der Zahn der Zeit hat dafür gesorgt. Manchmal durfte sie das ganze Gebiß benutzen. Aber ich will ja erzählen, wie gut wir sind.

Wir machten mehrmals praktische Denkmalpflege auf dem Garnisonfriedhof in der Kleinen Rosenthaler Straße. Er wurde 1722 angelegt und enthält Gräber aus drei Jahrhunderten.

Heute sind noch 120 Gräber vorhanden, nachdem dieser Friedhof in unseren siebziger Jahren – wie soll ich es nennen – überarbeitet worden ist. Dabei ist auch das Grab des Admirals verschwunden, wohl wegen seiner echten Schiffsanker. Wer weiß, in wessen Garten, auf welcher Jacht, an welcher Loggia sie jetzt sind.

Ein preußischer Friedhof. Keine Mausoleen, sondern Eisenguß-Kreuze, auch für den Kriegsminister, den Stadtkommandanten und für ihre Frauen. Ein Hauch der Schlichtheit von 1813 ist übriggeblieben und kämpft mit dem Rost. Deshalb, und weil es Berliner Eisenkunstguß ist, haben einige Denkmalfreunde spätnachmittags aufgeräumt, entrostet, gestrichen und konserviert, und mancher ist regelmäßig da.

Ich hoffte insgeheim, den Kollegen de la Motte Fouqué zugeteilt zu bekommen oder lieber noch mich am Kreuz einer Baronin zu versuchen, sagte aber nichts. Man muß manches auf sich zukommen lassen. Es geschah wie befürchtet: Am Superstar des Geländes setzte man mich ein. Am Grab des berühmten Lützow. Ich durfte sein Gitter mit Entrostungsbeize streichen.

Ich tat es langsam, keine wilde, verwegene Jagd. Wenn Sie sich an Ihre Schulzeit erinnern möchten, wann auch immer das war: Lützow gab's immer. Hier wird Lützow um seiner selbst willen konserviert und nicht wegen des eisernen Gitters, das von der Firma Gebrüder Peters stammt aus Charlottenburg. Kein Kunstwerk, das merkt man beim Streichen.

Lützow hat seine Tage als Generalmajor beschlossen und war nach dem Kriege »oben« nicht mehr so recht beliebt. Das spricht für ihn. Einst sagte man »Freiheitskriege«. Dann gefiel jemandem »Befreiungskriege« besser. Neulich wurden sie in »Nationale Unabhängigkeitskriege« umgetauft. So, wie ich die Geschichte kenne, ist das nicht die letzte Umbenennung.

Da saß ich, auch hier durch ein Zeitungsblatt notdürftig geschützt, auf dem Grabstein des Erfinders der Freischar. Diese Enthusiasten erinnern unsereinen an die Aufbaueinsätze Anfang der fünfziger Jahre im zertrümmerten Berlin, wo Zehntausende nach Feierabend aufräumen gingen, freiwillig und unbezahlt.

Die Lützower formierten und uniformierten sich selbst. Sie trugen Schwarz und hatten etwas Rot und Gold an ihrer Kleidung. Sie wählten sich ihre Offiziere. Und zwar geheim. Und sogar ihre Unteroffiziere wählten sie sich selber. Natürlich störte solche Interessengemeinschaft nach Kriegsende die Tradition. Denn bei den Lützowern haben Mannschaften und Offiziere aus demselben Kessel ihr Essen gefaßt. *(1969, 1979, 1985)*

Kriegsdienstverweigerer Hermann Stöhr

Der Feldkurat Katz in Hašeks »Schwejk« ist eine tragikomische Figur. Gar nicht spaßig waren die geistlichen Herren, die unsereinen im Zweiten Weltkrieg zum Töten absegneten. Sie trugen den feldgrauen Rock, genossen Offiziersrang und machten mit; mancher notgedrungen, gewiß. Da ist es wichtig, von einem zu erzählen, der das Gegenteil tat. Er verweigerte den Kriegsdienst, noch ehe der Krieg begonnen hatte, und wurde dafür hingerichtet, als der Krieg noch aus deutschen Siegen bestand.

Hermann Stöhr (1898–1940) war der einzige evangelische Christ, der unter Hitler als Kriegsdienstverweigerer hingerichtet wurde. An seiner Seite sieben Katholiken, zwei Quäker, sieben Mitglieder der Sieben-Tage-Adventisten und eine in die Tausende gehende Zahl Mitglieder der Sekte der Zeugen Jehovas, die zumeist in Konzentrationslagern umgebracht wurden.

Stöhr meldete sich 1914 kriegsfreiwillig, siebzehnjährig und begeistert. 1918 kam er lebendig, als Offizier und als Pazifist wieder. Er studierte Volkswirtschaft und Jura, promovierte und arbeitete an der Berliner Universität.

Als Hermann Stöhr Ende Februar 1939 als Offizier erneut Militärdienst leisten sollte, lehnte er den Dienst mit der Waffe aus Gewissensgründen ab. Am 31. August, am Tage bevor der neue Weltkrieg anfing, wurde Stöhr verhaftet und am 1. November vom Kriegsgericht zu einem Jahr Gefängnis und Degradierung verurteilt. Aber das Reichskriegsgericht nahm sich der Sache an und verurteilte am 9. Januar 1940 Hermann Stöhr zum Tode.

»Keiner möge über meinen Weg traurig sein«, heißt es im Abschiedsbrief. »Ich denke, Grund zu haben, diesen Weg bis zum Ende in Dankbarkeit und Freude zu gehen.« Am 6. Juni 1940 wird Hermann Stöhr in der Berliner Strafanstalt Plötzensee hingerichtet und auf dem nahe gelegenen Friedhof der evangelischen St.-Johannis-Gemeinde beerdigt.

Die Suche nach dem Grabstein von Hermann Stöhr auf dem Friedhof in Berlin-Wedding bleibt vergeblich. Das Grab wurde 1978 aufgegeben und eingeebnet, gemäß den Plänen für den Bau einer Autobahn.

Vor dem Halleschen Tor

Plötzlich bekam ich Lust, auf diese Friedhöfe zu gehen. Dort wurde mein kleiner Bruder beerdigt, und das Grab ist längst eingeebnet. Merkwürdig genug. Nie bin ich auf diesen berühmten Berliner Friedhöfen gewesen, obwohl vier Jahre lang mein Schulweg dort vorbeiführte. Belle-Alliance-Straße. Heute Mehringdamm.

Zum erstenmal ging ich durch das Tor, als der kleine Uwe begraben werden sollte, der knapp neun Monate alt geworden ist und an Miliartuberkulose starb, wie das hieß. So viele Kinder sind durch Hitlers Krieg umgekommen. Da sollte mein 1941 geborener Bruder verschont worden sein?

Aber was ich nicht wußte: Er kam keine zwanzig Meter entfernt von E. T. A. Hoffmann unter die Erde; und nur ein Stück weiter liegt Glaßbrenner. Nach der anderen Seite ist es nicht weit bis zu Chamisso. Solche Nachbarschaft. Darum würde ihn mancher fast beneiden. Doch wie gesagt, sein Grab ist verschwunden. Solange ich lebe, werde ich den kleinen weißen Sarg sehen. Der kleine Uwe ist mit Pfarrersegen und dem »Largo« von Händel – das ich seither nicht mehr gern höre – und der »Träumerei« von Schumann beerdigt worden wie ein richtiger Mensch, nicht verbrannt oder verscharrt wie Tausende seines Jahrgangs. Er war Reichsdeutscher. Aber er hat es nicht gewußt. Er lächelte, wenn es Brei gab und wenn man ihm streichelnd näher kam.

Mein Vater hat ihn nie gesehen. Er war im Krieg und »eingeschlossen« in einem Kessel, wie man damals sagte. Zwar gab es Urlaub beim Tod eines nächsten Angehörigen, jedoch erst Monate später. Das sind alles keine Härten angesichts der Ereignisse, die über andere Kinder und Eltern bekannt sind. Wir sind ja noch gut davongekommen. Wir haben nur den kleinen Uwe eingebüßt.

Vierzig Jahre später ging ich mit meiner Mutter auf diesen Friedhof. Sie freute sich, als ich zu Besuch kommen konnte; sie mochte wohl nicht allein und unsicheren Fußes dorthin, fand aber blindlings die Stelle, wo das Grab gelegen hat. Davon blieb ein Foto übrig. Ein Blumenhügel gleich neben einem Erbbegräbnis, im Hintergrund ein Frauenkopf aus weißem Marmor. Also läßt sich die Stelle immer wieder finden, und ich hatte bereits ahnungslos dort gestanden, als ich diese Büste fotografierte, den faszinierenden, geflügelten Frauenkopf mit Schleier. Auf dem Sockel steht: »Das Leid«. Eine Arbeit des vielbeschäftigten und auch dichtenden Bildhauers Gustav Eberlein (1847–1926). Man hatte ihr einen Flügel abgebrochen und den Mund dunkelrot geschminkt.

Hoffmanns letzte Erzählungen

»Letzte Erzählungen. Kleine Prosa. Nachlese«. Darunter sein ältestes erhaltenes literarisches Werk, das E. T. A. Hoffmann bis zu seinem Tode unveröffentlicht verwahrte.

Hoffmanneskes Bunterlei: anzügliche Verse über Schauspielerkollegen in Bamberg. Ein Feuilleton über Genüsse in einem Kaffeehaus Unter den Linden, das auch der junge Heine zu loben wußte; freundliche Bedienung und so weiter, und »daß man auch morgens Frühstücke jeder Art« einnehmen könne. Das mag heute ironisch klingen, aber die Betonung lag wohl auf »jeder Art«.

Eine Anekdote über Friedrich Ludwig Jahn, den Hoffmann als Untersuchungsrichter später durchweg fair behandelt hat. Hier nimmt er den ungehobelten, nachweislich ungepflegten und daher anrüchigen Turnvater beim Vollbart: Ein Fremder besichtigt eine Berliner Tierschau. Ebenfalls zugegen ist »ein berühmter Hüpf-, Spring- und Schwungmeister«. Sein »Charakter von Wildheit . . . in seiner äußeren Erscheinung« überrascht den Besucher so, daß er sich, nachdem er vom Löwen bis zum Kakadu alles betrachtet hat, höflich an den Wärter wendet: »Wie heißt denn dieses wilde Tier?« und deutet auf Jahn . . .

»Haimatochare« lautet der Titel, schwer auszusprechen, der Erzählung vom unglücklichen Schicksal zweier Naturforscher in der Südsee, die sich um den Besitz der niedlichsten, schönsten, lieblichsten Insulanerin so entzweien, daß sie sich schließlich duellieren müssen und beide auf der Strecke bleiben. Das ist eine Satire auf den Erfolgsneid, auf die Eifersucht im Arbeitsleben, denn Haimatochare ist ein Insekt, eine wissenschaftlich interessante Laus. Der Autor hat sich dabei von Chamisso beraten lassen, dem weitgereisten Berliner Freund.

Letzte Erzählungen. Als die Hände ihm den Dienst versagten, diktierte Hoffmann. So entstand »Des Vetters Eckfenster«, ein Bild, von Kisch »das schönste Feuilleton in deutscher Sprache« genannt.

Nach der Rückkehr von seinem letzten Ausflug in die Umgebung Berlins diktierte der Todkranke »Die Genesung«. Ein verzweifelt hoffnungsvoller Titel. In gesunden Tagen war dem Dichter die grüne Natur ziemlich gleichgültig gewesen, berichtet sein Biograph Julius Eduard Hitzig. Nun aber wollte er gern hinaus. »Jammerfahrten, wobei vier Menschen ihn in den Wagen tragen mußten und er oft die heftigsten Schmerzen litt.« In der Erzählung fahren Angehörige den von einer schweren Nervenkrankheit befallenen Onkel Siegfried »ins Grüne«, denn er bildet sich ein, »die Natur, erzürnt über den Leichtsinn der Menschen, die ihre tiefere Erkenntnis verschmähten, die ihre wunderbaren, geheimnisvollen Arbeiten nur für ein reges Spiel zu kindischer Lust auf dem armseligen Tummelplatz ihrer Lüste hielten, habe ihnen zur Strafe das Grün genommen . . .« Das klingt heute entsetzlicher als damals und vorstellbar. »Dahin ist das Grün, dahin die Hoffnung.« Warum dann »Die Genesung«? Weil die grüne Natur den Erkrankten heilt. In der Erzählung. Solche Macht hat ein Dichter über seine Geschöpfe, über sich nicht, und hinterläßt seinen Lesern das vertraute Grauen.

Glaßbrenners Nachlaß

> Es gibt Schriftsteller, die wir nicht zu den Klassikern rechnen und welche doch auf ihrem Gebiet klassisch sind. Sie können auch einen Umfang der Wirksamkeit erreichen, der dem eines Klassikers gar nichts nachgibt. Zu diesen Autoren rechne ich Adolf Glaßbrenner.
>
> *Karl Rosenkranz (1805–1879)*

Behäbig, gutmütig und wegen seines Ringsumbartes so gar nicht wie ein Satiriker aussehend, blickt Adolf Glaßbrenner seine Friedhofsbesucher an. Doch es ist der Glaßbrenner, der 1848 in der letzten Nummer seiner verbotenen »Freien Blätter« schrieb: »Ich habe das Glück, gelesen zu werden, in welcher Form ich auch vor dem deutschen Publikum erscheine. Meine Worte und Lieder sind kein Gras, das sich niedertreten läßt, es sind eben freie Blätter. Der rauhe Winter kann sie abreißen, im Frühling sind sie wieder da.«

Seine Worte und Lieder ... Glaßbrenners Nachlaß liegt in der Breiten Straße, in der Berliner Stadtbibliothek und umfaßt etwa 600 Stücke. Das sind Werkmanuskripte, abgeschickte und erhaltene Briefe und Karten, Tagebücher, Geschäftspapiere, Verträge, Fotos und Bilder, Stammbuchblätter und Familienpapiere. Vielerlei. Zum 100. Todestag von Adolf Glaßbrenner gab die Stadtbibliothek 1976 als 44. Sonderblatt ihrer verdienstvollen Reihe »Bibliographische Kalenderblätter« ein Heft heraus, das diesen Nachlaß verzeichnet. Wie oft bei Nachlässen ist dessen Geschichte ein Lesestück für sich.

Die kinderlosen Eheleute – Glaßbrenner war mit der namhaften Schauspielerin Adele Peroni verheiratet, der er in jungen Jahren in Wien begegnet war – hatten durch Testament im Jahre 1864 ihre Nichte Adele Madel geb. Glaßbrenner zu ihrer Universalerbin eingesetzt. Als Adele Glaßbrenner-Peroni 1895 starb, ging der Nachlaß an Adele Madel und ihren Mann über. Sie lösten die möglicherweise vorhandene Ordnung auf, sicher in guter Absicht, aber dadurch ist heute nicht mehr nachzuweisen, welches Stück zum Nachlaß des Dichters und welches zu dem seiner Frau gehörte.

Nun fragt man sich, weshalb nicht die Stadt oder der Staat, die Königliche Bibliothek oder ein Literaturverein gleich nach dem Tode Glaßbrenners die Hand, noch besser alle beide, auf seinen Nachlaß gelegt haben. Eine Antwort darauf steht im Nachlaß. Die Eheleute Madel haben fleißig gesammelt und alles aufgehoben, was über Adolf Glaßbrenner erschien. Da gibt es ein Gedenkblatt zu seinem 10. Todestag, 1886 im »Frankfurt Journal«, verfaßt von Rutari. Das war das Pseudonym des leider weitgehend unbekannt gewordenen tüchtigen Journalisten und Literaten Arthur Levi, damals vierundzwanzigjährig; er schreibt:

»In zugigen Hausfluren, wo fliegende Buchhändler ihr ärmliches Lager aufgeschlagen haben, findet man noch hin und wieder ein kleines Heftchen mit blauem oder grünem Umschlag und der Titelschrift ›Berliner Humoresken von Ad. Brennglas‹. Die Dingerchen, welche freilich abgenutzt genug aussehen, sind billig zu erstehen;

für zehn oder fünfzehn Pfennige können wir solch ein Heft von einem Bogen Umfang haben.«

Neulich war auf einem der beliebten Tausch- und Verkaufsabende der Berliner Kulturbundfreunde, die sich mit Heimatgeschichte beschäftigen, eines dieser Hefte für fünfzig Mark zu haben. Was nicht zu teuer ist! Denn nicht einmal Glaßbrenner selber gelang es, später alle dreißig erschienenen Hefte zu erwerben. Jedoch bereits zehn Jahre nach Glaßbrenners Tod hört Rutari einen Bücherhändler sagen: »Die Zeit mit Glaßbrennern ist vorüber. Vor zwanzig Jahren hätten Sie sehen sollen, wie ich seine Schriften absetzte. – Ach, du lieber Gott! aber heute. Wir leben eben zu schnell!« Rutari liest abends in den erstandenen Büchern: »Welch eine Fülle von Humor, welche scharfe Beobachtungsgabe, wieviel Geist ist hier auf wenige Seiten zusammengedrängt, und dies alles ist heute so gut wie vergessen. Die neue Generation hat kaum jemals eine dieser lustigen Geschichten, die unsere Eltern so oft erheiterten, zur Hand genommen. Auf Treu und Glauben haben wir den Namen Adolf Glaßbrenner als einen der berühmten unsrem Gedächtnisse eingeprägt – und damit basta.«

Als Rutari das schrieb, war Glaßbrenners Welt verschwunden. »Aus dem kleinbürgerlichen Berlin ist eine Weltstadt, aus dem gemütlichen, biederen Berliner ist ein Großstädter geworden . . .«

Die Zeiten ändern sich, die Interessen. Vorhin sah ich im Vorüberfahren im Schaufenster einer Buchhandlung zwei Bände Tucholsky liegen . . .

Rutari: »Alles, beinahe alles, was Glaßbrenner schilderte, befehdete, bewitzelte, liegt in Trümmern, und so sind denn seine Schriften, die zum Teil ja Anklageschriften waren, gegenstandslos geworden.«

Weiter in der Geschichte des Nachlasses. Die Berliner Stadtbibliothek hatte schon 1936 aus dem Autographenhandel einzelne Stücke, besonders Briefe, erwerben können. 1939 kaufte man über eine große Berliner Buchhandlung die große Masse des noch im Besitz der Familie Madel befindlichen Nachlasses. Weitere wertvolle Einzelstücke wurden 1948 erworben.

Durch Zerstörungen im Marstallgebäude, in dem sich die Bibliothek befand, ging einiges verloren. Mit dem Neuaufbau der Abteilung Sondersammlungen der Berliner Stadtbibliothek wurden seit 1970 alle dort noch vorhandenen Nachlaßteile zusammengeführt.

Was pickt unsereiner sich aus dem Katalog? Was reizt durch Titel, Zeile, Datum, Namen? Da hat er sich zu seinem 18. Geburtstag selber ein Gedicht geschrieben . . . Nach dem Besuch des Friedrichwerderschen Gymnasiums war Glaßbrenner mit vierzehn Jahren als Lehrling in die Seidenhandlung Gabain eingetreten, erste poetische Versuche gelangen und waren gedruckt worden, nebenher hat er an der Universität Vorlesungen gehört, unter anderem bei Hegel. Und noch etwas: Wer da heute im Nachlaß Glaßbrenners lesen darf, dem fällt natürlich ein: Wenn die Seidenhandlung Gabain in der Breiten Straße lag – das sind ja nur einige hundert Meter und bloß über 160 Jahre entfernt . . . Bereits um 1800 gehörte den Gabains das Haus an der Ecke Mühlendamm. Heute etwa dort, wo der Parkplatz beginnt.

Aber nun wollen wir dem nach unseren Begriffen volljährig gewordenen jungen Mann zuhören:

Monolog am 27. März 1828
als am Tage seiner Geburt morgens sieben Uhr
gesprochen von Ad. Glaßbrenner:

So bist du wieder mir erschienen,
du schlechtster Tag im ganzen Jahr,
der mich, um Gott Merkur zu dienen,
den wässerigsten Poet gebar.
Und achtzehn Jahre sind verschwunden,
in denen ich umsonst gestrebt,
mir bleiben nur die wen'gen Stunden,
die ich den Musen hier gelebt!
Ja! meiner Hoffnung schönste Ziele,
die flogen alle in den Wind.
Darum erwachen heut Gefühle
in mir, die nicht die frohsten sind.
Und doch laßt fahren alle Sorgen,
tönt es jetzt tröstend her zu mir,
auch dich weckt einst ein schönrer Morgen,
darum vergiß dein Leiden hier.

Wohl! wer wird denn auch verzagen,
ich bin nicht ein solcher Wicht,
doch geduldig das zu tragen,
Schicksal! nein, das kann ich nicht.

Nein, ich will mit Riesenkräften
heute in den Laden gehn,
und statt Stücke zuzuheften,
meine Bande lösend stehn!
Oh! du sollst hervor ins Helle,
aus des Winkels dunklem Grab,
die vermaledeite Elle
brech ich gleich 1/4el ab.
Auch euch will ich mores lehren,
auch ihr sollt mein Opfer sein.
Euch, ihr niederträchtigen Scheren,
brech ich wahrlich kurz und klein.

Und am meisten will ich hassen,
denn um dich ward ich bald toll,
dich Copierbuch will ich fassen,
kleksen dir die Seiten voll!
Ich copieren, ich copieren,
nein, das geht denn doch zu weit,
anderen etwas nachzuschmieren,
Götter! seid ihr denn gescheut! –
Nein! ich will zusammenraffen
meines Geistes letzte Kraft,
selber wirken, selber schaffen,
durch der Dinte schwarzen Saft!
Rasen will ich wie die Tollen
und fürwahr ich bin schon toll!
Die »modernen Schofel« wollen,
prügle ich den Buckel voll.
Doch! den Hut aufs Haupt geladen,
meine Uhr gebietet's mir,
zittre, schwacher Seidenladen,
Dein Vernichter naht sich dir!!?

Der Könner, der Stilist, der Ironiker und Anspielungskünstler Adolf Glaßbrenner offenbart sich allein in den drei Satzzeichen, die seinen Monolog beenden.

Es gab in dieser Seidenhandlung Gabain ein Fräulein Marie. In dem als »Tagebuch« verzeichneten Band – in Halbleder gebunden, außen marmoriert, mit ovalem Etikett, rötlich, mit Blätterkranz, in der Mitte das Monogramm: A. G., darüber und dazwischen handgeschrieben: »Manuscripte von Adolf Glaßbrenner« und »V.« – auf der vierten Seite steht ein Sonett: »An Fräulein Marie Gabain, als ich ihr eine reparierte Schmetterlingsschere schickte, die schon einen Tag vorher von mir versprochen war.«

Ich genieße heut die größte Ehre
Aller Sterblichen auf dieser Welt
Sende Ihnen jetzt die ganze Schere
die entzwei Sie einst mir zugestellt.

Gestern ließen Sie durch Friedrich fragen,
ob sie, wie versprochen, fertig sei,
doch beschämt muß ich es Ihnen sagen,
gestern, Fräulein, war sie noch entzwei.

Lassen Gnade Sie vor Recht ergehen,
lassen dennoch mir Zufriedenheit
als den Lohn für meinen Fehler sehen.

Mögen fern wir voneinander wohnen,
glauben Sie mich ewig doch bereit,
zur Vollbringung Ihrer Commissionen.

Ad. Glaßbrenner

Auf der folgenden Seite die Bemerkung: »Da das Sonett in zehn Minuten gemacht wurde, übersah ich den Fehler und übersandte ihr den anderen Tag folgendes Lied: ›Entschuldigung wegen des Schreibfehlers mir statt mich.‹ « Das hat er als echter Berliner verwechselt.

In jungen Jahren hat Glaßbrenner eine Vielzahl gereimter Silbenrätsel verfaßt, eine damals beliebte Unterhaltung, aber meist fehlen im Tagebuch die Auflösungen.

Ich trat ins Wirtshaus,
rief: »Marqueur,
bring 2, doch keinen 3,4 her.«
»1,1, mein Herr, nicht ungalant«,
sprach 2, »ich werd nicht 2 genannt.

Mit 3,4 kann ich auch nicht Ihnen,
jedoch mit frischen 1,2, dienen.«
»1,2, mag ich nicht, bringet mir
nur recht geschwind: 1,2,3,4,«

A. G.

Darunter der Nachsatz: »Fräulein Gabain sandte mir die richtige Auflösung ›Eierkuchen‹ und ich am folgenden Tage ihr eine Rose«, natürlich wieder mit einem Sonett.

Das ist noch der frühe Glaßbrenner. Aber bald wird er seine erste Zeitschrift herausgeben, »Berliner Don Quixote«, die so gut ist, daß dort sogar ihr Zensor Langbein ein eigenes Gedicht veröffentlicht: »Wiegenlied für ein altes Kind, das sich darüber härmte, daß es einen erwarteten Orden nicht erhalten hatte.« Bald wurde diese Zeitung verboten. Wie sich denken läßt.

Glaßbrenners Tagebuch ist nicht regelmäßig geführt. Seine Handschrift wird flüchtiger, ist schwer zu entziffern.

»Deutsche Sprache: Welche Humanität lehrt sie durch das Wort: nichtswürdig!«

Tagebuch: 4. Juli 1827: »Heute fiel mir ein, ganz kleine, an sich unbedeutende Geschichten aus dem bürgerlichen Leben zu schreiben.« Ihr Interesse sollte in der »Mannigfaltigkeit, ihr Wert in Betrachtung der Charaktere« liegen. Das ist ein Meilenstein! Der Beginn der Reihe »Berlin wie es ist und – trinkt« und der anderen, oft nachgeahmten Bilder, die ihn berühmt machten.

Er wird vielseitig: »Viele Mädchen sind böse und unversöhnlich, wenn man die schönen Formen ihres Körpers durch Berührung im höheren Grade genießen will. Aber an die Seele lassen sie sich alle Augenblicke fassen, ohne nur zu murren.«

Eintragung 1840: Da hatte er schon den Eckensteher Nante erfunden, da waren die ersten Hefte von »Buntes Berlin« mit Zeichnungen von Theodor Hosemann erschienen, da steht die letzte Eintragung auf Seite 119 in diesem Tagebuch, das noch zweimal so viel freie Seiten hat; zwischen denen liegen gepreßte Blätter und Blumen, so alt, so trocken, so unansehnlich, daß sie geradezu abstoßend verstaubt wirken, ganz anders Glaßbrenners vormärzliche Sätze: »Die Könige sind allerdings von Gottes Gnaden, denn wäre Gott ihnen nicht gnädig, er hätte sie, die ihm so entgegenarbeiten, gewiß längst zum Teufel gejagt. Und es fragt sich noch sehr, ob dieser sie gern behielte. Unter ›Könige‹ verstehe ich übrigens nicht Menschen auf einem Throne, wie z. B. Joseph II.« Damit ist der österreichische Kaiser gemeint, der nur zehn Jahre regierte und 1790 neunundvierzigjährig an der Tuberkulose gestorben war, doch wegen seiner Toleranz unvergessen blieb. Sein Dasein hatte Glaßbrenner gespürt, als er 1835/36 in Wien lebte. Daher schrieb er sein Buch »Bilder und Träume aus Wien« so, daß es sowohl in Preußen als auch in Östereich verboten werden konnte; allein wegen solcher Bemerkungen, die Aufgabe eines Autors sei, weniger selbst zu denken, als andere denken zu machen. Glaßbrenners Nachlaß, das ist im Grunde sein demokratisches Gewissen.

»Gäbe es keine Buchbinder, so hätten wir keinen Einband; hätten wir keinen Einband, so kauften die Vornehmen auch keine Bücher; kauften die Vornehmen keine Bücher, so müßten die Schriftsteller verhungern; müßten die Schriftsteller verhungern, so brauchten auch keine Bücher verboten werden. Bücher müssen aber verboten werden, ergo muß es auch Buchbinder geben.«

Adolf Glaßbrenner

Varnhagen von Ense

Die Literatur ist
wandelbar, das Volk hält
seinen Besitz fest.

Varnhagen von Ense

Jeder denkt wohl zunächst an Rahel. Sie ist die Berühmtere von beiden. Und daher bleibt Karl August Varnhagen von Ense für viele nur der vierzehn Jahre jüngere Ehemann dieser bedeutenden Frau, ihr Biograph und durch seine »Rahel«-Veröffentlichungen ihr Andenkenbewahrer. Er war durch ihren Salon mit den wichtigsten Künstlern, Literaten, Wissenschaftlern und Politikern seiner Tage im Gespräch, verkehrte in Hofkreisen, kannte Gott und die Welt. War gut Freund mit Bettina. Seine Autographensammlung zählt über 9000 Namen.

Varnhagen studierte Medizin, bald aber lieber Literatur und Philosophie. Zwischendurch aus Geldmangel als Hauslehrer tätig, studierte er weiter und fand Freunde unter den Berliner Romantikern.

Zu viert schrieben sie gemeinsam den Roman »Die Versuche und Hindernisse Karls«, abgebrochen nach 28 Kapiteln, aber erschienen. Berliner Satire 1808 . Das war die Zeit, als er Rahel kennenlernte. Sie begegnete nach zwei gescheiterten Verlöbnissen einem Mann, der sie vorbehaltlos liebte.

Varnhagen trat in die österreichische Armee ein, wurde bei Wagram verwundet, ging 1813 zur russischen Armee und war 1814 in preußischem diplomatischem Dienst in Paris und beim Wiener Kongreß. Nach dem Kriege wurde er preußischer Geschäftsträger in Karlsruhe und 1819 dort abberufen, ohne Angabe von Gründen. Akten darüber fanden sich nie. Es waren Varnhagens liberale Gesinnung und demokratische Ansichten, die »oben« störten. Man wollte ihn als diplomatischen Vertreter abschieben, weit weg, nach Washington, jedoch er lehnte ab, saß abwartend und ging 1824 als Geheimer Legationsrat in den Ruhestand. Und schrieb. »Denkwürdigkeiten des eigenen Lebens«, »Blätter aus der preußischen Geschichte«, »Tagebuchaufzeichnungen« und »Tagebücher«, die von 1835 bis zu seinem Tode 1858 reichen.

Eine Entwicklung: im Geist der französischen Revolution erzogen, deutscher Patriot, erst liberaler, dann radikaler Demokrat, der 1848 die Revolution begrüßte, von Heine »wahlverwandtester Waffenbruder« genannt; schließlich stiller Republikaner. ». . . Ich danke Gott, daß ich nicht als elender Gesandter an verschiedene Höfe müßig verschickt und in diplomatische Nichtigkeit versenkt worden bin, daß ich mir selbst habe leben und dienen können . . .«

Er wollte seine »Tagebücher« lieber erst zwanzig Jahre nach seinem Tode veröffentlicht wissen. Seine Nichte Ludmilla Assing hielt sich nicht daran, sondern gab Auszüge aus dem Nachlaß von 1861 bis 1870 in vierzehn Bänden heraus. Nun änderte sich das Varnhagen-Bild. Hatte man ihn als den Gefährten und Biographen der Rahel geschätzt und ihm höchstens verübelt, daß er sich nach ihrem Tode zu früh verlobte – zweimal, aber wieder gelöste Bindungen –, kam es jetzt zum Skandal. Abwertende Rezensionen, Nachreden und dergleichen.

Hebbel führte gleichfalls Tagebuch. 15. Oktober 1862: »Ich lese Varnhagens Tagebücher. Bisher hielt ich die Schlange für die gefährlichste Bestie, jetzt sehe ich aber, daß ein Kammerdiener, der sich sein Lebelang vergebens um eine Stellung bemüht, sie an Bosheit und Giftigkeit bei weitem übertrifft.« Und Gottfried Keller schüttelreimte »Harnwagen«.

Ludmilla Assing wurde wegen Majestätsbeleidigung verurteilt und beim Erscheinen jedes neuen Bandes wieder verfolgt. Aber ein Band nach dem anderen erschien. Und man konnte Dinge lesen, die man kaum zu sagen wagte. Unter dem 13. November 1851: »Meine Tageblätter arten in eine Aufzählung von Schändlichkeiten und Dummheiten aus, die täglich von oben her begangen werden.«

Varnhagen von heute?

Rahel an Varnhagen am 14. Februar 1814: »Mich dünkte immer, Leben schütze vor dem Tode!«

Rahels Sarg

»Ich fühlte mich in Mannheim so krank, daß ich mir gleich vornahm aufzuschreiben, wie es mit dem, was mir gehört, und worüber ich freies Walten habe, geschehen soll . . .« Mit diesen Worten beginnt die knapp fünfundvierzigjährige Rahel Varnhagen eine Verfügung, datiert: »Frankfurt a. M., den 23sten April 1816«.

»Die Hauptsache bei meinem Tod für mich hat mir Varnhagen

auf Ehre versprochen; nämlich mich ohne allen Putz in einen schlechten Sarg legen zu lassen, welcher keinen zugenagelten, noch einen nur im mindesten schwer zu öffnenden Deckel hat: mein Sargdeckel soll von Glas sein, und wären es auch, welches ich sogar will, die kleinsten grünen Glasscheiben.« Sie fürchtete den Scheintod, Lebendbegrabenwerden. »Der Sarg selbst wird nicht in die Erde gegraben, sondern in ein wenn auch noch so kleines Häuschen gesetzt – etwa wie ein kleines ganz geringes Wachthäuschen bei Bauten, oder dergl. – oder in ein Souterrain-Zimmer, oder sonst einen Ort u. s. w.«

Ihr Grab auf dem Dreifaltigkeitsfriedhof ähnelt nicht entfernt dieser Verfügung, die Varnhagens Vermerk trägt: »Vorgefunden und zuerst gelesen nach dem 7. März 1833«, nach Rahels Tod. Er ließ sie in einem Gewölbe beisetzen. Fünfundzwanzig Jahre später wurde er an ihrer Seite bestattet.

Kein Hügel, eine efeuüberwachsene Fläche, in ihrer Mitte beider Grabsteine. Und seit einigen Jahren eine Tafel:

Gute Menschen –
wenn etwas Gutes für die
Menschheit geschieht –
dann gedenkt freundlich in
Eurer Freude auch meiner.

Rahel Varnhagen von Ense

Auf dem Dach ist Mendelssohn

Felix Mendelssohn Bartholdy. Lange habe ich seinen Namen mit Bindestrich geschrieben, bis ich erfuhr, daß es kein üblicher Doppelname ist. Es gibt jedoch unter den vielen Nachkommen Moses Mendelssohns auch Mendelssohn-Bartholdys mit Bindestrich.

Der Enkel des Herrn Moses liegt auf diesem Friedhof mit Eltern und Angehörigen in Geborgenheit. Die entsteht durch die Stille und die Bäume neben den Steinen, durch diesen besonders in sich abgegrenzten Teil des Dreifaltigkeitskirchhofs.

Es ist der rechte Ort, eine Geschichte zu erzählen; eine Prager Geschichte mit schwejkschen Akzenten . . .

JACOB LUDWIG
FELIX
MENDELSSOHN BARTHOLDY
GEBOREN
ZU
HAMBURG
AM
3. FEB.
1809
GEST. ZU
LEIPZIG
AM
4. NOV.
1847
FELIX
MENDELSSOHN
BARTHOLDY

Ein tschechischer Roman: »Auf dem Dach ist Mendelssohn«. Als er 1960 in Prag erschien, war sein Autor gerade gestorben. Jiři Weil, Jahrgang 1900, war Journalist, Übersetzer und vielseitiger Erzähler, der ungeachtet eines übersetzten Buches noch für Deutsche zu entdecken ist.

1942 sollte Jiři Weil aus Prag deportiert werden, ging in die Illegalität und hielt sich bis Kriegsende verborgen. Danach lebte er als Redakteur und Wissenschaftlicher Mitarbeiter des Staatlichen Jüdischen Museums in Prag. An »Auf dem Dach ist Mendelssohn« arbeitete Weil jahrelang und veröffentlichte in dieser Zeit drei Romane und drei Bände Erzählungen.

Sein Buch behandelt das Schicksal der tschechischen Juden während der Naziokkupation. Dem Roman liegt ein tatsächliches Ereignis zugrunde. Die vom Stellvertretenden Reichsprotektor Heydrich befohlene gewaltsame Entfernung der Figur des Komponisten Felix Mendelssohn Bartholdy vom Dach des Rudolfinums, des der Musik gewidmeten Künstlerhauses an der Moldau.

Die beiden damit beauftragten tschechischen Arbeiter Bečvář und Stankowski gehen am Rand des Daches entlang und sehen sich die Sockel an, obwohl sie wissen, daß dort keine Namen stehen. Schlesinger, ihr deutscher, aber nicht schwindelfreier Vorgesetzter, der ihnen aus dem Dachfenster zuschaut, soll es ihnen genau sagen. Doch auch er weiß nicht, wo dieser Mendelssohn steht; er weiß nur, daß er Heydrichs Befehl unverzüglich ausführen muß.

Schlesinger schickt die beiden Tschechen erneut ums Dach des Neorenaissancehauses. Diesmal sollen sie sich nach den Nasen richten. In den Schulungen, die Schlesinger besucht, wurde Rassenkunde behandelt und bildlich vorgeführt; die komplizierte Lehre mit dem einfachen Ergebnis: Juden haben die größten Nasen. Folglich ordnet Schlesinger an, sie sollen die Figur mit der größten Nase entfernen.

Bečvář greift zum Zollstock. Stankowski meint: »Wir erkennen das auch so«, denn bald ist Mittagspause. »Sieh mal«, sagt Bečvář, »der da, mit der Mütze.« Kein anderer hat eine so große Nase. Er wirft der Statue das Seil um, sie ziehen kräftig, und die Figur beginnt sich zu lockern.

Da schreit Schlesinger aus dem Dachfenster: »Halt! Nein! Stop, sage ich!« Sie lassen das Seil fallen. Soll der Deutsche selber aufs Dach kommen und sagen, wer die größte Nase hat.

Schlesinger hat diese in Stein gehauene Persönlichkeit entsetzt erkannt! Überall steht ihre Büste auf Klavieren. Es ist Richard Wagner, der »größte deutsche Musiker«, Hitlers Lieblingskomponist. Schlesinger schwitzt vor Angst. In den Schulungen erzählten sie von Wagner als dem Mitbegründer ihres Reiches.

Schlesinger überlegt eine Weile. Dann ruft er aufs Dach: »Hat diese Figur wirklich die größte Nase?«

»Jawohl, Chef«, meldet Bečvář, »die anderen haben ganz gewöhnliche Nasen.«

Henriette Herz

> Diese Frauen schufen in der damaligen Öde, welche dem Tode Friedrichs voranging und nachfolgte, jene Kreise, welche so wichtig geworden sind nicht nur für die Gesellschaft, sondern auch für die Literatur und das öffentliche Leben; Vereinigungen, in welchen kühn aufstrebende Männer und Jünglinge die Anregung suchten und fanden, die ihnen sonst überall in Berlin versagt geblieben wäre.
>
> *Julius Rodenberg, 1886*

». . . starb kurz nach Vollendung ihres dreiundachtzigsten Lebensjahres am 22. Oktober 1847 abends . . . begraben auf dem II. Jerusalemer Friedhof vor dem Halleschen Tor . . . Nach Schinkels Reihenentwurf wurde ihr Grabmal, ein 1,60 Meter hohes, gußeisernes, in einem Dreipaß endendes Kreuz, in der Berliner Königlichen Eisengießerei gegossen.«

Es gab eine Zeit, da ging durch Berlin die Redensart, wenn man nicht den Gendarmenmarkt gesehen habe und nicht Madame Herz, kenne man die Stadt nicht. Der Gendarmenmarkt ist als Platz der Akademie in alt-neuer Pracht vollständig zu bewundern; Madame Herz wurde uns vorgestellt: Die Erinnerungen von Henriette Herz liegen erstmals als Ganzes vor.

Henriette de Lemos, 1764 als Tochter eines Berliner Arztes geboren, wurde knapp dreizehnjährig nach jüdischem Brauch verlobt

Henriette verwittwete Hofräthin Herz,
geb. de Lemos,
geb. d. 5. Septbr. 1764, gest. d. 22. Octbr. 1847.

und heiratete drei Jahre später den über siebzehn Jahre älteren Marcus Herz, einen Arzt und Naturwissenschaftler, der sich bald zu einem außerordentlichen Gelehrten entwickelte, dessen Haus namhafte Gäste aufsuchten. Die junge Frau, die sich in vier modernen Sprachen unterhalten konnte und außer Hebräisch auch Latein und Griechisch kannte, kam sich in der Gesellschaft bedeutender Menschen unwissend vor und meinte, man hielte sie bloß für klug, weil sie so hübsch war; doch das enttäuschte sie nicht: »Konnten sie auch nicht immer mit mir sprechen, so sprachen sie doch zu mir.«

Der Salon der Henriette Herz wurde ein geistiger Mittelpunkt der Stadt, oft in einem Atemzug mit dem der Rahel Varnhagen genannt. Sie waren gebildete, feinsinnige Frauen, die sich über Malerei und Bücher unterhalten konnten, über Philosophie und Physik. In ihren Salons begegneten sich berühmte Männer und solche, die es werden würden: Die Brüder Humboldt, Mirabeau, Fichte, Schleiermacher, Karl Philipp Moritz, Gentz, Börne, Jean Paul und die Mendelssohns.

Die Erinnerungen, die Henriette Herz im Alter zu schreiben begonnen hatte und leider abbrach; aufschlußreiche Kapitel über Menschen und Ereignisse, ergänzt durch Briefe von Freunden und Zeitgenossen. Sie hat einiges erlebt. 1819 im Hause von Ernst Moritz Arndt eine Haussuchung.

Leider vernichtete sie ihre über Jahrzehnte geführte Korrespondenz aus falscher Scham vor der Nachwelt. Wen kümmern später Klatsch und Gefallsucht, Eitelkeiten und Schwächen, wenn sie eine Zeit nahebringen, die wir nicht miterlebt haben und nur durch die Filter der Kunst, der Presse und der Geschichtsschreiber kennen?

Henriette Herz zog viele Männer an. Das hätte uns beinahe Ludwig Börne gekostet, der sich als Siebzehnjähriger so in die um zwanzig Jahre Ältere verliebte, daß er sich in der Apotheke Arsenik bestellte, als Henriette den Leidenschaftlichen zurückwies: »Ich kann Ihre Liebe zu nichts gebrauchen.« Ein Satz, der sich als wirksames Heilmittel erweisen sollte. Börne: »Ich danke für diese Worte, sie machen mich um 100 Jahre klüger, nur lassen Sie sie ja nicht laut werden, sie könnten die beißendste Satire auf Ihr Geschlecht abgeben.«

Fünfundzwanzig Jahre später, als er ihr wieder begegnet, schreibt Börne: »Die Herz lebt in beständiger Tätigkeit und benutzt die Viertelstunden, als wären es Tage.«

Antoine Pesne

Diesen Namen kann der Spaziergänger Unter den Linden lesen. Von der Friedrichstraßenkreuzung aus auf der Promenade schlendernd, das Brandenburger Tor im Rücken, entdeckt man mühelos am Reiterdenkmal des Königs den Namen seines Hofmalers. Dort sind in Bronze 74 prominente Zeitgenossen genannt; und wer die Intellektuellen sucht und die Künstler, ahnt schon, wo er sie findet. Unterm Pferdeschwanz. Dort auch die Köpfe von Lessing und Kant.

Antoine Pesne war der namhafteste Berliner Maler des 18. Jahrhunderts. In Paris geboren, von seinem Vater unterrichtet und von dem Maler de la Fosse, ging er zur Akademie und errang den Rompreis, der ihm den Studienaufenthalt ermöglichte: fünf Jahre in Rom, Neapel und Venedig. Dort traf er den Zufall; und der Zufall, der in unseren jungen Jahren manches entscheidet, traf Antoine Pesne in Gestalt des preußischen Gesandten v. Knyphausen, der sich porträtieren lassen wollte. Das 1707 gemalte Bild beeindruckte so, daß aus dem fernen Berlin eine Einladung kam. Von König Friedrich I. Da zog Pesne 1710 mit seiner Familie nach Berlin und malte den König so, wie er sich sehen und gesehen haben mochte: Pesne wurde Hofmaler.

Der nächste König kam bald. 1713. Friedrich Wilhelm I. strich fast alles, was nicht der Anschaffung hochgewachsener Soldaten und ihrem Unterhalt diente, und behielt bloß einen Maler, unseren Pesne. Weil er der Beste war. Dafür bekam er fortan nur noch die Hälfte seines Gehalts.

Der Kronprinz Friedrich, den Pesne als trommelnden Zweijährigen malte und damit dessen frühestes Porträt schuf, regierte als junger Mann die Künste. Adolph Menzel hat das 1861 auf ein kleines Gemälde gebracht unter dem Titel: »Kronprinz Friedrich besucht den Maler Pesne auf dem Malgerüst in Rheinsberg«. Der Baumeister v. Knobelsdorff ist dabei und Franz Benda mit seiner Violine.

Mit Friedrichs Thronbesteigung begann für Pesne der fruchtbarste Abschnitt seines Lebens. Er malte Schauspielerinnen und Minister, Gräfinnen und Gelehrte. Er schuf Wand- und Deckengemälde in Schlössern zwischen Rheinsberg und Berlin (das Konzertzimmer in Sanssouci). Er wurde Direktor der Akademie, überhäuft mit Aufträgen und Ehrungen. Ein Mann, von dem außer seinen menschenwärmenden Werken kaum etwas Persönliches überliefert ist, ausgenommen sein Wunsch, neben seinem verstorbenen langjährigen

Kollegen und besten Freund Knobelsdorff bestattet zu werden. Das geschah. Sie ruhten im Gewölbe der Neuen Kirche – das ist der Deutsche Dom (Glaßbrenner wurde dort getauft) auf dem Gendarmenmarkt. Als diese Kirche 1881 umgebaut wurde, brachte man die Särge auf einen angemessenen Begräbnisplatz vor dem Halleschen Tore. Das gemeinsame Grabmal ging verloren. Verschollen ist auch das Porträt von 1707, das Pesne zum Berliner machte.

Ein neuer gemeinsamer Stein, etwas schlichter, trägt die Inschrift:

Georg Wenzeslaus v. Knobelsdorff 1699–1753
Baumeister Friedrichs des Großen

Antoine Pesne 1683–1757
Hofmaler Friedrichs des Großen

Betrachtet einer sich die Rückseite des Gedenksteins der beiden Hofkünstler – es ist ein alter Stein und schon einmal benutzt. Unter einer stilisierten Harfe mit Lorbeerzweig steht:

Margarete Krause
geb. am 27. Februar 1862
gest. am 1. Oktober 1905

Deutsche Sparsamkeit hat einen gebrauchten Grabstein wieder verwendbar gemacht.

Rundlauf

»Noch heute, Jahrzehnte nach meinem letzten Schultag, kann ich Gebäude, in denen unterrichtet wird, nicht ohne Herzklopfen betreten, nicht ohne das Gefühl der Bangigkeit und des Ausgeliefertseins an einen gnadenlos funktionierenden Apparat . . .« Mit diesen Worten beginnt der Weimarer Schriftsteller Armin Müller einen Abschnitt seiner Erzählung »Die Taube aus Papier«. Als ich das las, war ich froher. Es gibt also noch jemanden, dem das so geht.

Unlängst geriet ich bei einem zielgerichteten Streifzug im anderen Teil Berlins, in Kreuzberg, auf meinen alten Schulweg, bog jedoch bald ab, mochte ihn nicht gehen. In den vergangenen Jahrzehnten ist ohnehin alles fremd und sonderbar geworden. Die Gebäude tragen türkische oder keine Aufschriften, und auf der Mittelpromenade in der Gneisenaustraße fahren längst keine Straßenbahnen mehr.

Ich wollte zu den historischen Friedhöfen in der Bergmannstraße, die ich als Junge nie besucht habe. Erstens wurde einem nicht jeder berühmte Name genannt, zweitens führte nie ein sogenannter Wandertag dorthin.

Da war mehr als erwartet. Zufällig stieß ich auf die Grabtafel von Amalie, jenes Mädchens, das hat einen andern erwählt und damit ihren Cousin Heinrich zum Dichter für unglücklich Verliebte gemacht. Nun sichern Heines Verse der Amalie Friedländer die Unsterblichkeit.

War die Schule nicht gleichfalls ein Wesen, das man lieben wollte? Ich wurde übermütig und nahm zum Rückweg die schmale, baumlose Straße, in der damals der Eingang zum Gymnasium gewesen ist, das wenig später in Litzmann-Oberschule umbenannt wurde. Ein ehemaliger Schüler hatte es im ersten Weltkrieg bis zum General gebracht und die russische Stadt Lódź erobert, die während des

zweiten Weltkrieges umgetauft wurde in Litzmannstadt, weil der General es beizeiten mit Hitler gehalten hatte. Man hätte natürlich auch den General umbenennen können . . .

Ich sah die Fassade aus schwarzem Sandstein und ahnte den Schulhof im Steinquadrat, auf dem während der großen Pausen alles im Kreise zu gehen hatte. Dort fanden zuweilen abends die symbolischen Handlungen statt. Mit Fackeln und flammendem Holzstoß, aber auch tagsüber mit gebellten Reimen armseliger Dichterlinge, mit dumpfem Getrommel, Fahnenanbeten und dergleichen Brimborium und Spuk fürs Gemüt und ungeschützte Seelen. Bei mir hat es nicht gefruchtet, und vielleicht deshalb bin ich einer der Überlebenden geworden und kann daher als Erwachsener bevorzugt an meinem alten Schulgebäude vorbeischlendern. Hinsehen und Weitergehen. Ungefährdet.

Aber die Schule hat mich sofort erkannt. Und griff nach mir. Indem sie mir durch die hohen Fenster die Instrumente zeigte. Deutlich erkennbar noch oder wieder die Kletterstangen und Stricke. Das genügte, um den Rest zu wissen und die alte Angst emporzuziehen. Das Ausgeliefertsein an einen gnadenlos funktionierenden Apparat. Da ließ ich sie sehen, was ich gefunden hatte. Und die Schule mußte wehrlos den Namen Heinrich Heine hinnehmen und ganz andere, die sie mir vorenthalten hat.

Claire Waldoff

Urberlinerin. Herz und Schnauze. Und was der Bezeichnungen mehr sind für eine Vortragskünstlerin, die dreißig Jahre lang »die Lieder des Volkes mit der Stimme des Volkes« (Helga Bemmann) sang. Claire, der Prototyp der Berlinerin, stammte wie ihr langjähriger Freund Zille, wie ihr erster Rezensent (1907) Alfred Kerr, wie ihre Biographin Bemmann und wie andere Berliner nicht aus Berlin.

Melodien und Zeilen, die einem lebenslang im Sinn bleiben. Wer schrieb? Wer komponierte? Für Claire, die einiges selber dichtete und komponierte, arbeiteten Walter Kollo und Claus Clauberg, Ludwig Mendelssohn (»Herrmann heeßt er«) und Walter Mendelssohn (»Warum soll er nicht mit ihr«).

1954 war Claire Waldoff, die in den Nachkriegsjahren zwar ein Comeback gefeiert hatte, aus gesundheitlichen Gründen aber keine neue Karriere beginnen konnte, für das Publikum noch ein Begriff. In jenem Sommer war die Nachricht durch unsere Zeitungen gegangen, daß die verarmte Künstlerin – ihr fehlte Geld, um Kohlen zu kaufen – in Privatbriefen Selbstmordgedanken geäußert habe. Daraufhin bewilligte ihr der Westberliner Senat schließlich einen Ehrensold.

Sie wohnte in Bayrisch Gmain, an der Grenze zu Österreich. Ich sollte etwas zu ihrem 70. Geburtstag schreiben, hatte mich beizeiten brieflich angemeldet, im Ort einen Strauß (für meine Begriffe riesiger) Nelken gekauft, mich zum Weißbachhäusl durchgefragt; den Weg kannte jeder. Aber die beiden Frauen, die in der Tür erschienen, wollten mich kaum eintreten lassen. Warum nur?

Dann saßen wir im Wohnzimmer. Ich war verwirrt. Gleich beim ersten großen Auftrag ein Mißerfolg vor Augen; außerdem die

Verblüffung darüber, daß die große Künstlerin, die ich irgendwann einmal aus Parkettferne erlebt hatte, ein kleines Weiblein war, rothaarig und ziemlich grob. Die andere war ihre langjährige Lebensgefährtin Olga von Roeder (»meine Olly«), eine Dame. Einer der Gründe, weshalb die populäre Volkssängerin von den Nazis kaltgestellt wurde, war ihr unbefangenes Bekenntnis zu der schönen Olga von Roeder, »die schon seit Jahren mein Leben teilt« (Zitat: Claire Waldoff in ihrem Buch »Weeßte noch . . .!«). Warum soll sie nicht mit ihr?

Und während beide mir abwechselnd erklärten, sie hätten alles neulich dem Herrn vom Westberliner Rundfunk erzählt, ich solle mir's beim Rias geben lassen (hatten die 'ne Ahnung von Berlin), geschah folgendes: Die Dame legte ihre Hand auf mein rechtes Knie. Claire, die auf der anderen Seite des Tisches auf dem Sofa saß, bemerkte das bald und rief: »Hau ab! Geh einkaufen!«

Olly von Roeder erhob sich, grüßte und verschwand. Man hörte die Haustür. In diesem Moment verwandelte sich das Rauhbein mir gegenüber in die Freundlichkeit selbst. Führte mich durchs Haus, wies auf Gemälde und Erinnerungen und antwortete auf meine Fragen immer wieder, alles stünde in ihrem Buch, ich würde es nachher bekommen. Aber bitte nicht schreiben, daß ich bei ihr gewesen sei (Claire Waldoff befürchtete, der Westberliner Senat könnte ihr die monatliche Zuwendung entziehen, wenn sie einer in Ostberlin erscheinenden Zeitung ein Interview gäbe): ein im kalten Krieg durchaus verständlicher Wunsch, den ich respektierte. Deshalb kein eigener, nur ein unpersönlicher Bericht. Dazu aber in ihrer Handschrift für uns »Grüße an Berlin« und ihr Vers »Ich bin ein Optimist . . .« Und das Foto.

Claire saß im spärlichen Licht einer alten Hängefunzel auf dem Sofa. Ich hatte weder Blitz noch Stativ, sondern mußte meiner Kamera auf meinem Köfferchen eine Unterlage bieten, während Claire so tief rutschte, bis sie im Bild war. Die Lampe hielt ich auf ihr Gesicht gerichtet. Die knapp siebzigjährige, nicht gesunde Frau saß wie einst auf der Bühne. Hielt still, zuckte nicht mit der Wimper, als ich ohne Drahtauslöser zwei, vier, sechs, acht Sekunden belichtete. (Mit der guten alten Exakta Varex konnte man das.) Drei Aufnahmen sind gelungen. Das beste Foto war damals in der Zeitung.

Der Abschied: Sie holte ihr Buch »Weeßte noch«, fragte: »Wie heeßt du?«, »Wie heeßt deine Frau mit Vornam?!«, schrieb uns eine Widmung »mit vielen guten Wünschen« – es war das erstemal, daß ich von jemandem, der ein Buch geschrieben hatte, eine Widmung bekam.

Als ich ging, es regnete etwas, fragte sie in der Tür: »Hast du keen Hut?« Ich stammelte eine Ausrede, hatte nämlich meine Mütze im Schlafwagen liegenlassen. Claire glaubte das nicht. Schrie freudig: »Ihr wart besoffen, Mensch!«

Und wo ist ihr Grab? Welcher Berliner Friedhof wäre ihr gemäß, auf welchen würde sie passen? Claire Waldoff starb in Bad Reichenhall und liegt neben ihrer Lebensgefährtin begraben, in deren Familiengrab in Stuttgart. In ihrem Berlin aber soll sie diesen papiernen Grabstein bekommen.

Intermezzo

Einmal hat Peter Altenberg – aber darf ein Ur-Wiener inmitten Berliner Grabsteine auftauchen? Berlin hat so viele Einflüsse aus dem österreichischen Süden erhalten und bedarf in seiner nachpreußischen Grobheit dringlich neuer Impulse, warum also nicht?

Peter Altenberg: »Zu mir kam einmal einer meiner Freunde, der Uhrmacher Josef T. Er hatte seine wunderbare 23jährige Geliebte zu Grabe geleitet.

›Peter, Sie kennen mich, helfen S' mir! Eine Grabschrift von Ihnen für meinen marmornen Gedenkstein! Wann darf ich hoffen, daß Ihnen was Passendes einfallen dürfte?!?‹

›Sofort‹, erwiderte ich mitten auf der Straße, ›oder nie!‹

Er riß sein Notizbuch heraus.

Ich schrieb:

Ich war der Uhrmacher Josef T.,
Und dann war ich im Paradiese durch Dich ---.
Und jetzt bin ich wieder der Uhrmacher
Josef T. ---.

So rasch, so prompt muß man seine Menschlichkeiten ausschütten; denn später wird es eine fade Sauce! Daher die vielen faden Saucen ---.«

Paul Lebus, jahrzehntelang Original auf dem Wochenmarkt in Berlin-Pankow, preist einen Spezialdünger an: »Junge Frau, der ist so schööön, wenn Se den uff'n Friedhof streuen, dann woll'n Se sich am liebsten dort begraben lassen.«

Ich habe gerne gelebt und wünsche,
daß meine zwei Kinder ebenso fröhliche Menschen werden,
wie ich es war.

Jutta Wolf geb. Kies
geb. 15. 5. 1945 gest. 15. 2. 1984

NEUES DEUTSCHLAND 14. März 1984

Wanderung zu Fontanes Grab

Solche Kritiken erquicken vielleicht keinen andern, aber sicherlich den, der sie schreibt, weil er in ihnen Gelegenheit findet, sich an die schwierigsten Fragen heranzumachen, nicht um sie zu lösen, aber doch um sie zu stellen. Und schon in dieser bloßen Fragestellung, die gleichbedeutend ist mit einem Absagebrief gegen das Alte, liegt eine Art Genuß.

Fontane an Friedländer, 1888

Theodor Fontane ist 1898 in Berlin auf einem Friedhof beerdigt worden, der mittlerweile, seit 1961, im Grenzgebiet liegt. Das bedeutet: Sein Grab kann nicht ohne weiteres besucht und besichtigt werden. Das wissen viele nicht. Sie kommen manchmal von weit her, halten Blumen in der Hand und müssen am Gatter umkehren, weil sie keine Grabkarte haben, die zum Betreten des Friedhofs berechtigt. Touristengrabkarten gibt es nicht.

Daher ist es im Grunde dasselbe, ob unsereiner eine Fahrt ins Blaue antritt, um später als Weitgereister davon zu erzählen, oder ob er in seinem Berlin auf den Friedhof geht, wo Fontane liegt.

Warum nimmt das Interesse an Fontane ständig zu?

Dieser Fontane ist seit zwei Jahrzehnten weltweit spürbar, ist als Klassiker im Kommen. Das wird einer nur, wenn er den Menschen viel sagen kann, unabhängig von Zeit und anderen Veränderlichkeiten. Was macht ihn so anziehend? Daß man ihn immer wieder lesen kann? Daß er Sätze sagte oder schrieb, die dich betreffen? Daß sich Tiefgründiges herauslesen läßt, zuweilen hochaktuell und zwischen den Zeilen? Daß er damit anregt? An seinem offenen Grab ist der

Satz gesprochen worden: »Immer werden wir ihn vor uns sehen mit dem Lächeln zwischen Milde und Ironie um die Lippen.«

Um eines Tages zu seiner Grabstätte zu gehen, dafür gibt es Gründe genug. Theodor Fontane ist ein Freund, ein Vorbild, ein Angehöriger.

Er ist auf dem Friedhof der Französischen Gemeinde begraben, jedoch nicht auf dem alten in der Chausseestraße, wo Chodowiecki und Devrient liegen und das Berliner Original, die Madame Dutitre (»Mir hat mein König drangefaßt«), sondern auf dem neuen Friedhof, der 1835 in der Liesenstraße angelegt wurde. Das war damals der Nordrand der Stadt, zum Wedding gehörig. Dort wurden zwischen 1830 und 1835 vier kirchliche Friedhöfe eingerichtet.

Von links nach rechts: Der evangelische Domfriedhof, mit dem Dom am Lustgarten verbunden, dessen Restaurierung im Gange ist. In der Mitte der Friedhof der Französischen Gemeinde, deren Dom steht am Platz der Akademie, dem vormaligen Gendarmenmarkt. Daneben der Domfriedhof der katholischen St.-Hedwigs-Gemeinde.

Auf der theoretisch gegenüberliegenden Straßenseite, in Westberlin, befindet sich der evangelische Neue Dorotheenstädtische Friedhof. Dort liegt Otto Nicolai (»Die lustigen Weiber von Windsor«) begraben. Früher waren diese Friedhöfe durch Haupteingänge in der Liesenstraße erreichbar; heute, der Stadtplan zeigt es, liegt unser Eingang an der Hintertür in der Pflugstraße. Ein Westberliner Stadtplan hat ein schwarzes Rechteck über unsere drei Friedhöfe gesetzt: »Übergang für Westberliner« steht dort unter der Überschrift »Chausseestraße«.

Heute ist Montag, der 17. April 1978. Am 20. September 1978 ist Fontanes 80. Todestag. Wie sieht sein Grab aus? Um darüber etwas berichten zu können, ist es ratsam, beizeiten die Erlaubnis dazu einzuholen. Solche Genehmigungen kann man nicht früh genug beantragen.

Wie fange ich es an? Und wo? Und bei wem? Hätte ich einen der denkbaren Dienstwege eingeschlagen, wäre alles schneller gegangen. Aber auf dem von mir benutzten Stadtplan gibt es keine Dienstallee.

Manche sagen, man muß gleich hoch oben beginnen. Das mag bei privaten Anliegen zutreffen. Bei Fontane, der uns allen gehört, ist es etwas anderes. Natürlich fängt man beim Naheliegenden an.

Ich rief das Fontane-Archiv in Potsdam an, das ich schon immer einmal besuchen wollte, vereinbarte einen Termin und fragte bei dieser Gelegenheit Joachim Schobeß, den langjährigen Leiter, ob er wisse, wie man zu Fontanes Grab gelangt. Er riet, die Französische Gemeinde anzurufen.

Für alle, die in dieser Geschichtsstunde gefehlt haben, das werden die meisten sein, sei nachgetragen, daß sich um 1685 viele aus Frankreich wegen ihres Glaubens vertriebene Familien in Berlin und Brandenburg ansiedeln und ihre eigene Religionsgemeinschaft gründen konnten, die bis heute besteht. Der Französische Dom und das Hugenottenmuseum zeugen lebhaft von ihrer Existenz.

Diese Französische Gemeinde anrufen, es ist leicht gesagt. In unserem Telefonbuch steht unter »Französische« nichts. Unter »Gemeinde« nichts. »Reformierte« nichts, unter »Kirchen« nur die anderen, obgleich die Französisch Reformierten zu den Christen gerechnet werden. Unter »Hugenottenmuseum« nichts. Unter »Museen« nichts. Hier sind nur »A Staatliche« und »B Städtische« Museen angegeben. Unter einem C müßten die Sonstigen zu finden sein, finden Sie nicht? Das Jugendstilmuseum, das Hugenottenmuseum, das Friseurmuseum. Eine gewisse elitäre Haltung zu den Fragen unserer kostbaren Zeit, die sonst nur manchen Literaten nachgesagt wird, finden wir ausgeprägt unter den Verfassern des »Fernsprechbuches Berlin. Hauptstadt der Deutschen Demokratischen Republik«. Sie, das sei entschuldigend eingeräumt, sind noch nicht Mitglied im Schriftstellerverband.

Da rief ich die »Auskunft« an. Auch sie brauchte anderthalb Minuten, ehe sie das Hugenottenmuseum fand. Dort erkundigte sich eine Männerstimme im Hintergrund bei einer Frauenstimme und antwortete, ich solle die Friedhofsverwaltung anrufen, und gab mir die Nummer. Dort meldete sich aber niemand.

Neu angeregt, blätterte ich im Telefonbuch die »Friedhöfe« auf. Unter »Stadtbezirk Mitte Friedhöfe Zentral« steht »Consistorium der Französischen Kirche«. Das ist sie. Das soll einer wissen. Consistorium. Vorn mit C. Es war aber eine andere Nummer.

Unter der Telefonbuchnummer meldet sich eine Männerstimme. »Ja, Sie wollen den Französischen Friedhof, der hat jetzt eine andere Nummer.« Es ist die Nummer, unter der sich heute niemand meldet.

Anderntags läßt sich dort erkunden, wann der Friedhof geöffnet ist. Dienstags und freitags von 9–18 Uhr und sonntags von 9 bis 14 Uhr. Und daß ich mich wegen einer Besuchserlaubnis an den

Magistrat wenden soll, Abteilung Inneres, Kirchenfragen. Dort stellt sich heraus, daß dieses Referat zuständig ist für Bürger, die auf diesem Friedhof richtige Verwandtschaft haben. Ich hingegen werde zur Volkspolizei gehen müssen; wie aber und zu wem, das wird die Mitarbeiterin erkunden und mich anrufen.

Mag sein, daß diese Schilderung einigen zu umständlich ist und nicht wichtig. Sie ist aber notwendig. Mit allen einundzwanzig Telefongesprächen und Umwegen. Unsereiner ist immer auch Chronist. Ob er will oder nicht. Und wenn er das gar nicht ahnt. An seiner Darstellung muß das Einst und Gegenwärtig abgelesen werden können. Was daran wichtig ist oder nicht, wage heute niemand zu entscheiden.

Vorweggenommen und betont sei: Jeder, der mit meiner beabsichtigten Wanderung zu Fontane zu tun bekam, war interessiert, freundlich und hilfsbereit. Es war schon bald nicht mehr der eigene Wunsch, dieses Grab zu besuchen, sondern der Eindruck: Für alle, die selber nicht ohne weiteres hingehen können, unter ihnen die drei im Ausland lebenden Urenkelinnen Fontanes, mußt du es ausführlich erzählen.

Die Abteilung Inneres, Kirchenfragen, meldet sich wieder. Für den Besuchsantrag ist die Meldestelle der Volkspolizei im Stadtbezirk des Friedhofs zuständig. Die erwünschte Fotogenehmigung hingegen hängt vom Ministerium für Nationale Verteidigung ab.

Danach gibt es noch ein Hin und Her. Offenbar kommt solcher Antrag nicht oft vor. Die Meldestelle fühlt sich nicht zuständig. Muß ich nicht eine Grabkarte bekommen wie jene, die mit der Gießkanne hingehen? Nein, es bleibt beim Passierschein. Mein Antrag muß zum Präsidium der Berliner Volkspolizei und dort entschieden und genehmigt werden. Wir handeln einen Besuchstag aus, einen günstigen, den 20. Juni, des vermutlich guten Wetters wegen, und einen Ersatztag, falls es regnet oder etwas dazwischenkommt.

Zuerst ist die Fotogenehmigung da. Hätte ich nur gleich in der Presseabteilung des Ministeriums für Nationale Verteidigung begonnen (Dienstweg), das für das Grenzgebiet zuständig ist. Also: Ich darf am Schutzstreifen der Staatsgrenze zu Westberlin Text- und Fotoaufnahmen vom Grabe Theodor Fontanes machen.

In der Volkspolizei-Meldestelle, wo ich den Passierschein abholen kann, sitzen im Wartezimmer etwa zehn Bürger oder Antragsteller oder wie sie in dieser Situation heißen. »Wer ist der letzte?« Ein Mensch, auch wenn er dienstlich zu Fontane will, möchte keine

Extrawurst, er spielt mit, setzt sich, holt die »Fontane-Blätter« heraus und liest, na wer sagt's denn, vom Tunnel über der Spree. Der »Tunnel« war ein literarischer Sonntagsverein, dem Fontane einundzwanzig Jahre lang angehörte, bis 1865. Dort kamen schriftstellernde Männer zusammen ... lesen sich ihre Manuskripte vor, erbitten schonungslose Kritik, nehmen sie übel, völlig klar, üben sie am Nebenmann. Bei einigen kommt etwas heraus, bei anderen nicht. Dichten als Zeitvertreib. Eigenartig, zu solchem Verein hätte heute niemand mehr Zeit.

Nach und nach wird heute Fontanes Dasein und Wirken erforscht. Daran hat das Archiv in Potsdam hervorragend Anteil.

Das Theodor-Fontane-Archiv der Deutschen Staatsbibliothek, 1935 gegründet und seit 1950 wiederaufgebaut, umfaßt heute über 2300 Bände mit sämtlichen Erstausgaben und einer nahezu kompletten Sammlung aller Fontane-Literatur. Ferner Autographen, Fotokopien von Handschriften und Zeitungsartikel. Fontane hatte 1870 selbst begonnen, Presseveröffentlichungen über sich zu sammeln. Mittlerweile hat das Archiv Aufsätze, die bis 1827 zurückreichen.

Bibliotheksrat Joachim Schobeß, der hier, als er aus sowjetischer Kriegsgefangenschaft heimkehrte, seine Lebensaufgabe fand, hat eine Forschungsstätte eingerichtet, die zu benutzen Vergnügen macht. Das Gästebuch ist voll mit Eintragungen, die für die hervorragenden Arbeitsmöglichkeiten und die Betreuung durch Joachim Schobeß danken. –

Was hat das Archiv zu Fontanes Beerdigung zu bieten? Drei Zeitungsartikel. Und am Rande den Blick auf Fontanes Methode: Das Notizbuch in der Tasche, es sind 67 beidseitig beschriebene Büchlein. Auf dem Schreibtisch zu Hause führte er ein Tagebuch im Heftformat. 1887 ist im September der Tod des Sohnes George eingetragen, der Hauptmann und Lehrer an der preußischen Hauptkadettenanstalt war und an einer Blinddarmentzündung starb. »Das Begräbnis war herrlich. 4 Uhr Nachmittag, schönster Herbsttag. Exzellenzen und Generäle in Fülle, Kränze über Kränze, und die Gardeschützen gaben die drei Salven, die ihm als ›altem Krieger‹ zukamen. Er liegt nun auf dem Lichterfelder Kirchhof, einem umzäunten Stück Ackerland, und ich wünsche mir die gleiche Stelle.«

Fontane war 68, als er diesen Wunsch notierte.

Theodor Fontane wurde nicht in Lichterfelde begraben. Das darf ich in einem gewiß seltsam anmutenden Sinne günstig für mich nennen in der zweiten Hälfte des 20. Jahrhunderts, denn dieses Lichterfelde liegt in Westberlin.

Der 20. Juni 1978. Dienstag, Sonnenschein. Hochstimmung. Wie an einem ganz persönlichen Feiertag. Ob sich das Gefühl mitteilen läßt? Eine Idee wird verwirklicht. (Mühelos geht man zu Hegel, zu Schinkel, zu hundert anderen. Man geht nicht. Man verschiebt es, wie man Anrufe verschiebt, Briefe und Besuche. Ein andermal, denn heute ist dieses los und jenes, ein Grab läuft nicht weg. Fontane jedoch, der an einen Erlaubnisschein Gebundene – wann, wenn nicht heute?) Heute!

An der Ecke Prenzlauer Allee eine Straßenbahn aussuchen. Viele Wagen fahren unter dem Vorwand »Stadion der Weltjugend« zur Endstation in die Pflugstraße. Die 24, das sind die rot-weißen Tatra-Bahnen, die ihre Schnelligkeit auskeuchen, wenn sie an den Kreuzungen gebremst werden müssen, an den ewigen Kreuzungen einer nicht für dieses Jahrhundertviertel verkehrstechnisch vorausberechneten Stadt. Außerdem fährt die 63 hin. Und die 17. Die 17 ist die längste Straßenbahnlinie Berlins. Von Johannisthal bis zur Pflugstraße. Und nun kommt gerade die 17 E, der Einsetzer, oder heißt das E heute Extra wegen Fontane?

An der Endstation in der Pflugstraße, noch zweihundert Meter bis zum Friedhof, parkt ein Autobus der Verkehrsbetriebe. »Arbeiterversorgung« steht angeschrieben. Erfrischungen für die Fahrer(innen).

Auf diesem Gelände zeigt der Stadtplan von 1880 weder die Pflugstraße noch die im rechten Winkel zu ihr beginnende Wöhlertstraße, sondern umzäuntes und bebautes Gelände: die erwähnten Friedhöfe und die Wöhlertsche Maschinen-Bau-Anstalt-Actien-Gesellschaft. Heute befindet sich hier unter anderem der VEB Secura.

»Wöhlert-Garten« heißt die Gaststätte an der Ecke. Der Wöhlert-Garten ist ein offener, von Wohnhäusern umbauter mehrwinkliger Hof, eine Portion seltsames Bau-Berlin, denn ein Garten war es vielleicht einmal. Durch den Wöhlert-Garten gelangt man zum Friedhofstor, zum Zaun, wo ein Häuschen steht mit einem geöffneten Anmeldefenster. So stellten wir uns als Kinder das Himmelstor vor. Etwas prächtiger zwar und mit weißen Wolkenbergen zu beiden Seiten. Bei weitem nicht jeder, der ankam, durfte hinein.

Einlaß für alle, die eine graue Grabkarte vorweisen können. Oder einen »Passierschein zum vorübergehenden Aufenthalt im Schutzstreifen«. Der wird selten sein. Die Frau hinterm Fenster könnte sich sonst nicht so wundern. Sie kommt heraus. Während wir uns verständigen, passieren mindestens zehn Besucher das Nadelöhr, grüßen mit halb erhobener Grabkarte. Man kennt sich. Man grüßt sich mit Namen, sagt etwas im Vorübergehen, weiß eine Neuigkeit, bleibt ein Weilchen stehen. Es ist wie im Milchladen. Normaler Alltag am Friedhofstor.

Für dich, der du mit klopfendem Herzen eintrittst – anders geht das gar nicht, das Herz des Naiven pocht an jeder geöffneten Sperre –, für dich ist schon in diesem Beginn zu viel auf einmal unbegreiflich.

Warum bin ich der erste? Warum hat nicht längst ein anderer diesen Weg zu Fontanes Grab geschrieben. Das ist nicht nur vom Passierschein abhängig für einen Dichter. Irgendwann möchte ich eine Phantasie schreiben, die mir nachts eingefallen ist: E. T. A. Hoffmann will seinen Freund Devrient sprechen. Geister-Hoffmann, hinter dem Halleschen Tor beerdigt, müßte als Westberliner mit Geschenktüte durch den Grenzübergang am Bahnhof Friedrichstraße schreiten und trifft sich mit seinem Freund und Saufkumpan nicht mehr im verschwundenen Stammlokal Lutter & Wegener, sondern im Weinrestaurant »Ganymed«, wo manche ihren Westbesuch bewirten. Devrient liegt auf unserer Seite begraben. Das wird schon schwieriger, ihn in Gedanken mit der U-Bahn zum Halleschen Tor fahren zu lassen, die paar Stationen.

Rechts hinter der Grenze zuckelt ein S-Bahn-Zug ans Tageslicht. Es ist das Gelände des ehemaligen Nordbahnhofes, der zu Fontanes Zeiten Stettiner Bahnhof hieß. Dieser Zug wird in ein paar Minuten am Humboldthain halten. Das scheint eine Insel im Pazifik zu sein? Irrungen, Wirrungen.

Wie, wenn einer den alten Fontane selber auftreten ließe an dieser Stelle? Mit all seinen Eigenschaften, Ansichten und Redeweisen als Prüfer aus dem Damals. Aber der Passierschein ist nicht auf seinen Namen ausgestellt. Er darf nicht hinein, höchstens mitreden.

Die rundliche Frau zeigt den Weg, ungefähr wenigstens, und gibt mir wie den anderen Besuchern ein Nummernkärtchen. Beim Hinausgehen zurückzugeben. Ein Pappquadrat mit irgendeiner Zahl. Wir Tombolaverwöhnten. Hinter jeder Nummer, wenn sie nur richtig aufgerufen wird, vermuten wir einen Gewinn. Was es auf diesem Friedhof gibt? Hoffnung.

Die Frau sagt: »Das muß endlich mal geschrieben werden, daß

hier keine Besucher reindürfen. Viele wissen das nämlich nicht. Ich muß immer Leute wegschicken, die zu Fontane wollen.«

Offenbar möchten unerwartet viele Menschen das Grab dieses Menschen sehen, weil er gerade dort für sie auf ganz besondere Weise vorhanden ist.

Eine Volkspolizistin auf der Meldestelle interessierte sich für die beabsichtigte Beschreibung des Fontanegrabes. Sie kennt es nicht, obgleich sie von ihrem Küchenfenster aus auf diese für sie unzugänglichen Friedhöfe blickt. Mit anderen Worten: Wer täglich Passierscheine aushändigt, hat damit noch keinen für sich selber.

Und nun los. Eile langsam. Wanderung zu Fontane. Da wir gerade bei den Privilegien sind – zur Entdeckungsfreude kommt eine Empfindung von Scham. Wieso darf ich hierher? Und wenn ich nicht so bevorzugt werden möchte, warum habe ich den Antrag gestellt? Niemand hat von mir verlangt, über Fontanes Grab zu schreiben. Es gibt ganz andere Themen. Ganz andere Grabstellen, falls einer unbedingt am Vergangenen Interesse zeigt.

Meine Besucherfreude wird nicht ganz rein sein. Weil ich mir keine Scheuklappen aufsetze und zielbewußt dem Fontanegrab zustrebe, es mit Blicken isoliere, den Zustand notiere und schnurstracks umkehre, eben weil ich das nicht kann, sehe ich mehr, ohne überhaupt schon dagewesen zu sein.

Hohe Bäume versperren den Blick nach vorn. Alte Friedhofsmauern, ziegelrot, überwucherte Gräber.

So streng wie auf dem Stadtplan sind die Friedhöfe hier nicht geteilt. Die Namen mit dem französischen Einschlag reichen in den Domfriedhof hinein. Im verwahrlosten Familiengrab ruht im St.-Hedwigs-Kirchhof Lorenz Adlon mit den Seinen. Das muß mir gesagt werden, daß Adlon nicht eine Hotelbenennung ist wie Astoria oder Central, sondern ein Familienname. Diese Leute bürgten mit dem eigenen Namen für ihre Einrichtung und waren so von der Ewigkeit der Dinge überzeugt, daß sie sogar ihre Grabstätten entsprechend einrichten ließen.

Als im Jahre 1907 das Luxushotel »Adlon« Unter den Linden Nummer 1 seine ersten Gäste aufnahm, waren selbst die Verwöhntesten verblüfft über die kostbare Einrichtung, die Eleganz und die bis zur letzten Serviette eigens für Adlon entworfene Ausstattung. Wenn er das Unkraut sehen könnte, der alte Adlon, hier und auch dort, wo der Rest seines Hotels steht, gleich neben dem Brandenburger Tor.

Friedhöfe sind aufgeschlagene Geschichtsbücher. Sie sagen manches, was nicht mehr ins Geschichtsbuch kommt, ins allerjüngste. So auch hier. Prominent und vorn im Französischen Friedhof, also dort, wo man vormals hineinging, wenn man normalerweise von der Liesenstraße kam, steht ein Obelisk mit Inschriften in französischer Sprache. Ein Ehrenmal, ein Kriegerdenkmal, gewidmet den Gemeindemitgliedern, die für König und das damalige Vaterland sterben mußten. 1864 (gegen Dänemark) traf es nur einen Mann, 1866 (gegen Österreich) waren es drei. 1870/71 gegen Frankreich starben sieben Angehörige der Französischen Gemeinde. Darin erblickt der späte Betrachter mancherlei. Das Denkmal ist 102 Jahre alt. Man kann es wegen seiner Inschriften in französischer Sprache für ein französisches Kriegerdenkmal halten. So wie es hier steht, auch mit den Ergänzungen von 1914/18, könnte es gut und genau so im Pariser Norden stehen. »Ein hübsches Kriegerdenkmal«, nennt es der Baedecker, 10. Auflage, 1898. Es ist Fontanes Todesjahr.

Vom zweiten Weltkrieg nicht zu schweigen. Er fand schließlich auf diesem Gelände statt, wie Einschläge und Einschußlöcher zeigen. So ist zum Beispiel eine kostspielige Tafel, die ungetröstete Eltern französischer Abstammung ihrem einzigen Sohn einrichteten, der 1917 als deutscher Offiziersanwärter in Frankreich von Soldaten französischer Abstammung totgeschossen wurde, von allerlei Einschüssen und Querschlägern des 1945 in Berlin endenden Weltkrieges durchlöchert worden, für den die genauen Verlustzahlen der Französischen Gemeinde noch nicht errechnet worden sind. Es ist kein Platz mehr dafür auf dem Stein.

Das alles wäre nicht so lehrreich makaber und anzüglich, wenn die Nachkommen der französischen Flüchtlinge nicht unter deutscher Fahne in Frankreich einmarschiert wären zum Kriegmachen, manche freiwillig, andere mit Todesandrohung dazu gezwungen. Andererseits ist dieser Geschichts- und Anschauungsunterricht, wie jeder, relativ: Ist nicht unser Theodor als deutscher Berichterstatter im deutsch-französischen Krieg um ein Haar von französischen Soldaten als deutscher Spion erschossen worden, weil er einen so nah-fremden Namen trug, einen verdächtigen, und außerdem so fließend Französisch sprach? Also nur ein Kommando mehr, und Theodor Fontane läge nicht hier unter Seinesgleichen an der Liesenstraße begraben, sondern wäre Nummer acht unter 1870/71 auf dem Obelisk.

Plötzlich erscheint dieser Friedhof sehr groß. Wo mag das Grab sein? Aber niemanden fragen. Selber suchen und entdecken. Zunächst wird Erstaunliches registriert. Hier liegen mindestens drei berühmte Stenographen. Auf dem Domfriedhof Max Bäckler (1856–1924), der den Verband Stolze-Schrey leitete; nicht weit entfernt davon Wilhelm Stolze (1798–1867), nach dessen System 1897 die Stolze-Schrey-Kurzschrift entstand. Auf dem Französischen Friedhof liegt der Französische Beitrag zur deutschen Stenographie: Leopold A. F. Arends (1817–1882), ein Privatgelehrter, der ein vokalbezogenes System ersann. Dankbare Schüler, so steht es in Langschrift auf dem Stein, haben ihm eine Porträtbüste auf sein Grab gesetzt. Aber die eine in Arends Stenographie geschriebene Zeile, wer kann sie entziffern? Sie wird wohl etwas Günstiges über den Erfinder enthalten.

Wer vor diesem Grabstein stehenbleibt und aufblickt, der sieht gleich dahinter einen schwarzen Stein und liest: »Theodor Fontane«.

Angesichts des geehrten Stenographen die erste Frage: Warum haben nicht dankbare Leser dem Dichter seine Büste hingestellt? Wer die Geschichte des Nachlasses kennt, weiß, wie wenig Fontanes Manuskripte, Briefe und andere Dokumente geschätzt wurden, als Anfang der dreißiger Jahre Fontanes Sohn Friedrich interessierte Käufer suchte. Daher ist es um so bewundernswerter, daß es gelang, große Teile des Nachlasses in Potsdam zu vereinen.

Fontanes Grab. Breit, ein Doppelbett, von Efeu überwachsen in einem mit grauem Stein niedrig eingefaßten Quadrat. Hier liegt er mit seiner Frau Emilie. Denkmalgeschützt.

Wer die 1969 bei Reclam erschienene Fontane-Biographie von Hans-Heinrich Reuter aufschlägt, findet auf Seite 69 ein Bild der Grabstelle, wie sie ursprünglich aussah. Zwei Gräber, efeuüberwachsen, zwei Steine nebeneinander, von kunstvollen Einfassungsketten im Geschmack der Zeit umschlossen.

Zwei, drei Meter entfernt steht eine hohe Birke. Ein Stück weiter wachsen Kastanien. Wer sich umsieht, bemerkt ringsumher sorgfältig gepflegte Gräber, schön bepflanzt, mit sauber geharkter Umrandung. Kletterrosen und mancherlei sommerlich blühende Blume, winterhart oder einjährig. Auf Fontanes Hügel stecken im Efeu ein paar gelbe Wachstulpen und ebensolche Lilien. Schön ist das nicht, aber besser als gar nichts; zumindest war mal einer hier. Ob aber nicht jemand, der öfter kommen darf, unserem Fontane eine Kletterrose hinpflanzen könnte, meinetwegen Scarlet Climber, damit es dort so eine Art Ribbeckbirne gibt – wo, wenn nicht hier –, die keines Gärtners bedarf, denn Gärtner auf Friedhöfen sind so knapp wie Kassiererinnen in der Kaufhalle oder Putzfrauen überall.

Wer aber gießt die Ribbeck-Rose? Elsa verwitwete Knobloch, meine Großmutter, die im Sommer täglich auf den Tolkewitzer Friedhof ging, goß stets ein paar Kannen mit auf die Nachbarschaft, wenn sie ihr zu trocken vorkam. Ich wette, es wird immer alte Frauen geben, die das tun. Ob da nun Fontane liegt oder irgendwer.

Außerdem: Ich vermag zwar nicht zu sagen, worin sich die Französische Gemeinde in Glaubensdingen von den anderen Christen unterscheidet. In der Grabpflege jedoch beträchtlich. Dieser Friedhof ist hell, luftig, sauber und gepflegt. Nun sieht im Juni, wenn die Rosen blühen, sowieso alles schöner aus, sogar der Tod, aber man muß die verwildernde Öde der anderen Grabstellen sehen, um diesen Eindruck zu bekommen; daran ändern gut gepflegte Ausnahmen nichts.

Hier ist ziemlicher Betrieb an diesem Vormittag, ein Kommen und Gehen. Längst wartet der Leser darauf, wie ich von den Umständen spreche, die den Passierschein notwendig machen und den Eintritt durch die Hintertür. Wer Fontanes Grab überschaut, und sei es, um das genehmigte Foto korrekt anzufertigen, der erblickt nicht sehr weit entfernt den durchsichtigen Grenzzaun. Diese kilometerlange Sperre kann ich noch näher sehen, sooft ich in meiner S-Bahn von Pankow zur Schönhauser Allee fahre. Ich lese aber meistens. Und hier durch die Maschen gucken auf die undurchsichtige Mauer? Wozu.

Die alten Frauen und Männer, die ihre Blumen gießen und die Sandumrandung harken, blicken erst recht nicht hinüber ins Jenseits. Sie haben bequemere Wege, wenn sie wollen.

Fontanes Grab am 24. September 1898. Ein Sonnabend. Die Abendausgabe des »Berliner Tageblatts« berichtet im Feuilleton (wo sonst?) über die Beisetzung. (Heutige Zeitungsleser werden gebeten, ihre Verwunderung zu zähmen, ihr Bewundern, daß es 1898 eine Zeitung, nein, mehrere gab, die an sieben Tagen dreizehnmal erschienen. Man kannte damals das Wort »Massenmedien« noch nicht. Weglassen war Kunst und noch nicht Journalismus.)

Doch ehe der Mensch begraben werden kann, muß er tot sein, falls er nicht zu Lebzeiten totgeschwiegen wird, was einem Begräbnis gleichkommt.

Ein wenig bekannter Aufsatz des Sohnes Friedrich Fontane »Wie mein Vater starb« gibt Aufschluß. Er erschien am 28. April 1929 in der »Deutschen Allgemeinen Zeitung«, einem Blatt des Ullstein-Verlages, und wird hier mit freundlicher Genehmigung des Fontane-Archivs zitiert:

Der tägliche Spaziergang hatte mich um die Mittagsstunde auch am 20. September 1898 in die elterliche Wohnung geführt. Mal schnell hinauf springen, mal sehen und hören, wie's dem Alten geht. – Erst wenige Tage war er von Karlsbad zurück. Die Mama hatte die Rückfahrt unterbrochen, weilte noch für kurze Zeit in dem gemütlichen Heim einer guten Freundin in Blasewitz.

Aber, wenn auch Frau Emilie selbst noch nicht wieder das Szepter schwang: Mete, die Tochter, meine Schwester, und mit ihr die treue langjährige Dienerin des Hauses waren ja da und wetteiferten darin, für den »Herrn« zu sorgen, ihn bestens zu betreuen.

So war es denn auch. Ganz so, wie es in dem kleinen Gedicht steht:

»Heute früh, nach gutdurchschlafener Nacht
Bin ich wieder aufgewacht . . .«

Dann war ein kurzes Arbeitspensum absolviert worden. Indes, das schöne Wetter hatte gelockt, das Bedürfnis nach frischer Luft. Man war noch sozusagen auf Nachurlaub, noch nicht eingewintert.

Und so hatte er denn, gut gelaunt und, wie er es jetzt öfter als ein etwas an Luftmangel leidender alter Herr liebte, den Spaziergang abgekürzt, um von dem sicheren Beobachtungsposten des einen der beiden Schinkelschen Torhäuschen aus desto befriedigter das beginnende Großstadtleben am Potsdamer Platz an sich vorbeifluten zu lassen.

Zwei Teller Kartoffelsuppe – natürlich mit Brühe und die Prise Pfeffer daran – hatten gut gemundet, den »grünen« Kartoffeln war das richtige Quantum Petersilie beigesetzt gewesen, die gut zubereiteten Hammelrippen hatten die vorgeschriebenen drei Minuten auf hellem Feuer gebraten, und der Milchgrieß, gar nicht klütrig – aber mit viel Zucker und Zimmet – hatte ausgezeichnet geschmeckt.

Beim Täßchen Kaffee, gleich nach dem Mittagsmahl genommen, traf ich ihn an.

»Nun, wie geht's, Papa?« »Danke! Na, so lala! Aber was kann man auch groß noch bei 38 Pulsschlägen verlangen?«

»Hat Mama geschrieben? Kommt sie bald zurück?«

»Ich denke, noch eine Woche. Für sie sind die paar Tage Ausspannung bei Treutlers die beste Nachkur. Hier langweilt sie sich nur. Namentlich jetzt, wo dein Verlag mich um die Korrekturen drängt und ich täglich davon einen ganzen Berg zu bewältigen habe.«

»Tut mir gewiß sehr leid. Aber es ist schon Ende September, und die Bestellungen auf den ›Stechlin‹ laufen weiter gut ein, die erste Auflage ist schon überschritten«, suchte ich ihn zu erfreuen.

»Nun, das ist schön! Besonders für dich. Aber ich fürchte, das Publikum wird später, wenn es sich erst den Schaden besieht, recht enttäuscht sein. Es ist nun einmal kein richtiger Roman im landläufigen Sinne. Eigentlich überhaupt kein Roman, vielmehr nur eine Aneinanderreihung von Anekdotischem, mit vielen Dialogen dazwischen. Und dann, die Hauptsache fehlt, wie du weißt: keine Spur von Handlung oder etwa gar Spannung.«

»Trotz alledem, Papa, die erhöhte Nachfrage spricht für den Erfolg, wenn auch nicht gleich wie bei ›Effi Briest‹.«

»Mag sein! Du warst ja immer Optimist! – Übrigens, ich muß sagen, ich habe heute selbst mit Vergnügen in den Aushängebogen geblättert. Es ist das Buch, das ich für mich geschrieben habe. Mir gefällt's. Das ist mir noch bei keinem meiner Bücher passiert. Wenn sie erst gedruckt vorlagen, bin ich immer ängstlich drumherumgegangen.«

Der Gedanke, mit zwei dicken Bänden, noch dazu kurz hintereinander – das Quellenwerk »Von Zwanzig bis Dreißig« war erst vor wenigen Monaten erschienen –, seinem Publikum doch zuviel zugemutet zu haben, muß ihn bis zuletzt beherrscht haben. Wie eine Entschuldigung klagen die inzwischen bekanntgewordenen Reime, die man auf seinem Schreibtisch fand:

»Zwölfhundert Seiten auf einmal,
Und mit achtundsiebzig! beinah ein Skandal.
Konntest es doch auf viermal verteilen!
Ihr könnt es – aber bei mir heißt es eilen.«

Es sollte die letzte Unterhaltung mit meinem Vater gewesen sein. Als ich am selben Abend – Gott sei Dank! ausnahmsweise früh – heimkehrte, steckte ein Zettelchen an der Korridortür. Und beim Flackern eines Fünfminutenbrenners entzifferte ich die Worte meiner Schwester: »Komm sofort zu uns!« – Ich ahnte, ich wußte, es war etwas passiert. Schnell hinunter, und, in die nächste Droschke springend, hielten wir schon nach wenigen Minuten vor dem alten Johanniterhause. Ich kam zu spät. Noch vor kaum zwei Stunden hatte er die paar Häppchen, die er sich auf seinem Zimmer servieren ließ, – um nicht etwaigen Anfechtungen bei der Familientafel ausgesetzt zu sein (»alte Leute sollten abends lieber überhaupt nichts essen!«) – in Gesellschaft der Tochter mit gutem Appetit verzehrt. Dann begab er sich in den angrenzenden, schon seit Jahren zum Eßzimmer umgewandelten Alkoven, um, wie üblich, dem alten Merckelschen Schrank noch ein Verdauungsgläschen des so geschätzten Gilka zu entnehmen.

Die Tür war angelehnt geblieben. Nichts regte sich. Nach einiger Zeit, als er immer noch nicht zurückkehrte, wurde die Tochter unruhig. Sie ging nun auch durch den Alkoven und den dahintergelegenen Schlafraum – das ehemalige Berliner Zimmer – in die Küche.

»Anna, ist der Herr etwa draußen?« fragte sie. »Nein, hier ist er nicht gewesen.«

Sie traten beide hinter den Bettschirm. Und da fanden sie ihn. Lautlos lag er über seine eigene Lagerstätte gebeugt. Ohne Todeskampf war er dahingegangen. »So war der Tod gekommen, wie Zieten aus dem Busch!« »Um neun ist alles vorbei!« – Wie oft hatte er diese Worte gesprochen! Die Stunde war gekommen. Und nicht lange darauf rundete sich die Stunde. Die alte Uhr, ein Erbstück seit Generationen, holte wieder einmal zu neun zögernden Schlägen aus.

Der oft gehegte Wunsch, bei ihrem Ticktack, wie schon Vater und Großvater, zu sterben, war auch für Fontane in Erfüllung gegangen. Um neun war alles vorbei! –

Am anderen Morgen saß ich im Dresdener Schnellzug und stand bald darauf vor der hübschen Villa in Blasewitz, dessen Insassen mich schon mit größter Besorgnis erwarteten. Den letzten Brief an die geliebte Lebensgefährtin, den er noch eigenhändig in den Kasten geworfen, hatte das Telegramm von der »plötzlichen schweren Erkrankung« überholt. Noch wenige Sekunden, in der man sie schonend vorbereitete, – und ich stand vor meiner Mutter.

»Hat er noch schwer gelitten?« fragte die tapfere Frau gefaßt. Und als ich dies mit gutem Gewissen verneinen konnte, atmete sie erleichtert auf »Gott sei Dank! Er hätte es auch kaum ertragen. Ein schöner Tod! Es war ein schönes Leben an seiner Seite. Ich könnte es gleich noch einmal mit ihm beginnen.«

Beneidenswert! Vor vierundfünfzig Jahren schon hatte er geschrieben:

> *»Nicht fürcht' ich ihn selber, wie nah er auch droht,*
> *Doch wohl seine Rüden: Gram, Krankheit und Not,*
> *Die Meute, die stückweis das Leben zerfetzt*
> *und zögernd uns in die Grube hetzt.«*

Der Jäger hatte es gut mit ihm gemeint. – Es gibt kein Staatsbegräbnis.

»Die Begräbnisfeier für Theodor Fontane hat heute vormittag nahezu die ganze literarische Gemeinde Berlins auf dem Französischen Kirchhof in der Liesenstraße versammelt.« Dann folgen Namen: Sudermann, Fulda, Blumenthal, Frenzel, Trojan – wer kennt sie achtzig Jahre später? Viele Theaterdirektoren waren dort, Schriftsteller, Presseleute. Kein Vertreter vom Hof, vom Ministerium, vom Magistrat? Keine offizielle Delegation? Der Berichterstatter erwähnt sie nicht. Sonst, wenn sie einen Dichter begraben, sind die hohen Herrn immer mit allen Titeln genannt. Aber in Berlin, und das wollen wir nicht weglassen, findet eine Woche später eine Trauerfeier für Fontane statt. Dort, wo es zu erwarten ist, wo es kaum erwartet wurde von uns späten Lesern. Im Roten Rathaus.

Der Sarg ist eichenhell und mit Palmen und Kränzen geschmückt. Der Kollege vom »Berliner Tageblatt« berichtet gewissenhaft, das ist nicht sensationell. Wenn der Mensch im Mittelpunkt steht, dann möchte man sogar wissen, woran er gestorben ist.

Grabreden. Im Frühjahr 1978 starb zu früh Hans-Heinrich Reuter, der Weimarer Fontane-Experte, dem wir die zweibändige Fontane-Biographie (Berlin 1968) verdanken, ein Standardwerk, das ihn überlebt. Dort heißt es am Schluß: »Theodor Fontane wurde am

24. September auf dem Friedhof der Französischen Gemeinde an der Liesenstraße im Norden Berlins beigesetzt. Am Tage zuvor hatte der Herbst begonnen, auf den er sich gefreut hatte. Bei sonnigem Wetter ging der Zug vom Johanniterhause (es verschwand schon bald aus dem Stadtbild Berlins) durch die Invalidenstraße, wo Stine und die Witwe Pittelkow gewohnt hatten. Pasteur Eugéne Devaranne (1851–1923), Vollbluthugenotte und Studienfreund von Fontanes Sohn Theodor, gab das Geleit. Karl Frenzel, der Theater- und Literaturkritiker der ›National-Zeitung‹, sprach am Grabe.«

Im »Berliner Tageblatt« ist Karl Frenzel als Prof. Dr. genannt, sein Wort hat akademisches Gewicht. Was hat er geschrieben? Wer kennt heute seine Bücher? (Es sind Reisefeuilletons darunter, die lesen sich gut.) Frenzel ist 1914 auf dem heute gleichermaßen unzugänglichen Invalidenfriedhof in der Scharnhorststraße begraben worden. (Eines Tages, etwa im Jahre 2679, wird in einem Feuilleton gefragt werden, wieso die Vorfahren ihre teuren Toten ausgerechnet in unmittelbarer Nähe ihrer Staatsgrenze beerdigten.)

Was sagt Karl Frenzel am Grabe? Was man am Grabe so sagt. Die anderen beiden Redner waren nicht besser. Geheimrat Lessing, der die meisten Anteile an der »Vossischen Zeitung« besaß, dankte für die neunzehn Jahre, die ihm Fontane als Theaterkritiker auf dem Parkettplatz 23 gedient hatte. Weniger Fakten und mehr Schwulst bot Baron v. Enzberg an, der als Präsident des Berliner Schriftstellerclubs das letzte Wort nahm. Kein Zitat notwendig.

Julius Rodenberg ist auf dem Friedhof anwesend. Er wird unter dem Eindruck dieses Vormittags ein Gedicht schreiben, einen Prolog »Theodor Fontanes Begräbnis«, dessen Anfang lautet:

Herbstsonnenschein – die Luft bewegt sich kaum;
Ein Flüstern geht durch den Akazienbaum
Am offnen Grab mit tausend Kränzen rund . . .

Der Publizist und Erzähler Julius Rodenberg, in dessen »Deutscher Rundschau« einige der schönsten Romane Fontanes zuerst erschienen. Ein verdienstvoller Mann. Ein Schilderer Berlins. Die Rodenbergstraße in Prenzlauer Berg ist nach ihm benannt worden, ganz früher, nicht heute. Unlängst ist sein Grab eingeebnet worden bei uns in Berlin-Friedrichsfelde. Denkmalschutz scheint Glückssache. Wie das Publizieren.

Und dann, »Berliner Tageblatt«: »Die Angehörigen und Freunde warfen nun dem Toten die üblichen Erdwürfe ins Grab, die letzten Blicke fielen hinein, nicht die letzten Tränen. Der märkische Sand wurde dann von den Spaten der Totengräber auf das tote märkische Dichterherz geschaufelt, und aus der Grube wuchs der Hügel, den Liebe und Freundschaft mit den schönsten Blumen des Herbstes schmückten.«

So hat Fontane nie geschrieben, so konnte er nicht. Wir wollen diesen Unterschied, dieses Nebeneinander trostreich deuten. Wenn heute viele junge Menschen, früh ertaubt, keine Zwischentöne mehr hören können und wollen, dann kommen ganz gewiß nach ihnen welche mit geschärftem Gehör für leise Töne, Doppelsinn und Ironie.

Was Grabberichterstattung angeht, unserm Alltag wurde sie abgewöhnt. Und wenn es eine gibt, dann kommt sie austauschbar zur Wiederverwendung in Fertigteilen und so unpersönlich wie anderes auch.

Das Lesen in alten Zeitungsblättern verleitet zur Nachrede im voraus: Im Jahre 2198, falls es noch Zeitungen gibt, wird jemand zum 300. Todestag Fontanes, der dann ein so entfernter Mann sein wird wie uns heute Grimmelshausen, einen Gedenkartikel schreiben. Und wenn er ein detailfroher Autor ist und solches Gebaren in seinen Tagen genehm, wird er die Anrede zitieren, die der Prof. Dr. Karl Frenzel 1898 verwendete: »Werte Freunde und Genossen!«, und wird keinen Unterschied sehen zu Ansprachen, die gleichlautend im Jahre 1969 oder 1998 beginnen. Die Zeit verwischt nicht nur Spuren, sie zieht auch zusammen.

»Nicht viel und keine großen Worte ziemen sich in diesem Augenblick an dieser Stelle«, sagt Frenzel am Grabe, und hält sich daran. Zwanzig Jahre zuvor, im Herbst 1878, erschien Fontanes erster Roman »Vor dem Sturm«. Er war damals 59 Jahre alt. Fontane ist der Trost der Spätentwickler, die ebenfalls nur auf das Alter warten, um produktiv zu sein. Bei Fontane war es keine biologische, sondern eine gesellschaftliche Ursache, weshalb er seine Romane erst im Rentenalter schrieb.

Im Spätsommer 1898, zwanzig Jahre später, hat der Neunundsiebzigjährige seinen Roman »Der Stechlin« beendet und abgeliefert. Der Erstdruck des »Stechlin« in »Über Land und Meer« erlebt Fontane noch. Die Buchausgabe erscheint nach seinem Tode.

In diesem Buch steht einiges, das wir auch brauchen, Fontane gerecht zu werden. Da ist zu nennen das Selbstgefühl des alten Stechlin, der schon vor den Hohenzollern da war, wie andere auch, und der dieses Selbstgefühl nicht aussprach, es sei denn in Humor gekleidet, »auch wohl in Selbstironie, weil er seinem ganzen Wesen nach überhaupt hinter alles ein Fragezeichen machte«. Sind deshalb die Werke des Theodor Fontane so beliebt geworden ein Jahrhundert später?

Fontane an Keyssner, 1898: »Mein neuer dickleibiger Roman, (›Der Stechlin‹) dessen Sie so freundlich erwähnen, beschäftigt sich fast ausschließlich mit dieser Frage; Dynastie, Regierung, Adel, Armee, Gelehrtentum, alle sind ganz aufrichtig davon überzeugt, daß speziell wir Deutsche eine hohe Kultur repräsentieren; ich bestreite das; Heer und Polizei bedeuten freilich auch eine Kultur, aber doch einen niedrigeren Grad, und ein Volk und Staatsleben, das durch diese zwei Mächte bestimmt wird, ist weitab von einer wirklichen Hochstufe.«

»Sein schönster Zug war eine tiefe, so recht aus dem Herzen kommende Humanität, und Dünkel und Überheblichkeit (während er sonst eine Neigung hatte, fünf gerade sein zu lassen) waren so ziemlich die einzigen Dinge, die ihn empörten.« Der alte Stechlin, der alte Fontane: »Er hörte gern eine freie Meinung, je drastischer und extremer, desto besser. Daß sich diese Meinung mit der seinigen deckte, lag ihm fern zu wünschen. Beinah das Gegenteil, Paradoxen waren seine Passion. ›Ich bin nicht klug genug, selber welche zu machen, aber ich freue mich, wenn's andre tun; es ist doch immer was drin.‹« Der alte Stechlin kann solche Dinger loslassen. Er steht bereits unter Denkmalschutz, wenn er sagt: »Unanfechtbare Wahrheiten gibt es überhaupt nicht, und wenn es welche gibt, so sind sie langweilig.«

Damit hat er sich auch seine Grabrede selber geschrieben, der vorausschauende Fontane, der kein Ehrenbürger wurde in seiner Stadt Berlin. Wie seinen Pastor Lorenzen am offenen Grabe des alten Stechlin, so hat man auf dem Friedhof in der Liesenstraße nicht reden hören. »Ich gebe kein Bild seines Lebens, denn wie dieses Leben war, es wissen alle, die hier erschienen sind. Sein Leben lag aufgeschlagen da, nichts verbarg sich, weil sich nichts zu verbergen brauchte. Sah man ihn, so schien er ein Alter, auch in dem, wie er Zeit und Leben ansah; aber für die, die sein wahres Wesen kannten, war er kein Alter, freilich auch kein Neuer. Er hatte vielmehr das, was über alles Zeitliche hinausliegt, was immer gilt und immer gelten wird: ein Herz.«

Solche Sätze sind allerdings selten in Nachrufen. Und was die Klassenposition anbelangt, der alte Stechlin »war kein Programmedelmann, kein Edelmann nach der Schablone, wohl aber ein Edelmann nach jenem alles Beste umschließenden Etwas, das Gesinnung heißt. Er war recht eigentlich frei.« Da haben die Programmedelmänner aber geschluckt, als sie das lasen.

Die Grabrede ist noch länger. Lest doch selber nach, und macht euch Gedanken über den Mann.

»Er war das Beste, was wir sein können«, sagt Pastor Lorenzen, »ein Mann und ein Kind.«

Dieser Friedhof der Französischen Gemeinde ist nicht so tot wie andere. Auf einem Urnengrab ziemlich vorn am Zaun verwittert eine Kranzschleife der Kollegen und gesellschaftlichen Organisationen des VEB Treffmodelle. An einer anderen Stelle ist eine frisch ausgehobene Grube von Trittbrettern umgeben.

Ob ich weiß, wann die Beerdigung ist. Eine alte Frau fragt, und gleich erzählt sie, um wen es sich handelt. Sie hält mich für jemand von der Friedhofsverwaltung, nicht ahnend, welche Freude sie mir damit macht.

Hier kennt wohl jeder jeden? Ja, ja, soeben hat sie das Grab ihres Mannes gegossen. »Ich war bei Fontane«, sage ich, weil ich nichts anderes zu bieten habe, und erwarte einen verständnisvollen Blick. Fontane? Sie kennt ihn nicht. Er war nie hier. – »Doch, doch, das war ein Dichter. Er hat Bücher geschrieben. Sicher kennen Sie etwas. Er ist 1898 gestorben.«

»Ich bin '91 geboren«, sagt sie. Und das ist mehr. Sie kennt Fontane nicht.

»›Effi Briest‹«, sage ich. »›Wanderungen‹, Berliner Romane. Bestimmt haben Sie etwas davon gelesen.«

»Mein Leben war Arbeit«, sagt sie. Es ist das alte Mütterchen, wie es die Reporter zu allen Zeiten benötigt haben oder erfunden, wenn ihre Chefredaktion Stellungnahmen erwartet zu aktuellen Ereignissen. Nun steht sie vor mir. Ich werde sie nicht weglassen.

»Um halb zwei bin ich aufgestanden und halb drei zur Arbeit.«

In die Fabrik? (Wöhlertsche Maschinen-Bau-Actien-Gesellschaft?)

»Als Putzfrau. Es mußte doch früh alles in Ordnung sein! In meinem Leben hatte ich nie Zeit zum Lesen.«

Es ist gut, daß keine begeisterte Fontane-Leserin auftritt, sondern

Grabmal mit Einschüssen (St.-Hedwigs-Kirchhof)

diese Frau, die ahnungslos ein Stück deutscher Vergangenheit verkörpert und weggelassener Kultur, unterdrückter Möglichkeiten – und fontanescher Sympathien (menschlicher und sozialer).

Hätte Fontane sich gewundert? 1894 schrieb er an Georg Friedlaender: »Ich muß echt historisch erzählen, ein treues Bild geben, nichts beschönigen, nichts vertuschen, nichts lächerlich machen und den Leser empfinden lassen: diese Zeit gefällt mir nicht; ich bin froh, daß sie zurückliegt.«

Längst haben die Soldaten auf dem Turm den auffälligen Mann bemerkt, der nicht zielstrebig einem Grab zusteuert, sondern umherstreunt, suchend sich umsieht, ein Schlenderer, ein Flaneur, ein Causeur – auf diesem französischen Friedhof müssen französische und fontanesche Feuilletonworte benutzt werden –, einer, der zu viel Zeit zeigt, einer der Aufschriften liest, sich gar Notizen macht.

Es liegen hier nämlich noch ganz andere Leute. Irgendwo ist der Staub von Louis Angely, der Schauspieler war und Lustspieldichter, der David Kalisch beeinflußt hat und Glaßbrenner. Angely, seit 1835 tot und längst eingeebnet. Angely hat das Berliner Lokalstück begründet, die Possen.

Auf diesen bewachten Friedhöfen werfen keine Nachtrowdys zum Spaß Grabsteine um wie auf dem Alten Garnisonfriedhof in der Linienstraße.

Wo ist das Grab von Benedikt Franz Leo Waldeck? Der linksliberale Demokrat von 1848 war Richter am Geheimen Obertribunal in Berlin und einer der volkstümlichsten Männer der Revolution. Als er 1849 gegen die Regierung auftrat, wurde er monatelang in Haft genommen. Er hatte unter anderem erklärt: »Das Volk will erlöst sein von dem grauenhaften Druck der Bürokratie, welcher auf ihm lastet. Es will seine eigenen Angelegenheiten selbst regieren. Es will in der Gemeindeverwaltung zur Selbsttätigkeit gelangen, die seine Mündigkeit fordert.« Das war natürlich Hochverrat.

Aufmerksame Leser von Karl Marx kennen Waldeck aus der »Neuen Rheinischen Zeitung« in Verbindung mit Begriffen wie »Anerkennung der Volkssouveränität«.

Aufmerksame Leser Fontanes erinnern sich an seine wöchentlichen Korrespondenzen für die »Dresdner Zeitung« über die Anklage und den Prozeß gegen Waldeck im Winter 1849. »Waldeck ist frei! Das Volk jubelt, die Konstabler hauen ein; aber das Volk jubelt weiter und will seine Freude, wenn es sein muß, mit einem Nachtlager auf der Pritsche gern bezahlen. Die Liebenswürdigkeit unseres Volkes und die Unerträglichkeit unserer Polizei stehen nebeneinander in Blüte. – Der Prozeß Waldeck ist für jeden ehrlichen Mann zu einer wahren Herzstärkung geworden. Man glaubt wieder an das Gute im Menschen.«

Als Waldeck 1870 starb, folgten Hunderttausende im Zuge, in dem der Allgemeine Deutsche Arbeiterverein zum erstenmal seine roten Fahnen zeigte. So einer war Waldeck. Aber sein Grab auf dem St.-Hedwigs-Kirchhof scheint verschwunden. Ich finde es nicht. Keinem Gärtner kommt dieser Name bekannt vor.

Später stellt sich heraus: Es ist eingeebnet worden. Bei der Anfertigung der Staatsgrenze. Schade drum. Denn dieser von Karl Marx hochgeschätzte Benedikt Waldeck, dessen Feststellungen über eine vom Volke getragene Volksarmee keineswegs unter dem Niveau eines Scharnhorst stehen, gehört zu den Vorfahren einer Volksmacht, die mit ihren revolutionären Traditionen leben möchte. Er hätte Denkmalschutz verdient und ist nun schlimmer dran als Fontane.

Da nähert sich wachsam eine Doppelstreife von hinten. Der Mensch, der hier nicht unbefugt Eingetretene, im Vollbesitz seiner Papiere, läßt sich gern kontrollieren.

Wie oft, Mensch, bist du nicht ganz sicher, ob die dir überreichten Papiere die richtigen sind, ob nicht doch irgendein Stempel fehlt, ein Datum, eine Unterschrift, eine Zahl. Wer ist noch nicht zurückgeschickt worden, irgendwann, irgendwo? Wer hat noch nie etwas zum zweitenmal ausgefüllt? (In diesen Leerraum .... dürfen Sie beim Lesen auswendig Ihre Personenkennzahl eintragen.) Wer fühlt nicht mehrmals in seinen Taschen nach den Personalpapieren? Wer schläft in der Nacht vor der großen Reise wie sonst?

Hier und jetzt, noch nie war ich bei einer Kontrolle so frohgemut. Mir hätte etwas gefehlt an diesem Fontane-Tag, hätte ich die Scheine ungeprüft wieder abliefern müssen. So aber kann ich sie vorzeigen. Seht, meine Freunde, euer hoher Chef, der Stellvertreter des Ministers für Nationale Verteidigung und Chef der Politischen Hauptverwaltung der Nationalen Volksarmee, förderte mein Vorhaben. »Wer schaffen will, muß fröhlich sein«, das hat Theodor Fontane gesagt.

»Die Dinge an sich sind gleichgültig. Alles Erlebte wird erst was durch den, der es erlebt.«

Fontane, »Der Stechlin«

Ja, fast hätte ich vergessen zu erzählen, das Grab Fontanes ist gar nicht sein Grab. Bei Kriegsende 1945 schlug hier ein Artillerievolltreffer ein im weiten Feld und hat das Grab der Fontanes unwiederbringlich umgepflügt. Das, was heute als Fontanes Grab auf Kosten des Magistrats gepflegt wird, ist ein Kunststück der Friedhofsgärtner und der ersten kulturell bewußten Nachkriegsgeneration. Wüßte ich, wem das zu verdanken ist, dann stünden hier Namen.

(1978)

Wieder an Fontanes Grab

Im Frühjahr 1985 sprach sich herum, man könne wieder ungehindert auf die Friedhöfe an der Liesenstraße. Einige wollten wissen, das sei bereits am Totensonntag 1984 möglich gewesen.

In der Straßenbahn zur Wöhlertstraße lese ich noch einmal den Aufsatz, es war ihr letzter, den Fontanes Urenkelin Ursula von For-

Zustand am 25. April 1946

ster an die »Fontane Blätter« geschickt hatte. Willkommene Ergänzungen zu meiner Wanderung, die sie kannte:

»Der Chef des kaiserlichen Zivilkabinetts, Herr v. Lucanus, nahm an der Beerdigung teil, er hat zumindest dem Sohn Theo persönlich kondoliert und einen stattlichen Kranz überreicht, auf dem sich ein großes W in roten Blumen wirkungsvoll abhob. Über dieses Blumenarrangement machte sich der 11jährige Enkel des Dichters seine eigenen Gedanken. Zu Hause fragte er seinen Vater: ›Und der große schöne Kranz mit dem W drauf, der war doch von Wertheim?‹ «

Emilie Fontane war nicht mit zum Friedhof gefahren. »Ihre Kinder wollten ihr die große psychische und physische Belastung nicht zumuten.« Ein junges Mädchen, das der Familie nahestand, die fünfzehnjährige Gertrud Mengel, blieb bei der Witwe: »Ihre Kinder hatten mir gesagt: ›Sei gut zu unserer Mutter‹. Es lastete auf meiner Seele, wie ich das tun sollte. Die Aufgabe wurde mir abgenommen. Die alte Frau trat ins Zimmer und sagte: ›Mein Kind, er hat auch dich sehr geliebt. Ich will dir seine schönsten Balladen vorlesen‹. Und mit fester Stimme las sie die Gedichte, die ihr am liebsten waren – – eine mir unvergeßliche Totenfeier ...«

Fontanes Sohn Theo hatte gemeinsam mit seinem Bruder Friedrich die letzte Ruhestätte ausgesucht: »Anstatt der uns von der Friedhofsverwaltung zunächst angebotenen Stelle, die sich leicht zugänglich links vom Haupteingang nahe der Mauer befand, wählten wir in völliger Einmütigkeit eine andere mehr rechts gelegene, die durch eine sich sanfte neigende Akazie beschattet war und in ihrer poetischen Wirkung ganz unserer Vorstellung für das Grab eines Dichters entsprach.« Die Söhne kommen und blicken vom damaligen Haupteingang Liesenstraße, während wir aus der entgegengesetzten Richtung auftauchen. »Wir wären wohl zu einem anderen Entscheid gekommen, wenn wir hätten ahnen können, daß der schöne Baum einige Jahre später gefällt werden mußte und daß zudem durch neue enge Gräber die Lage und Erreichbarkeit unserer Grabstätte arg beeinträchtigt werden würde. Bevor 1928 die französische Gemeinde entgegenkommenderweise nach Möglichkeit für eine Änderung sorgte, war in der Tat die letzte Bleibe des märkischen Wanderers nur schwer zu finden. Auch für mich mußte die Porträtbüste auf dem nahegelegenen Grab des Erfinders eines stenographischen Systems – Arends – immer eine Art Leitstern bilden. –« Immer noch ist der Arends-Kopf der weithin sichtbare Wegweiser zu Fontanes Grab.

Sieben Jahre sind seit meiner ersten Wanderung vergangen ... Das Torhäuschen steht noch. Wieder wie damals zuerst nach links über den Friedhof der evangelischen Domgemeinde. Dort könnten die Gräber der Stenographen Stolze und Bäckler mit ihren Porträtmedaillons eine Auffrischung vertragen.

Ich bin ein Freund von Berufsangaben auf Grabsteinen. »Rudolf Rieck, 1831–1898 «, sagt so gut wie gar nichts. Doch wenn da steht: »Stallmeister sr. Majestät des Kaisers Wilhelm I.« Rieck war siebzehn, als die Achtundvierziger ihre Barrikaden bauten und Prinz Wilhelm schleunigst aus Berlin entfloh; eine halbe Stunde lang könnte man sich Situationen ausmalen, in denen Rudolf Rieck Pferde bereithielt.

Weniger düster, hell und offen bietet sich der angrenzende französische Friedhof dar. Da ragt der Kopf von Arends; außer ihm ist eine ansehnliche Birke das natürliche Wegzeichen. Fontanes Grab. Es ist kein Kunstblumenzustand mehr, sondern freundlich bepflanzt mit Mignondahlien, Geranien, Fuchsien, Fetter Henne. Du Berliner Pflanze. Die Inschrift auf seinem Stein müßte erneuert werden.

Das ist kein aufgehörter, sondern – das Bild sei erlaubt – ein im-

Theodor Fontane
Emilie Fontane

mer wieder durch Neuzugänge belebter Platz. Viele Rosenstöcke, sorgsam geharkte Umfelder, aber auch hüfthohes Gras und wildwachsend Ursprüngliches, das wir so leichthin Unkraut nennen.

Irgendwo müßte das Grab von Gustav Castan sein, dem Bildhauer, der zusammen mit seinem Bruder Louis das längst verschwundene, in der Berlin-Literatur jedoch langlebige Panoptikum begründete. Warum haben wir kein Panoptikum? Nötig wär's, denn das ewige Fernsehbild erlaubt dem Blick kein Verweilen. Dioramen? Warum nur im Naturkundemuseum? (»Muffelwild in mitteldeutscher Gebirgslandschaft«) Warum keine Geschichtsgruppen: »Nazi-Blockwart, beim Verteilen der Lebensmittelkarten die Gesinnung prüfend«, oder: »Rocker, zwei Rowdys beim Aufschlitzen von S-Bahn-Sitzpolstern hindernd«. Ich dächte mir gern weitere städtische Situationen aus.

Durch ein Tor nach nebenan, zum katholischen Domfriedhof. Er ist wohl der größte der drei. »Im verwahrlosten Familiengrab ruht Lorenz Adlon«, hatte ich 1978 geschrieben und mich über das schnelle Verblassen eines Hotelruhms gewundert. Vom »Adlon« stand noch ein Flügel. Der ist mittlerweile verschwunden. Dafür ist Adlons Grab schmuck und rein. Thuya und Rhododendron. Gepflegter Sand ringsum. Der Sprung, der in Adlons Porträtmedaillon Nase und Mund von der Augenpartie trennt, könnte bedeuten – in den Rissen wächst Efeu, und das sieht gar nicht schlecht aus.

Nur wenige Schritte von Adlon entfernt, an der Mauer mit den Erbbegräbnissen, eine Sehenswürdigkeit. Zwei Kreuze aus Berliner Eisenkunstguß. Ihr Urbild hat Schinkel sich ausgedacht. Und wer auf sich hielt seinerzeit, veranlaßte seine Hinterbliebenen, ein solches Grabkreuz aus Eisen zu setzen.

Zwei schöne schwarze Kreuze mit goldenen Sternen in den Ecken für den Königlichen Geheimen Medizinalrat und Professor Dr. Joseph Hermann Schmidt – 14. Juni 1804 bis 15. Mai 1852 –, er hat sich um die Geburtshilfe und um die Cholera gekümmert. Schräg daneben seine Gattin, die »verw. Frau Geheime-Medicinalräthin Maria Schmidt, geb. Everken«, die ihn um dreißig Jahre überlebte. Gern wird gelächelt bei solcher Inschrift (»Reitende Postschaffnerswitwe«), aber ist das nicht ein rührendes Dokument aus einer Zeit, in der Frauen bloß zum Gebären tätig waren, Mitgift einbrachten und nur durch einen Titel ihres Mannes öffentliche Anerkennung genossen.

Joseph Hermann Schmidt, mit 38 Jahren Verfasser der preisgekrönten Schrift: »Lehrbuch der Geburtskunde für Hebammen in den preußischen Staaten«. Und wer kennt nicht sein Werk »Tausend Aphorismen über die Geburt des Menschen«.

In der Mitte des Familiengrabes: Dr. Peter von Cornelius. Der Maler, fast vergessen, obwohl er sein Fach beherrschte. Aber wohl zur Unzeit geboren, damit muß einer fertig werden; weiteres siehe in der Nationalgalerie.

Etwa dort, wo ich damals kontrolliert worden bin, streift ein Streifenpolizist zwischen den Gräbern. Ich gehe so, daß ich seinen Rückweg kreuze. (Sage ich »Guten Tag«, oder klingt das nach Provokation? Warum überlegt man, ob man jemand grüßt?) Er ist kräftig, hat den dicken Oberlippenbart wie viele junge Männer und ein gerötetes Gesicht wie einer, der die ganze Nacht durchgesumpft hat – oder Streifendienst getan.

Da ist noch mancherlei zu entdecken, nur Geduld; unter anderem David, ein Sohn von Franz Liszt, den ihm die Gräfin d'Agoult gebar, die seinetwegen Mann und Kinder verließ. Ja, es ist das weite Feld, von dem Fontane mehr wußte, und nun immer geradeaus, da kommt man zum Ausgang.

Der vierte dieser zwischen 1830 und 1835 von der Stadt angelegten und später lange zum Verwaltungsbezirk Wedding gehörenden Friedhöfe liegt auf der anderen Straßenseite. Liesenstraße 9. Aber diese andere Straßenseite ist die andere Welt. Ein Jenseits eigener Art.

Auf dem evangelischen Neuen Dorotheenstädtischen Friedhof wurde Otto Nicolai begraben, der mit 39 Jahren verstorbene Berliner Hofkapellmeister, an den uns wohl nur seine komische Oper über die lustigen Weiber erinnert. Da Nicolai gleichzeitig Dirigent des Domchores war und Kirchenmusik komponierte, gehörte er eigentlich auf den Domfriedhof gegenüber; aber wenn schon das Leben seltsame Wege kennt, wie sollten sie uns beim Tode wundern?

Nicolais Grab findet sich schwer. Wer die Grabsteine links und rechts abblickt, wie gewohnt, liest diesen Namen nie. Nach mehrmalig vergeblichem Hin-und-her-Gehen entdeckt man ihn auf einer liegenden Platte. Auf drei Seiten von Thuya umsäumt. Römische Zahlen. 1849 ist er gestorben, nachdem er, erst im Vorjahre aus Wien kommend, die Stelle an der Berliner Oper angetreten hatte. »Gewidmet von dem Tonkünstlerverein zu Berlin« steht oben am

Stein, und am Fußende sein Hauptwerk: »Die lustigen Weiber von Windsor«.

Für die drei von Eichenlaub umkränzten Kreise über dem Namen bietet Enrico Straub eine Deutung an: Sie symbolisieren vermutlich die drei wichtigsten Wirkungsstätten Nicolais: Berlin, Rom und Wien.

Die Suche nach Nicolai ließ eine weite Rasenfläche finden: »Das Lazarus-Krankenhaus und Diakonissenhaus seinen Schwestern«. Etwas Gehölz, Eisblumen und in regelmäßigen Abständen an die hundert quadratische Steine. Jede Schwester hat ihren Spruch (Off. 2,10 oder Kol. 3,17) im Kirchencode, und die Grasfläche verbindet sie miteinander wie zu Lebzeiten. So viel Gut-Tun auf engstem Raum konzentriert, bleibt nicht ohne Wirkung auf den zufälligen Betrachter.

Auch auf dem katholischen Domfriedhof gegenüber gibt es solche gemeinschaftliche Grabanlage. »Ruhestätte der barmherzigen Schwestern vom hl. Carl Borromäus«, ein 1652 gestifteter, sich durch Hospitaldienst und Armenpflege auszeichnender Orden. Unter vier Pappeln, von einer flachen Hecke eingefaßt, ruhen sie, dazwischen Oberinnen des St.-Hedwigs-Krankenhauses. Namenlos, nur von Efeu bedeckt, sind die paarweise angeordneten Grabhügel der »Schwestern von der Hl. Elisabeth«, die ein Stück entfernt und von einer Buchenhecke von anderen Gräbern getrennt. Nur zwei hohe Damen haben eine beschriftete Tafel, auch hier Rangunterschiede.

Soldatengrabanlagen sind ähnlich uniform. Manche mit Namen, manche ewig unbekannt. Ihr Anblick weckt bloß Bedauern (Ihr armen Teufel, denn mehr wart ihr nicht.), nur Mitleid und ein leises Grauen vor dem nächsten Mal.

Wie anders diese hilfreichen Frauen, gleich welcher Konfession. Ihr Dasein war Helfen. Aber bedanken wir uns bei ihnen?

Wie überall auch hier Berlin-Geschichte. Raschdorff, der Dombaumeister; Ernst Renz, der Zirkusdirektor; Rudolph Hertzog, der Warenhausgründer.

Johann Georg Kranzler, 1794 – dann wird der Stein unleserlich. Der königliche Hofkonditor starb 1866.

Theodor Fontane im Café Kranzler? Selbstverständlich. Einmal ging er ungern. Als er 1862 mit Theodor Storm Unter den Linden spazierte und speisen wollte. Storm jedoch war gekleidet für einen Spaziergang im Walde, nicht für das elegante Café. Storm trägt leinene Hosen, eine gelbe Knitterweste, einen grünen Rock, dazu Reisehut und, was für den peniblen Fontane das schlimmste scheint, einen ausgeleierten Schal von der immer länger werdenden Art, wie ihn heutzutage Fußballfans zeigen. Jedenfalls läßt sich Storm als Besucher aus der Provinz in kein anderes Lokal locken, er betritt das vornehme Café Kranzler, und die dort sitzenden Gardeoffiziere lächeln über den amüsanten Anblick.

Joachim
Wendler

Louis Angely

Er hieß mit vollem Namen Louis Jean Jacques Angely, war Schauspieler und Theaterdichter. Er trat in Riga auf, in Reval und St. Petersburg, wo er es bis zum Mitglied des deutschen Hoftheaters brachte. Als Fünfunddreißigjähriger kam er nach Berlin und spielte »ohne besonderes Glück« komische Rollen. Für einen Helden war er zu klein, zu unansehnlich. 1828 engagierte ihn das taufrische Königstädtische Theater am Alexanderplatz in Berlin als Regisseur und Hausdichter.

Louis Angely ist einer der Väter der Berliner Posse, jenes volkstümlichen Vergnügens mit Musik oder ohne. Dafür gab es eine Menge bewährter Vorlagen aus Wien und Paris, die Angely mit Geschick übersetzte und für Berliner Verhältnisse umschrieb. Einer seiner über hundert Einakter hieß »Sieben Mädchen in Uniform« und veranlaßte in Weimar den Theatermann Goethe zu der Bemerkung: Diese Sieben »machen auch hier das Publikum glücklich, denn so etwas ist zeitgemäß. Das Soldatengespiele, zu einer halblüsternen Posse verwandt, läßt sich jedermann gefallen, wenn unter dem Drucke eines Shakespearischen Alps das Publikum seufzt und sich sehnt, aus einem schweren Traum des Ernstes in die freie Luft der Torheit.«

Größter Erfolg war Angelys »Fest der Handwerker« beschieden. Im Untertitel ein »komisches Gemälde aus dem Volksleben«. Es spielte im Voigtland, der armseligen Gegend im Berliner Norden an der Invalidenstraße. Bei Angely treffen sich Handwerker in einem Wirtshausgarten. Aus allen Himmelsrichtungen sind Klempner, Maurer und Zimmerleute in diese Stadt gekommen. Der Tischler Hähnchen, ein ganz gewitzter Berliner, sagt ihnen, was ist. Der Ausdruck »Leute vom Bau«, der stammt von Angely.

Manche Altberliner Posse ging in den letzten Jahren im Sommertheater in der Brüderstraße oder im Keller des neuen Friedrichstadtpalastes über die Bretter, aber nur aufbereitet. Als Gegenwartsstück wird sie nicht wiedergeboren, bleibt höchstens Amüsement von früher.

Alles hat auch zu Angelys Zeit nicht allen gefallen. Doch wenn ihn jemand kritisierte, antwortete er: »Was wollen Sie? Ich schreibe für meinen König.« (Wer das von sich sagen kann!) Jene Dame, die davon in einem Brief berichtet, fügte hinzu, Friedrich Wilhelm III. sei freilich leicht zufriedengestellt; »er soll neulich gesagt haben: ›Publikum immer unzufrieden, und mir gefällt alles so gut!‹«

Wie dem auch sei, Angely verließ schon 1830 endgültig die Bühne und kaufte sich einen Gasthof. An dem konnte er sich auch nur noch fünf Jahre lang erfreuen.

Wenn man sich auf Angely besänne und hin und wieder an einem runden Jahrestag eine Kranzniederlegung veranstalten wollte, es würde eine Posse daraus. Schon um 1900 war die Grabstelle auf dem Französisch-Reformierten Friedhof in der Liesenstraße eingeebnet. Eine frühe Beschreibung erwähnt ein schwarzes Kreuz mit goldener Schrift, also Berliner Eisenguß, und wer den sehen möchte, findet ihn nebenan auf dem katholischen Domfriedhof oder auf dem älteren Friedhof der Französisch-Reformierten Kirche in der Chausseestraße. Madame Dutitre, ein Berliner Original wie aus einem Angely-Stück, hat solch guterhaltenes Kreuz.

Also hat die Stadt das Andenken ihres Volksstückeschreibers schlecht bewahrt. Sagt man dazu, Angely zitierend: »Da hört sich doch Allens auf« und »Darum keine Feindschaft nicht!«, denn wenigstens in Berliner Redensarten überlebt er unter uns. Als Urberliner?

Angely stammt aus Leipzig. Er ist nicht auf der Durchreise entbunden worden am 31. Januar 1787, nein, seine Mutter Jeanne Marie war eine geborene Rée, und sein Vater Jean Georges Louis Angely war Kantor an der Französisch-Reformierten Kirche in Leipzig. Es ist das alte Lied: Ein Sachse muß kommen und den Berlinern ihren Humor schreiben.

Blättchen für Karl Ph. Moritz

Als sie sich 1786 in Rom kennenlernten, wirkte er auf Goethe wie ein jüngerer Bruder: »Er ist von derselben Art, nur da vom Schicksal verwahrlost und beschädigt, wo ich begünstigt und vorgezogen bin.«

Erstaunliche Ähnlichkeiten. Moritz war aus Berlin enteilt wie der andere aus Weimar. Was dem einen die Frau von Stein, war dem anderen die Frau des Bergrats Standke. Goethe erfuhr davon, als er sich um Moritz kümmerte, der sich bei einem Sturz vom Pferd den Arm gebrochen hatte. »Was ich diese vierzig Tage bei diesem Leidenden als Wärter, Beichtvater und Vertrauter, als Finanzmann und Geheimer Sekretär erfahren und gelernt, mag uns in der Folge zugute kommen.«

Goethe ließ alle, die sich dem Kranken widmen wollten, um die Nachtwachen losen, »so daß es an jeden nur ein paarmal kam, und dann ließ er andere zwölf um die Stunden am Tage losen«, so daß jeder den Tag über eine Stunde bei Moritz blieb und ihm Abwechslung verschaffte.

Moritz war das Kind armer pietistischer Eltern. Er hatte unter Entbehrungen studiert, wollte Schauspieler werden und wurde Lehrer, in Dessau, in Berlin. Er war Redakteur und Schriftsteller, Professor – »ein seltsames Gefäß«, sagte Goethe, »das, immer leer und inhaltsbedürftig, nach Gegenständen lechzte, die er sich aneigenen könnte …«

Er gab auch. Goethe nutzte davon manches, Schiller nahm Anregungen, und Jean Pauls erster größerer Roman erschien, weil der vom Lesen begeisterte Moritz das Manuskript einem Verleger schickte. Das eigene Leben hatte er sich im »Anton Reiser« von der Seele geschrieben.

Kaum war Moritz 1780 nach Berlin gekommen, da fiel ihm das

schlechte Deutsch auf, das man sprach. Wahrscheinlich lag es an seinen Oberschülern, daß er beim Zuhören den Einfall hatte, es aufzuschreiben. Erfundene Gespräche, in denen die Fehler lächerlich konzentriert sind. Kostprobe aus dem »Frühlingsgespräch zwischen einem Herrn und einer Dame«: Er: »Es fangt all an schummrig zu werden – O sehn Sie mal, wie schön die Sonne untergehen dhut – der Himmel seht aus, als ob er gemahlen wäre.« – Sie: »Ja, so roth seynd die Wolken, un denn lähßt es, als wenn pure Gold dermang schimmern dehte.« – Er: »Weil heute früh die Sonne ufjung, da war ich ohch just ufgeschtanden. Ich bin das sonst ohch jahr nicht gewohne, so früh ufzuschtehen.«

Ob wir Moritz zum Geburtstag ein paar frische Redeblumen bringen? Auf sein Grab legen? Aber dazu müßte man zum Strausberger Platz, dann die Lichtenberger Straße hinauf, ein Stück nur, etwa hinter dem »Haus Berlin«. Dort wurde der mit 36 Jahren verstorbene Karl Philipp Moritz beigesetzt. Dieser Begräbnisplatz ist bereits um 1860 bebaut gewesen.

»Ein sonderbar guter Mensch«, meinte Goethe schon in Rom. »Er wäre viel weiter, wenn er von Zeit zu Zeit Personen gefunden hätte, fähig und liebevoll genug, ihn über seinen Zustand aufzuklären.«

Solchen Beistand wünscht sich mancher.

Friedrich Nicolai

Geboren vier Jahre nach seinen Freunden Lessing und Mendelssohn. In Nicolais Haus in der Berliner Brüderstraße wohnt heute, kein Wunder, die Denkmalpflege, und im Hof finden im Sommer Theaterspiele statt. Touristen riskieren einen Blick in den Hausflur. Aber laßt euch nichts erzählen, weder Lessing noch Herr Moses haben hier mit ihrem Verleger Bier getrunken und Gegenwartsliteratur diskutiert. Seine beiden besten Freunde waren längst tot, als Nicolai dieses Haus kaufte und von Goethes Altersfreund Zelter, dem Baumeister, umgestalten ließ.

Moses und Lessing kannten sich bereits, als Lessing 1754 beim Verleger Voss, für dessen Zeitung er schrieb, Aushängebogen eines anonymen Büchleins sah, das sich mit dem jetzigen Zustand der schönen Wissenschaften in Deutschland beschäftigte, verfaßt von dem einundzwanzigjährigen Friedrich Nicolai. So lernten sie sich kennen. Angeregt von dieser Schrift. Sie riet der deutschen Aufklärung, sich um die schöne Literatur zu kümmern und den mangelhaften Geschmack des Lesers zu bilden, also seine Urteilskraft, und dem Schriftsteller ohne Lobpreisung und Tadelsucht kritisch aus dem Mittelmaß herauszuhelfen. »Die Kritik ist die einzige Helferin, die, indem sie unsere Unvollkommenheiten aufdeckt, in uns zugleich die Begierde nach höheren Vollkommenheiten anfachen kann.«

Hier sei weiter nicht die Rede von den drei aus dieser Haltung entstandenen Zeitschriften Nicolais, die die Aufklärung beförderten und über achtzigtausend Bücher ankündigten oder rezensierten.

Er griff auch mit satirischen Romanen an, schrieb Parodien und machte sich, zumal er mit zunehmendem Alter starrsinniger wurde und die neue Literatur nicht mehr verstand, allerlei namhafte Feinde: Goethe, Schiller, Herder, Tieck, Fichte. Die verspotteten ihn weidlich und sorgten allein durch das Gewicht ihrer Namen, daß Nicolai als unbedeutender galt (gilt?), als er tatsächlich geworden war.

Was bleibt vom Lebenswerk? Was hält ein Verfasser für bedeutsam? Was braucht und nimmt sich die Nachwelt?

Nicolais »Beschreibung der Königlichen Residenzstädte Berlin und Potsdam«, 1769 und 1786, ist ein Standardwerk und so selten, daß es zu den größten Raritäten gehört. Wer zuverlässige Auskunft sucht über Berlin im 18. Jahrhundert, über Straßen, Häuser, Gewerbe und Alltägliches, der findet sie bei Nicolai. Er ist zugleich unser Zollberater. Der weitgereiste Buchhändler rät zur Vernunft an der Grenze, weil »ein Reisender sich den Gesetzen des Landes, wo er sich befindet, unterwerfen müsse. Es ist auch sehr begreiflich, daß derjenige, der, was er bei sich führt, nicht richtig angibt, oder sich gar weigert, seine Sachen visitieren zu lassen, sich verdächtig machen müsse.« Das hat er, wenn er mit den Taschen voller Bücher ankam, gelernt. »Die Visitatoren sind von ihren Oberen angewiesen, niemand ungebührlich zu begegnen«, das gilt aber auch für den, der einreist. »Manchen Reisenden gibt die bloße Erblickung eines Accisbedienten eine üble Laune«; wem nützt es, wenn der Reisende sich durch seine »trotzige und unfreundliche Art« selber Unannehmlichkeiten schafft. Man soll den Kontrolleuren an der Grenze »nicht unhöflich begegnen, denn so wie allenthalben, so findet auch hier ein gutes Wort eine gute Statt«. Nicolai hoffte, daß ihn alle lasen, die überhaupt lesen konnten. So ein Schlitzohr. Weil er selber Bücher druckt und damit handelt, erwähnt er in seiner »Beschreibung« weder die fünfzehn Buchhandlungen, die es außer seiner in der Hauptstadt gibt, noch die zehn Buchdruckereien. Sämtliche anderen Gewerbe sind vollzählig und mit ihrer Anschrift vertreten.

In seine ihn überlebende »Beschreibung« hat Nicolai 1786 einen neuen Stadtteil aufgenommen, ohne wissen zu können, daß aus dem Naherholungsgebiet im Südosten später eine Arbeiterwohngegend werden würde, ein Mietskasernenviertel, das seit 1802 nach der Königin Luise hieß.

Viermal wurde dort die Kirche umbenannt, bis endlich Luisenstadtkirche herauskam. Auf ihrem Friedhof ließ sich Nicolai 1811 begraben. Als aber eine Parkanlage aus dem Kirchhof wurde, kam seine Grabtafel außen an die Kirchenmauer.

Julius Rodenberg spazierte und notierte um 1880: »Nur noch selten sieht man hier oder dort eine vereinzelte epheubedeckte Grabstätte oder eine Graburne oder ein rostig gewordenes schwarzes Kreuz, dessen Inschrift schwer zu entziffern ist. Hier nun kann man an schönen Sommerabenden die Familienväter, ehrbare Handwerksmeister der Nachbarschaft, mit den Ihrigen sitzen sehen, unter den Ahorn- und Kastanienbäumen, an sauber gedeckten Tischen, auf welchen der mitgebrachte Mundvorrath appetitlich ausgebreitet wird und ein Fläschlein Bier oder zweie nicht fehlen; und hier verzehren sie, fröhlich und guter Dinge, unter Gottes freiem Himmel, ihr Abendbrod auf einem Stück Grund und Boden, in welchem ihre Vorfahren ruhen und über welchem hin ihre Kinder sich jagen, mit den Vögeln in den Zweigen um die Wette jauchzend, bis um halb neun das Glöckchen des Gemeindedieners das Zeichen zum Aufbruch gibt.«

Das klingt ein wenig zu schön; wie heile Welt und nach Großstadtidyll in einer Zeit, in der Mägen knurrten, Lina Morgenstern immer mehr Suppenküchen gründete und die Behörden mit den Sozialisten manchen Ärger hatten.

Zum Hervorheben und Herauslesen bleibt, daß man nichts dabei fand, einen aufgehobenen Kirchhof zur Erholung zu nutzen, sich nicht fürchtete, nicht graulte, wie die Berliner sagen, wie ja auch Geburt und Sterben in der Wohnung selbstverständlich waren.

Rodenberg sucht nicht nach Nicolais Grab.

»Es ist nun eben so wenig mehr zu finden wie eins der andern. Aber an der Kirche, vorn, wenn man von der Straße kommt, unter den hohen Fenstern, rechts von der Thür, ist ein schwarzes Eisentäfelchen, mit vergoldeter Umrahmung, in die Mauer eingelassen, und darauf liest man die Inschrift:

Friedrich Nicolai – geb. 18. März 1733 – gest. 8. Jan. 1811«

Der zweite Weltkrieg besorgte den Rest. Heute ist alles eine Grünfläche. Ohne fröhliche Leute. Alte Jakobstraße/Ecke Sebastianstraße, falls jemand dort einmal spazierengehen möchte. Und weil er nun gar keine Grabtafel mehr hat, soll einer seiner Sätze, nein, vier sind es, über dem Eingang der nicht nach ihm benannten Buchhandlung (und damit über jeder) stehen:

»Verleger sind nicht nur Hersteller und Versender von Druckerzeugnissen. Sie sind Missionare ohne Religion, Prediger ohne Kanzel. Sie sind bewegt vom Glauben an die Erziehbarkeit des Menschengeschlechts. Und sie müssen daran festhalten, daß Glück ohne Wissen nicht möglich ist.«

Der nahestehend Älteste

Am 15. Mai 1308 ist Conrad von Belitz gestorben. Damals stand die Klosterkirche schon, niemand dachte an Stadtjubiläen, das durchschnittliche Lebensalter wird bei dreißig Jahren gelegen haben. Wie mögen die Vorfahren mit ihrem (aus unserer Sicht) kurzen Leben zurechtgekommen sein?

Berliner Grabstein: Conrad von Belitz. Das *von* ist kein Adelsprädikat. Ein Mann aus Belitz. Ein Kaufmann, wohlhabend geworden durch Außenhandel; ein angesehener Mann. Sein Name erscheint 1288, als am 10. April der Rat zu Berlin bestimmt, »unsern lieben Mitbürgern« – (wie freundlich das klingt in der amtlichen Urkunde) also, die Berliner Schneider sollen dieselben Rechte genießen wie die Schneider der Stadt Brandenburg. Conrad von Belitz ist einer der vier unterzeichnenden Ratsmänner. Der Anfang der Urkunde sei nicht vorenthalten; er hat neben seinem Inhalt einen stilistischen Reiz, der amtlichen Dokumenten im Lauf der Jahrhunderte verlorenging: »Da der Tod die Wut seiner Gewalt nicht stillen wird, bevor er nicht alles in Trümmer gestürzt hat, ist es durch nützliche Fürsorge bestimmt und für nötig befunden worden, daß glaubwürdige Schriften über alle Verhandlungen aufgenommen werden, aus welchen zu ihrer Zeit die Wahrheit aufs Beste erwiesen und jeder Zweifel gelöst werden kann.« Der Originalton aus dem Jahre 1288. Das ist für uns in Berlin unvorstellbar lange her. Mit dem Markttor von Milet, mit der Sphinx in Gizeh, mit babylonischen Tafeln tun wir uns weniger schwer.

1307 vereinigten sich die beiden Städte Berlin und Cölln durch den Bürgermeister Conrad von Belitz. Zwei mit eifersüchtigen Ellenbogen existierende Städte, deren leitende Herren endlich gemerkt hatten, daß gemeinsame Interessen wichtiger waren als Fragen, über die man sich nicht einigen konnte. Achtzehn Köpfe zählte der gemeinsame Rat, der die städtischen Belange in die Hände nahm. Conrad von Belitz erwarb sich dabei große Verdienste. Seine Grabplatte zeigt uns sein Aussehen. Zur letzten Ruhe hat man ihm eine Mönchskutte angezogen, ein Leibriemen als letzter Schmuck. Seine Haartracht: Locken bis über beide Ohren, Stirnfransen, kurzer Kinnbart. Alle Moden kehren wieder. Unten schauen die Schuhspitzen heraus.

Kein Wappen. Darüber wundern sich gelehrte Betrachter. Vielleicht brauchte er keins. Der Name genügte. Und die Inschrift: »Am 15. Mai im Jahre des Herren 1308 ist Conrad von Belitz gestorben, dessen Seele in Frieden ruht. Amen.«

In Frieden ruhte Conrad von Belitz unter seiner Grabplatte in der Klosterkirche, bis der zweite Weltkrieg diese Kirche schwer zerstörte. Aber die Grabplatte überlebte die Wut des Todes und ist mittlerweile im Märkischen Museum ausgestellt.

Chausseestraße

Aus A. Königs »Historischer Schilderung über das Jahr 1777«: »Man fing an, über den Nachteil des Begrabens der Toten in der Stadt und besonders in den Kirchen nachzudenken, welches freilich den gesunden und lebendigen Menschen schädlich sein konnte, man machte aber darüber mehr Lärmen, als es die Sache erforderte, und da man die Einkünfte der Gotteshäuser von diesem äußerst alten Gebrauch nicht auf andere Art zu ersetzen wußte, so konnte man denselben nicht völlig aufheben. Die katholische Gemeinde erhielt einen Kirchhof vor dem Oranienburger Tore, welcher den 29. September durch den Pater Elberfeld feierlich eingeweiht wurde. Nicht lange danach legte die französische Kolonie, nebenbei, ebenfalls eine Ruhestätte für ihre Toten an.«

Daniel Chodowiecki

Wenige Wochen vor dem fünfzigsten Geburtstag von Daniel Chodowiecki schrieb der siebenundzwanzigjährige Goethe nach Berlin an die Dichterkollegin Karsch: »Gehen Sie doch einmal zu Chodowiecki und räumen Sie bei ihm auf, was so von alten Abdrücken seiner Sachen herumfährt. Schicken Sie mir's und stehlen ihm etwa eine Zeichnung.«

Das könnte heute geschrieben worden sein. Welcher Buchillustrator erlebt nicht ähnliches?

Goethe war zufrieden, denn Chodowiecki hatte »Werthers Leiden« gut bebildert. Hingegen auch die Satire »Werthers Freuden«, das Spottding des Friedrich Nicolai, den Anti-Werther. Das mag als Beispiel für manch andere Arbeit gelten, wo dieser Künstler sich

nicht um Für und Wider kümmerte, sondern nur um die bestmögliche Ausführung seiner Aufgabe. Man hat ihn daher einen Meister der Anpassung genannt. Vielleicht fiel es bei ihm mehr auf als bei anderen. Unbestreitbar bleibt, daß die Kupfer des vielseitigen Chodowiecki manches Buch so belebten, daß ein Käufer es überhaupt in die Hand nahm.

Goethes Brief geht noch weiter: »Es wird mir wohl, wenn ich ihn nennen höre, oder ein Schnitzel Papier finde, worauf er das Zeichen seines lebhaften Daseins gestempelt hat.« Einmal schrieb er: »Gerat es heute nicht, so muß mans morgen wieder versuchen, nicht eben mit derselben Sache, mit etwas anderem.«

Er war als Siebzehnjähriger nach Berlin gekommen. Daniel Chodowiecki stammte aus einer polnischen Kaufmannsfamilie, die in Danzig ansässig war. Die Mutter war Französin. Sein Lebenswerk entstand in Berlin. Lebhaftes Dasein ist übernational.

In Berlin stand der junge Mann, der Kaufmann werden sollte, hinter dem Ladentisch seines Onkels, eines Quincailleriewarenhändlers. (Welch ein Wort: Übersetzt heißt es bloß: Kurzwaren.) Das Malen war Nebenbeschäftigung, in der er sich ausbildete und erprobte, bis er sich nach Jahren entschied, von der Kunst zu leben, und für sie.

Durch seine Kupferstiche, Zeichnungen und Radierungen wissen wir viel vom einfachen Leben seiner Tage. Mode, Manieren und Laster, viele Tugenden. Er zeigte auch weibliche Beschäftigungen, zeichnete den blinden Bettler und den Tischler bei der Arbeit. Die Straßenhändlerin hat an einem Laternenpfahl ein Gestell, an dem gedruckte Neujahrswünsche mit Klammern befestigt sind. Für jeden etwas. Der Wechsel von 1799 zu 1800 will gefeiert sein.

Als wegen einer Überschwemmung Frankfurt unter der Oder lag, verkaufte man Chodowieckis radierte Bildnachricht als Solidaritätsspende in 3600 Exemplaren zugunsten der Opfer.

Ein Nahestehender. Er hat den Alltag, den er auf der Straße und – nach eigenen Worten – durch Schlüssellöcher sah, gründlich und ehrlich wiedergegeben. Immerhin lebte er in Preußen, wo zwar jeder nach seiner Fasson selig werden, aber nicht die Herrschenden beim Regieren stören durfte. Dennoch gibt es von Chodowiecki kritisch-satirische Blätter. Seine kleine Serie »Berlinische Folgsamkeit«.

Nun ist es so, daß auch in seinem Falle keiner genau weiß, ob er an dieser Stelle begraben ist. Der Stein ist neu, 1932; er wurde 1960 aufgefrischt. Ein runder Stein, der nicht sehr auffällt, weil der große Künstler hier als Mensch inmitten anderer Menschen ist.

Und es gibt eine Chodowieckistraße, am Prenzlauer Berg; sie zeigt den unmittelbaren Alltag, den unzubereiteten, wie er ihn zu seinen Lebzeiten in anderen Straßen festgehalten hat. Als Aufklärer.

»Ich habe stehend, gehend, reitend gezeichnet.« Als er 1773 von Berlin nach Danzig ritt – eine seiner wenigen Reisen –, um seine Mutter zu besuchen, entstand daraus ein Reisebilderbuch mit über hundert Blättern. Begegnungen, Porträts, Situationen. Das Tagebuch einer anderen Reise, anno 1789 nach Dresden, ist, aus seiner Handschrift übertragen, erst 1961 erschienen, das Original hatte die Kriege glücklich überlebt. Sein Tagebuch ist wie er: Jagd auf Kunstsachen und Künstler; der beständige Blick auf die Umwelt, ihre Sitten und Bewegungen.

Die Vorrede steht am Schluß. Er hat es sich erst hinterher überlegt, die Aufzeichnungen veröffentlichen zu lassen. Er redet seinen künftigen Leser wie einen Bruder an. Er sagt, weshalb seine Reisebeschreibung weder ökonomische noch statistische und noch viel weniger physische Bemerkungen enthält, »weil – unter uns gesagt – ich davon nichts verstehe«. Weil ihn das nämlich nicht interessiert.

So lebhaft lebt Daniel Chodowiecki für uns, daß uns sein letzter Satz im Dresdner Reisetagebuch zuwinkt: »Ich hätte Dir noch manches zu sagen, aber Du siehst, der Platz kann's nicht mehr tragen, und damit gehab Dich wohl, und denke meiner im Besten.«

Schüler der Perleberger Goethe-Oberschule hatten von den fünfzehn Stunden ihres Berlin-Tages zwei für den Besuch des Dorotheenfriedhofes vorgesehen. Damit sie nicht erst lange nach den Grabstellen von Becher und Brecht, von Gans und Schinkel suchen müßten, sollte ich sie umherführen. Als wir auf dem Wege dorthin am französischen Gemeindefriedhof vorbeikamen, lotste ich alle hinein, sagte: »Hier vorn rechts liegt Daniel Chodowiecki begraben, der hochberühmte Maler und Radierer, der mit seinen kleinformatigen Bildern der Aufklärung bis heute hochgeschätzte Dienste erwies. Ein Illustrator von Rang, der den Fortschritt von Kunst und Wissenschaft beflügelte. Heute ist Mittwoch. Am Sonnabend ist der 250. Geburtstag von Chodowiecki gewesen. Also werden wir seine Grabstelle von lauter Kränzen und Schleifen nicht sehen können, doch immerhin –«

Es lagen aber überhaupt keine Kränze oder Festschleifen auf Chodowieckis Grab. Es war sauber und gepflegt wie alle Tage. Viel Efeu, und in der Mitte ein blaues Sträußchen, das schon im Frühjahr dort blühte. Als geistesgegenwärtiger Mensch hätte ich den verwunderten Perlebergern sagen müssen, daß der Verzicht auf altmodische Bräuche, die einem Verewigten sowieso keinen Spaß mehr machen können, eine hauptstädtische Neuerung sei, die in allernächster Zeit auch in den Bezirken übernommen werden würde.

Ich überlegte, wer für diesen internationalen Berliner Künstler, mit dem wir uns nach wie vor schmücken, zuständig sein könnte. Das Märkische Museum hat eine schöne Chodowiecki-Ausstellung eröffnet, hat also das Seine getan. Im Verband Bildender Künstler ist Ch. nicht Mitglied gewesen, aber der Akademie der Künste gehörte er 27 Jahre an, war führend an ihrer Reorganisation beteiligt, war bis zu seinem Tode (1801) ihr Direktor. Weiß man das dort nicht mehr? Ein 250. Geburtstag müßte sogar die eine oder andere

Abteilung »Kultur« betreffen. Warum kümmert mich das? Ist es nicht viel besser für einen Künstler, wenn er von Dienststellen in Ruhe gelassen wird?

(1976/1985)

Das Grab im Bücherladen

Chausseestraße. Bekannte Anschrift. Brecht und Friedhöfe. Für jeden etwas. Neben dem Brecht-Haus der Eingang zum Dorotheenfriedhof, wie er kurz genannt wird, und einige Meter stadteinwärts das Tor zum Französisch-Reformierten.

Da im alten Berlin konfessionelle Friedhöfe – andere gab es gar nicht – oft benachbart angelegt worden sind, zum Beispiel an der Liesenstraße, müßte da nicht in der Chausseestraße auch ein katholischer Friedhof zu finden sein? Zu finden nicht, zu suchen schon. Seine Lage hat ihn die Existenz gekostet. Zu nahe am Oranienburger Tor. Was bringt ein Friedhof, wenn die Grundstückspreise steigen, oder um ein Wort aus der Nachbarschaft zu verwandeln: Was ist die Gründung eines Friedhofes gegen den Verkauf eines Friedhofs als Baugelände?

Gute Sicht von gegenüber. Vorm Friseursalon hingestellt, vorm Reinigungsladen oder dem Bestattungshaus, jeweils den Rücken zum Schaufenster. Eine Minute Phantasie beim Blick auf Tabakspfeifen, Staubsauger und Grünkohl. Dort, wo diese Läden sind, war bis zum Anfang unseres Jahrhunderts der erste St.-Hedwigs-Friedhof.

In den Amtlichen Adreßbüchern jener Jahre steht es etwas unklar unersichtlich. 1906: Chausseestraße. 121: Eigentümer St.-Hedwigs-Gemeinde. Im Vorjahr sind Berliner Ausstellungs-Galerien als Eigentümer genannt, es gibt bereits Läden. 1908 wird die Straße neu numeriert. Von nun an Nummer 128/129.

Bebaut. Damit könnten wir uns zufriedengeben, wäre nicht folgendes geschehen: Ein Grab des aufgelassenen Friedhofs blieb übrig. Es war auf hundert Jahre gekauft, und die Angehörigen verweigerten eine Umbettung. Alle Verhandlungen scheiterten. Der Grabstein stand. Und mußte stehenbleiben als ein Stück Starrsinn im Rechtsstaat. Ein Stein des Anstoßes und der Gerechtigkeit. Man darf sich nicht alles gefallen lassen.

Der Stein blieb stehen; man baute um ihn herum das neue Haus. Wollte es der Zufall, daß es weder ein Modegeschäft noch ein Bestattungsinstitut war, das sich einrichtete, sondern ein Musikverlag mit Lesehalle.

So stand der Stein inmitten von gestapelten Bänden und Journalen im hinteren Teil eines Bücherladens. »Jetzt sind hundert Jahre verflossen«, schrieb eine Zeitschrift im Jahre 1908, »und wird dieser historische Zeuge nunmehr bald verschwinden. Noch vor einigen Monaten besuchte ein Enkel, ein Greis, den unter diesem Stein Beigesetzten« – es war aber eine Frau – »das Grab täglich, indem er stundenlang in dem Bücherladen vor dem Stein Platz nahm.«

Dieser Stein
soll erhalten das Andenken
an
Antoinette Weiss
geb. Biancone
für
ihren trauernden Gatten
Caspare Weiss
den sie
VI Jahre und II Monate
mit treuer Liebe beglückte
und
für ihre IIII Kinder
die sie mit
mütterlicher Zärtlichkeit
pflegte
Die Edle
starb XXVII Jahre alt
am XX Februar
MDCCCV

Der standhafte Stein ging nicht verloren. Da er Jahrzehnte überwunden hatte, war ihm eine Sonderstellung gewiß. Nach Ablauf seiner Stehfrist nahm ihn die Kirche wieder auf.

Gleich links vom Eingang unter einer Birke im Neuen St.-Hedwigs-Friedhof in Reinickendorf. Falls ein Vorübergehender stehenbleibt und die Inschrift buchstabiert, wird er Antoinette Weiss womöglich für eine bedeutende Berlinerin halten.

Heute steht »Vitaminzentrum«, welch üppiges Wort, vielversprechend über dem Eingang des Ladens in der Chausseestraße. Statt Musikalien und antiquarische Bücher werden dort Kohlköpfe, Tomaten, Petersilie und so weiter angeboten. Was wäre, wenn der Stein beharrlich noch dort stünde, als Sehenswürdigkeit, als Mahnung? So alt wird man, wenn man keinen Spinat ißt?

Die schöne Marianne

Zunächst klingt die Familiengeschichte ein wenig verwickelt. Der Berliner Hofjuwelier Jacob Salomon hatte drei Töchter; Gela, Rebecca und Mirjam. 1812 änderten die Schwestern und ihr Bruder Simon ihren Familiennamen in Saling oder Saaling. Durch eine Cousine Lea waren sie mit der Familie Mendelssohn verschwägert. Lea war die Frau von Abraham Mendelssohn Bartholdy; sie sind die Eltern des berühmten Felix.

Gela Salomon, die spätere Julie Heyse, war die Mutter des Schriftstellers Paul Heyse, der 1910 als erster Deutscher den Literatur-Nobelpreis erhielt. Rebecca war mit Salomon Friedländer verheiratet, hatte sich aber 1801 von ihm getrennt und ließ sich 1817 scheiden. Unter dem Namen Regine Frohberg schrieb sie Romane und Stücke. Mirjam schließlich wurde Marianne. Es war nicht ungewöhnlich, daß Töchter aus reicheren jüdischen Familien zum Christentum übertraten, »um dadurch eine gesellschaftliche Stellung einzunehmen, welche ihrer Bildung und ihrem Reichtum entsprach«, schreibt Ludwig Geiger, der vor hundert Jahren beim Studium alter Akten manche Gründe für diesen Schritt herausfand, ohne sich jedoch selber etwas vorzumachen: »... über Geheimnisse des Herzens gibt es selten Aktenstücke.«

Marianne Saling, 1786 geboren, lebte einige Jahre bei ihrer Tante Fanny Arnstein, die in Wien einen berühmten Salon führte. Es waren die geschichtsträchtigen Jahre 1812 bis 1814, der Wiener Kongreß. Sie begegnete in Wien Theodor Körner wieder, den sie aus Karlsbad kannte; auf einem Ball küßte Zar Alexander nach dem Tanz Marianne öffentlich die Hand. Eine Weile war sie mit Johann Ferdinand Koreff liiert, einem Arzt und Schriftsteller, einem von E. T. A. Hoffmanns »Serapionsbrüdern«. 1815 verlobte sich Marianne in Wien mit dem Marquis de Marialva, dem portugiesischen

Gesandten in Paris. Wegen der bevorstehenden Heirat trat sie zum katholischen Glauben über, trennte sich aber überraschend von dem Marquis, der bald darauf starb. Nun erklärte Marianne, »unbekümmert um die Anderswissenden, Marialva sei als ihr Bräutigam gestorben«. Davon erzählt Varnhagen in seinen »Denkwürdigkeiten«: »Sie betrauert ihn als ihren schon bestimmten Gatten«, und behauptet, »sie dürfe sich ihrem Schicksal und ihrer Empfindung nach als Witwe betrachten«. Varnhagen findet ihr Verhalten »sehr zu entschuldigen«. Er lobt ihre Willenskraft und Stärke, ihren Mut, den Schein zu retten: »Wenn ihr dies einen Trost, eine Linderung gewährt, so tut sie ganz wohl daran; sucht man doch immer den Ereignissen einen solchen Vorteil abzugewinnen, und wenn es in der Sache nicht gelingt, wenigstens in der Erzählung!« Nun geht er in höhere Regionen: »Die Juristen, die Historiker haben ihre Fiktionen, die sie als Fakta behandeln; Regenten und Helden machen es nicht anders, in den Bülletins steht manches Gefecht als ein Sieg, das eine Niederlage war; und ich finde den Mut eines Mädchens bewundernswert, wie ihren Entschluß großartig, die in Nachahmung jener Gewaltigen mit gleicher Eigenmacht einen gehässigen Vorgang ihres Privatlebens, der verbreiteten Kunde zum Trotz, in einen nur trauervollen mildert.«

Wilhelm Hensel, der Berliner Maler, hat »die schöne Marianne«, wie man sie gern nannte, 1823 in Wien gezeichnet. Da war sie siebenunddreißig, lieblich anzusehen, jedoch kein fröhlicher Mund. Trotzdem, »Marianne hat überall Bekannte und wird, wo sie hinkommt, mit Entzücken aufgenommen«, so Fanny Mendelssohn, Felix' Schwester. Und Varnhagen: »Marianne hatte von jeher die glückliche Eigenschaft, daß ihre Anwesenheit den Raum, in welchem sie sich befand, gleichsam hell machte wie etwa, wohin man ihn auch stelle, ein prächtiger Rosenstock dies tut.« Kein Wunder, wenn Marianne Saling zu den Vertrauten im Salon von Rahel Varnhagen gehörte.

»Ich habe Marianne Saling gesehen«, schreibt Clemens Brentano am 28. Juli 1813 aus Wien an Rahel Varnhagen, »ein liebes, anmutig beredtes Wesen, aber sie müßte eine Liebe und ein Kind haben, denn sie gewöhnt sich bereits an allgemeine Anbetung, und ihre Natur, gezwungen zu jungfräulicher Haltung, schwängert sich selbst, ohne Geburt; sie muß kalt und eine Figur werden, und der Mensch kann nur eine Natur werden oder ein Geist, in der modernen Zeit ...«

Manchmal belohnt uns die Natur mit Anblicken, die wir nicht verdient haben. Später Oktoberfreitag Unter den Linden, gegen 16 Uhr 30, orangenfarbener Himmel, davor das Brandenburger Tor, umrahmt vom blattlosen Astgewirr der Lindenbäume.

Es ist um diese Zeit schon menschenleer. Außer zwei Buchhandlungen, einer Galerie und dem »Café Kisch« bietet kein Geschäft etwas an. Es ist zu kühl, um sich zu setzen, falls hier überhaupt Promenadenstühle stehen. Du verleibst dir diesen Anblick ein, wärmst dich gelegentlich daran.

Anderntags Unter den Linden alles regentrüb. An der Bushaltestelle. Gedankenspiel. Sie kannten sich und wohnten voneinander nicht weit entfernt. Marianne Saling damals am Weidendamm, später in der Behrenstraße 58, und ganz zuletzt am Leipziger Platz 18. Varnhagen in der Mauerstraße. Kein Wunder, wenn sie sich Unter den Linden begegneten, im Herbst 1833. Ein Dreivierteljahr nach Rahels Tod. Varnhagen: »Im späten Übergang des Herbstes zum Winter, bei rauhem Wetter, traf ich Mariannen eines Mittags Unter den Linden; ich erkannte sie nicht gleich, grüßte dann aber, und wollte vorübergehen, da Wind und Kälte weder zum Sprechen noch zum Stillstehen einladen konnte. Marianne jedoch rief mich an, bot mir treuherzig die Hand, fragte mich teilnehmend, wie es mir gehe, ob ich noch immer so traurig sei ...«

Marianne Saling verbrachte damals einen großen Teil ihrer Zeit als Sozialhelferin, wie man heute sagen würde, sie pflegte Kranke und lebte »eigentlich sehr einsam, und empfand dies und sprach es aus«. Varnhagen widmet dieser Frau, die er schon seit 1802 kannte, ein ganzes Kapitel. Er berichtet von seinen dieser Begegnung folgenden Besuchen, von ihren Gesprächen. Marianne erzählte aus ihrer Jugend, wie sie »immer die Christenmädchen wegen des Unterrichts beneidet habe, den diese in der Religion erhielten, da für Judenmädchen damals in dieser Art nichts geschah, als daß man sie Hebräisch schreiben und lesen lehrte«. In Wilmersdorf, im Süden vor den Toren Berlins, wo Mariannes Mutter eine Sommerwohnung hatte, besuchte das Mädchen arme katholische Familien und las ihnen die lateinischen Gebete vor.

Dann erzählte Marianne von einer beabsichtigten Reise, notwendig, um sich an der Niere operieren zu lassen; aber leisten könne sie sich das nicht. Freundschaftlich bot ihr Varnhagen daraufhin Geld an und brachte anderntags einen »Bankschein«. Da hatte sie es sich wieder anders überlegt und wollte das Geld nicht als Geschenk für sich, sondern zur freien Verwendung für Arme. Da sie selber jährlich beträchtliche Summen für Wohltaten weggebe, könne sie das Geld für die Reise nun davon sparen. Varnhagen solle ihr den Verwendungszweck des Geldes auf dem Umschlag bestätigen; mißvergnügt über diese Milchmädchenrechnung, tat er's und ging »sehr herabgestimmt in Betreff Mariannes« nach Hause.

Joseph Mendelssohn, der Bankier, an seinen Sohn Benjamin (Georg) am 25. April 1834: »Heute kann ich dir auch eine ergötzliche Neuigkeit mitteilen. Rahel hat eine Marianne zur Nachfolgerin erhalten. Varnhagen hat sich mit Marianne Saling verlobt.« Das war eine Nachricht für die Salons! Dagegen verblaßten alle anderen Meldungen über Unruhen der Seidenarbeiter in Lyon, über den versuchten Aufstand in Paris, ja selbst der Zauber der zu einem Berliner Gastspiel eingetroffenen Sängerin Wilhelmine Schröder-Devrient; auch alle Klagen über schlechtes Wetter werden vergessen, weil »stundenlang ununterbrochen jener Bräutigam und jene Braut von alt und jung, von verheiratet und nicht verheiratet bekrittelt, bespottet und heruntergerissen werden«.

Varnhagen hat die Geschichte seiner Beziehung zu Marianne Saling ausführlich dargestellt. Daß er die Ereignisse aus seiner Sicht betrachtet, ist verständlich. »In Marianne lebten unterschieden gleichsam zwei Personen; die eine wahrhaft, großartig, klar, kindlich, bescheiden, einsichtsvoll; die andere scheinsam [durch den Schein blendend], kleinlich, verworren, stolz, eigensinnig und störrisch bis zum Wahn. In jener Gestalt war sie verehrungswürdig und hinreißend, der Ton ihrer Stimme drang in das innerste Herz, ihre Gesichtszüge verschönerten sich zu nochmaligem Jugendglanze. Hingegen sank dies alles, wenn sie in der anderen Gestalt erschien; ihre Sprache, ihr Gesicht, ihr ganzer Ausdruck war wie verfälscht, sie vernahm nichts, und schien lediglich einem augenblicklichen, besonderen launenhaften Willen zu folgen, der in den meisten Fällen ihr selbst dunkel sein mochte.«

Schon Varnhagens Antrag, dann die Übereinkunft, fortan gemeinsam zu leben, zu wohnen, wurde durch Mariannes wechselhaftes Befinden ein solches Hinundher, daß Varnhagen auf seinem Nachhauseweg oft nicht wußte, woran er war, nachts noch einen Brief schrieb, manches mal mehrere – und traf bei seinem nächsten Besuch verblüfft eine andere Marianne an, je nachdem.

Die damals Achtundvierzigjährige befragte Arzt und Beichtvater, ob eine Heirat empfehlenswert sei, denn sie wollte lediglich eine schwesterlich-freundschaftliche Beziehung, und schrieb dem ein Jahr älteren Varnhagen, »sie könne nicht zärtlich sein, ich solle auf ihre Zärtlichkeit verzichten; sie denke an vertraute Nähe wie an ein Greuel, eine Schändlichkeit ...«

So gab es »viel Bedenkliches und manches Unschöne« und wieder Klatsch und Gesprächsstoff in allen Salons, als die Verlobung gelöst wurde. »In unserer Trennung fehlte Maß und Ruhe.«

In den folgenden Jahren widmete sich Marianne Saling ganz der Wohltätigkeit. Zusammen mit anderen Damen der Berliner Gesellschaft gründete sie 1837 den »Frauenverein von St. Hedwig zur Pflege und Erziehung katholischer Waisenkinder«, eine nach den Cholera-Epidemien notwendige Einrichtung. Im August 1838 eröffnete sie eine Anstalt für zwölf Waisenkinder.

Am 12. Juni 1860 zeichnete Wilhelm Hensel sie erneut. Marianne Saling sieht nicht vierundsiebzigjährig aus auf dem von ihr signierten Blatt. Mit eigener Hand hat sie ihren Wahlspruch unter ihr Bildnis gesetzt: »Bei Armen bin ich reich, bei Kranken gesund geworden, bei Sterbenden habe ich leben gelernt.«

Lange Zeit war ihr Todesjahr nicht genau bekannt. Aber Cécile Lowenthal-Hensel hat es unlängst im Sterberegister gefunden: Helena Marianne Saling starb an Altersschwäche im Alter von 82 Jahren und zehn Monaten am 18. November 1868 und wurde am 21. November auf dem St.-Hedwigs-Kirchhof begraben, jenem frühen Begräbnisplatz in der Chausseestraße.

Die schöne Marianne. Einmal, als sie strahlend jung Unter den Linden am Königlichen Palais vorbeispazierte, hatte der Wachtposten sein Gewehr präsentiert und gerufen: »Tausendmal lieber vor Ihr als vor dem König von Preußen!«

Intermezzo

Zu dem bei Beerdigungen höheren Grades bis heute beliebten Chopinschen Trauermarsch sangen früher die Berliner Dienstmädchen diesen Text:

Ach wie kann der Mensch so dämlich sein,
legt sich in die kühle Erde rein,
mang die klapprigen Jebeene,
so janz, so janz alleene.

Berlinische Umschreibungen

– Ich gehe zum Grab meiner Frau: »Ick will meine Olle bejießen.«
– Der ist auch schon tot: »Den ham se ooch schon versteckt.«

Ein älterer Ehemann zu seiner Frau: »Wenn eener von uns beiden zuerst stirbt, zieh ick nach Potsdam.«

Zu einem, der sich den Kopf zerbricht, wie er am besten sein Testament machen soll, sagt seine Frau: »Erst sterb du man; det andere wird sich allens finden.«

Beim Umzug vergessen?

Wir gehen die Französische Straße entlang in Richtung Marx-Engels-Platz, in den sie unauffällig mündet. Über eine Brücke, schlicht Schleusenbrücke genannt; ein städtischer Steg, einen Blick länger wert. Vier Medaillons zeigen Schleuse und Stadt in früherer Zeit. Die beiden mittleren, 1650 und 1688, stammen von Kurt Schumacher, einem Bildhauer, der zur antifaschistischen Widerstandsgruppe Schulze-Boysen-Harnack, zur »Roten Kapelle« gehörte und 1942 hingerichtet wurde. Das sagt uns eine Tafel an der Brücke.

Vor uns: der Parkplatz und die Straße neben uns bis zum weiträumigen Vorplatz des Staatsratsgebäudes. Schumachers Medaillon zeigt diese Gegend, wie Memhardt sie 1652 auf einem Stadtplan festhielt. Es war der erste Berliner Stadtplan. Dort, wo wir stehengeblieben sind, stand eine Dominikanerkirche. Der erste Berliner Dom, der 1747 abgebrochen wurde.

Es hatte mit einem Dominikanerkloster angefangen, 1297; mit einer Kirche, die zum Dom erweitert wurde und einen Kirchhof bekam, auf dem sich vornehme Familien Erbbegräbnisse einrichten lassen konnten. Als dieser Friedhof 1716 eingeebnet und bebaut werden sollte, brachte man einige Grabsteine auf den Kirchhof der Parochialkirche in der Klosterstraße. Beim Abriß der Domkirche wurden aus ihren Grabgewölben etliche Herrscher und ihre Angehörigen in die Gruft des am Lustgarten neuerbauten Domes umgebettet. Jedoch drei Kurfürsten fehlen. Man hat sie offenbar beim Umzug vergessen, das kommt vor. Es handelt sich erstens um Johann Cicero (1455 bis 9. Jan. 1499), Kurfürst seit 1486 bis zu seinem Tode. Nun hängt vieles davon ab, welchem Geschichtsschreiber einer in die Hände fällt; so war das immer: Jene, die das Brot essen, singen das Lied. Johann Ciceros Dasein aber berührte das

Trinken in Berlin und Umgebung. Er zapfte dem Volk eine Biersteuer ab, unklug; es gibt unauffälligere Abgaben und Abnahmen. »All' Ding ein Weil« war sein Wahlspruch. Jeder Hohenzollernherrscher hatte einen.

Johann Cicero starb auf dem Elbeschloß Arneburg in der Altmark und wurde zunächst in der Fürstengruft des Klosters Lehnin beigesetzt. Als erster Hohenzoller, der in der Mark Brandenburg unter die Erde kam. Das Grabmal aus gegossenem Messing, von seinem Sohn in Nürnberg bei Peter Vischer bestellt, kam dann ins kurfürstliche Erbbegräbnis in die erwähnte erste Domkirche. Von dort zog das kostbare Grabmal mit um zum Dom am Lustgarten. Ciceros sterbliche Reste nicht.

Warum hieß der Mann Cicero? Das wundert mich seit meiner Schulzeit. Glich er dem brillanten Redner im alten Rom? Die einen sagen, er war ähnlich beredt. Andere behaupten, der zeitgenössisch-modische Beiname sei höhnisch nachgetragen, weil Johann überhaupt nicht gute Ansprachen halten konnte. Doch mit einer durch knapp sechzig Jahre gewürzten Zuhörererfahrung sage ich, daß es so eine Sache ist mit den Zungenfertigen.

Der Nachfolger kam mit fünfzehn Jahren an die Macht. Joachim I. (21. Feb. 1484 bis 1535), Kurfürst seit 1499. Er stand geistig weit über seinen Adligen, sprach Latein, Französisch und Italienisch. Joachim gründete die Universität Frankfurt an der Oder, die nicht seinen Namen erhielt und unter ihren ersten Studenten einen Ulrich von Hutten und Thomas Müntzer registrierte. Joachim war ein gebildeter Mann, ein Mäzen; er ließ sich von Cranach malen, las Berichte vom Stand der Reformationsbewegung, die er ablehnte, und hörte die Auslandsnachrichten vom Bauernkrieg. Seine dem lutherischen Glauben zugeneigte Gattin Elisabeth, eine dänische Königstochter, reiste deshalb 1528 nach Sachsen aus, heimlich über die Grenze, während er durch eine Liebschaft mit der verheirateten Berliner Bürgersfrau Katharina Hornung beschäftigt war, nicht ganz im Sinne seiner eigenen Polizeiordnung der Städte, wo es heißt, daß Rat, Richter und Schöffen »mit Ernst darauf sehen« sollen, daß die »öffentliche Sünde und Schande des Ehebruchs und Untugend unterbleiben möge«. Joachims Wahlspruch: »Durch Gericht und Gerechtigkeit«.

Unser Lächeln verschwindet. Ein Kesselflicker, christlich, hatte aus einer brandenburgischen Dorfkirche eine vergoldete Monstranz und zwei geweihte Hostien entwendet. Diesen Vorfall nutzte die Geistlichkeit, um den Kurfürsten gegen die jüdische Bevölkerung aufzubringen. Der Dieb hatte unter der Folter zugegeben, Juden die Hostien ausgehändigt zu haben. Über hundert Juden wurden daraufhin verhaftet, und einige gestanden unter Folterqualen, sie hätten christliche Kinder umgebracht. Am 19. Juli 1510 wurden auf dem Neuen Markt über dreißig brandenburgische Juden öffentlich verurteilt. Möglich, daß unser Berliner Spaziergänger nachher dort entlanggeht. Es ist die von Rosenbeeten, Wasserspielen und Ruhestühlen zum Schmuckstück hervorgehobene Fläche vor der Marienkirche. Einigen Berichten zufolge seien die Verurteilten dort verbrannt worden; nach anderen geschah es auf dem Galgenberg, nordwestlich vom Strausberger Platz.

Das Gerüst war drei Stockwerke hoch. »Man hatte die Unglücklichen so gefesselt, daß die oberste Reihe hinab-, die der untersten hinaufschauen mußten, um die Todesqual durch gegenseitigen Anblick zu erhöhen.« Das kleine Auschwitz. Alle übrigen Juden wurden auf »ewige Zeit« aus der Mark Brandenburg verbannt.

Wer nicht das richtige Geschichtsbuch liest, wird erfahren, daß Joachim I. mit den Raubrittern aufräumte. Aber Mehring nannte es bloß »eine patriotische Mär, daß Joachim den Junkern den Daumen aufs Auge gedrückt haben soll. Er hat einige adlige Wegelagerer aufknüpfen lassen, natürlich zum Kummer ihrer Klasse, die deshalb jedoch nicht daran dachte, dem Kurfürsten ernsthafte Fehde anzusagen. Daß die Junker ihm an die Tür geschrieben haben: ›Joachimken, Joachimken, hüte dy, wo wi dy kriegen, hangen wy dy‹, ist auch nur ein Erzählchen ...«

Mehring wußte: »Es ging ähnlich wie unter dem ersten Kurfürsten. Ein paar armselige Krippenreiter mußten dran glauben, aber der Adel als Klasse gewann unter Joachim die eigentliche Stellung.«

Ähnlich ging der nächste Joachim mit den Städten um. Ihr Rat galt als landesherrliche Behörde, der die Gemeinde unbedingten Gehorsam schuldete.

Joachim II. (1505 bis 1571), Kurfürst seit 1535. Er baute die Stadt zur Residenz aus, führte die Reformation in der Mark Brandenburg ein, gründete ein Hoforchester und ließ Juden zurückkehren, wofür sie ihm 42 000 Taler zahlen mußten, abgesehen vom jährlichen Schutzgeld. »Allen wohlzutun ist Fürstenart« lautete der Wahlspruch von Joachim II. Hektor. – Michael Kohlhaas war sein Untertan.

So viel auf einmal. Wir schauen auf den von der vergangenen Zeit geglätteten Geschichtsboden unter unseren Füßen, unter dem drei Kurfürsten ruhen oder verschwunden sind.

Schleusenbrücke. Warum sind die beiden Medaillons des hingerichteten Kurt Schumacher noch zu sehen? Die Mörder mordeten stets die Werke mit und haben fast alle Arbeiten von Schumacher vernichtet. Die Medaillons haben sie übersehen. Sie dachten nicht, daß der hochbegabte Schüler des von ihnen aus der Preußischen Akademie der Künste vertriebenen Ludwig Gies an diesem Brükkengeländer überlebt.

Nicht ausgelöscht

... es wird weitergearbeitet,
denn der Geist setzt sich
doch durch.

*Auf der letzten Seite
der letzten »Weltbühne«
vom 7. März 1933*

Carl von Ossietzky starb am 4. Mai 1938 im Krankenhaus Nordend. Der Friedensnobelpreisträger, der tapfere Pazifist und Antimilitarist, der Chefredakteur der legendären »Weltbühne« lag seit Dezember 1936 unter Aufsicht der Gestapo in einem kleinen Raum zu ebener Erde im Gartenhaus einer Privatklinik, die Sanitätsrat Dr. Wilhelm Dosquet in Pankow-Niederschönhausen, Mittelstraße 6/7 unterhielt.

Maud von Ossietzky wünschte eine Totenmaske. Sie erzählt in ihren Erinnerungen, daß der Arzt, der die Gestapo noch nicht benachrichtigt hatte, einen ihm bekannten Bildhauer zu gewinnen suchte. »Noch in der Nacht traf der Bildhauer ein, nahm die Totenmaske ab, es mußte ganz geheim geschehen.« Niemand außer dem Arzt und dem Pfleger Meinicke wußte davon.

Am frühen Morgen des 5. Mai 1938 teilte der Arzt der Gestapo den Tod Ossietzkys mit. Die Geheime Staatspolizei »verbot, daß auch nur ein Wort über Carls Tod gesprochen wurde. Auch durfte der Tag der Einäscherung nicht bekanntgegeben werden.

Eine Totenfeier durfte nicht stattfinden. In der Kapelle des Krematoriums in der Gerichtsstraße fanden sich nur der Arzt, dessen Frau, dessen Mutter und ich ein, begleitet von drei Beamten der Gestapo. Es war ein stummer Abschied. Kein Redner sprach, kein Freund rief dem Toten ein Wort des Gedenkens nach, nur eine leise Musik hatte die Gestapo erlaubt. Unter den Klängen von ›Aase's Tod‹ versank der Sarg.«

Die Urnenbeisetzung verlief ähnlich geheim. Es durfte kein letztes Wort für Carl von Ossietzky geben. »Die Gestapobeamten standen neben mir«, schreibt seine Frau, »als die Urne an einer Mauer in die Erde gesenkt wurde.« Die Gestapo erlaubte auch keine Tafel und keinen Stein. Maud von Ossietzky mußte zwangsweise wieder ihren Mädchennahmen annehmen.

Längst tragen in Berlin-Pankow eine Straße, ein Platz und eine Schule Carl von Ossietzkys Namen. Sein Grab an der Mauer auf dem kleinen städtischen Friedhof in der Buchholzer Straße bekam nach 1945 eine Tafel mit der Inschrift »Frieden für immer«.

Ein Bronzeabguß der Totenmaske war in der Ausstellung zu sehen, die im Dezember 1984 in der Deutschen Staatsbibliothek Unter den Linden zu Ehren des 95. Geburtstages von Ossietzky gezeigt wurde. Wer der furchtlose Bildhauer gewesen ist, blieb bis heute unbekannt.

Herbert-Baum-Straße 45

Zu den in Berlin allmählich bekannt gewordenen Sehenswürdigkeiten gehört der Jüdische Friedhof im Stadtbezirk Weißensee. Er gilt mit seinen annähernd 115000 Grabstellen als einer der größten Europas und ist als Denkmal der Kulturgeschichte anerkannt und geschützt.

Seit seiner Einweihung am 9. September 1880 ist über ein Jahrhundert vergangen. Der Begräbnisplatz lag bei seiner Gründung weit außerhalb der Stadt, so wie einst sein Vorgänger, der Friedhof an der Schönhauser Allee, 1827 außerhalb der Stadtgrenze angelegt worden war, und dessen Vorgänger in der Großen Hamburger Straße lag ebenfalls vor den Toren der Stadt.

Weißensee. Wer hier durch das Tor geht, ahnt wohl nicht, was für ein Stück Berliner Leben vor ihm ausgebreitet liegt. Was wissen die meisten Einwohner davon?

Wenige Schritte bis zu einer Gedenkstätte für die sechs Millionen Opfer. Ein Rondell mit Bäumen und einer Hecke, unterbrochen durch kreisförmig angeordnete Steine, die nur die Namen der großen Konzentrationslager tragen.

Unser Weg führt rechts an der Trauerhalle und den anderen Gebäuden vorbei zur Ehrenreihe. Hier und in zwei weiteren Ehrenreihen liegen Persönlichkeiten, die sich um die Gemeinde, das Judentum oder um Wissenschaft und Kultur verdient gemacht haben. Der Schriftsteller Karl Emil Franzos (1848–1904), der Maler Lesser Ury (1861–1931), Max Hirsch (1832–1905), der die Hirsch-Dunckerschen Gewerkvereine gründete, viele Rabbiner, Kantoren und Gelehrte. Nicht weit entfernt liegt der Physiker Herrmann Aron, dem wir den ersten praktisch brauchbaren Elektrizitätszähler verdanken.

Der Komponist und Chordirigent Louis Lewandowski (1821 bis

1894) wanderte als mittelloser Junge aus seinem Geburtsort Wreschen nach Berlin ein, wo ihn Alexander Mendelssohn förderte, ein Enkel des Herrn Moses. Lewandowski war der erste Jude, den die Akademie der Künste als Schüler annahm – nach einer zweitägigen Aufnahmeprüfung. Der junge Lewandowski mußte in der Klausur zwei Chöre geistlicher Richtung komponieren, ein von einem anderen angefangenes Streichquartett vollenden und ein für Pianoforte komponiertes Stück für großes Orchester bearbeiten. – Während ich diese Zeilen aus seiner Biographie abschreibe, fällt mir ein, daß ich nicht weiß, was heute von einem ähnlich hochbegabten Bewerber verlangt wird.

»Liebe macht das Lied unsterblich« steht auf dem Grabstein von Louis Lewandowski, der die Einweihung des Friedhofs musikalisch leitete. Als erster wurde kein Berühmter begraben, sondern am 22. September 1880 Louis Grünbaum, ein Bewohner des Altenheimes in der Großen Hamburger Straße. Wir finden sein Grab genau hinter dem Stein des in der Ehrenreihe beigesetzten Landesrabbiners Dr. h. c. Martin Riesenburger (1896–1965). Er war 1933 Prediger im Altenheim und seit 1943 auf diesem Friedhof tätig. Was Riesenburger in der Schreckenszeit erlebt hat, steht in seinem Büchlein »Das Licht verlöschte nicht« von 1960/1982.

In Weißensee sind Philosophen begraben, Sprachwissenschaftler, berühmte Juristen und Architekten, Historiker und Religionslehrer, der Asiatologe Huth, der Verleger S. Fischer, der Philosoph Herrmann Cohen, die Schriftsteller Gustav Karpeles und Bin Gorion (»Der Born Judas«).

Niemand aus der Ehrenreihe wurde in Berlin geboren. Sie kamen aus Polen, Ungarn, Schlesien, Mähren, Galizien und der Ukraine, aber auch aus Baden und Bayern, Riga und Magdeburg, Gröbzig und Halberstadt, Coswig und Zwickau. Zu ihren Lebzeiten entwikkelte sich die preußische Residenz zur Weltstadt. Im widerspruchsvollen Berlin sind diese Menschen durch ihre Leistungen zu Persönlichkeiten geworden. Um wieviel ärmer wäre ohne sie das Ansehen dieser Stadt.

Hier liegen Ärzte, schon zu Lebzeiten von Dank umgeben: Albert Fraenkel (1848–1916), einer der großen Bakteriologen und Entdekker eines Erregers der Lungenentzündung. Julius Wolff (1836 bis 1902), der Mitbegründer der wissenschaftlichen Orthopädie; Julius Hirschberg (1843–1925), der als erster den Elektromagneten zur Entfernung metallner Fremdkörper aus dem Auge nutzte und ein neunbändiges »Handbuch der gesamten Augenheilkunde« schrieb; er kannte außer den klassischen Sprachen das Arabische so gut, daß er die Werke der arabischen Mediziner benutzen konnte. Adolf Baginsky (1843–1918) liegt hier, der Begründer der modernen Kinderheilkunde. Auf seinem Grabstein lesen wir den Vers »Auf den Mund von Kindern hast du deine Macht gegründet«. Baginsky ist die Einführung von Schulärzten, Säuglingsasylen und die systematische Jugendfürsorge zu verdanken. Nicht zu vergessen der Ehrenbürger der Stadt Berlin, Ferdinand Straßmann (1838–1931), Gynäkologe und Stadtmedizinalrat und mit Wolfgang Straßmann (1821–1885), dem Arzt und Landtagsabgeordneten, Begründer einer großen Ärzte- und Gelehrtendynastie, durch die Straßmannstraße im Friedrichshain geehrt.

Der Lageplan des Friedhofs zeigt, daß das Gelände streng geometrisch in Rechtecke, in trapezförmige und dreieckige Teilflächen gegliedert ist. Einige Hauptwege sind wie Alleen bepflanzt. Wir finden Spitzahorn, Winterlinde und Traubeneiche, Pappel, Birke und Weide. Die Ulmen sind wie überall weggestorben. Viel Gehölz ist wegen unzureichender Pflege in den letzten fünfzig Jahren wild gewachsen; viele Arbeiten mußten zwangsläufig vernachlässigt oder aufgeschoben werden. Als jüngste Maßnahme des Stadtgartenamts sind das Urnenfeld für die KZ-Opfer und das Ehrenfeld für die im ersten Weltkrieg gefallenen jüdischen Soldaten restauriert worden. Dieses Ehrenfeld aus dem Jahre 1927 wird von zeitgenössischen Stadtführern »sehenswerter Ehrenfriedhof« genannt und gilt unter den zahlreichen Berliner Grabanlagen für Tote des ersten Weltkriegs als besonders eindrucksstark und künstlerisch hervorragend. Dahinter finden wir eine Gedenktafel für neun russische Kriegsgefangene und das Grab von Michail Bodjan, einem sowjetischen Soldaten, der kurz nach der Befreiung Berlins am 13. Mai 1945 verstarb und hier begraben liegt. »An einem Ehrenplatz«, wie Martin Riesenburger schreibt, der den Achtundzwanzigjährigen beerdigte.

Ein jüdischer Friedhof soll die »ewige Ruhe« der Beigesetzten garantieren. Das ist ein wesentlicher Unterschied zu anderen Friedhöfen, auf denen Liegefristen und Exhumierungen wiederholte Beisetzungen ermöglichen. Der Friedhof in Weißensee bietet ein anschauliches Beispiel dafür, wie die zunehmende Liberalisierung und der Einfluß christlicher Friedhofskunst den auf älteren jüdischen Friedhöfen schwer erkennbaren Unterschied zwischen arm und reich verwischten. Prunkvolle Erbbegräbnisse wurden Mode.

Dem kostspieligsten Protzmausoleum weit und breit begegnet der Besucher an der Ecke D2/C 2. Sigmund Aschrott war Königlich Preußischer Geheimer Kommerzienrat und beauftragte mit dem Bau des Grabmals einen bedeutenden Denkmalskünstler: Bruno Schmitz, den Erbauer des Leipziger Völkerschlachtdenkmals, vom Volksmund »Nietenpyramide« genannt wegen der Finanzierung durch eine Lotterie. Die Ironie der Geschichte verlangt einen Zusatz: Ein Jahr nach Aschrott starb 1916 Bruno Schmitz. Der Mann, der sein Lebtag so viele Grabdenkmale geschaffen hatte, ließ seine Asche in den Rhein streuen.

Das Mausoleum Aschrotts wurde im zweiten Weltkrieg schwer getroffen und ist heute durch Balken vor dem Einsturz gesichert. Insgesamt hat der Bombenkrieg nahezu 4000 Gräber beschädigt oder völlig zerstört.

Während der faschistischen Zeit wurde in der Abteilung 7 ein Feld eingerichtet, in dem die Aschen von über 800 in den Konzentrationslagern ermordeten Juden beigesetzt sind. Auf anderen Grabsteinen findet man die Namen solcher Angehörigen erwähnt, zum Beispiel in der Ehrenreihe auf dem Grabstein des Großrabbiners Simon Bernfeld (1860–1940). Sein Sohn Immanuel wurde 1941 im Konzentrationslager Mauthausen ermordet. Seine Asche ist im Grab der Eltern beigesetzt.

»Viele ungepflegte Hügel«, schreibt Riesenburger, »künden heute der Nachwelt, daß von diesen Menschen kein Angehöriger mehr am Leben ist.« Allein in den Jahren 1941 bis 1943 hatte der Prediger mit wenigen Helfern 1207 Verstorbene zu begraben, die den Freitod den entsetzlichen seelischen Qualen, Folterungen und der Deportation vorzogen. »An vielen dieser offenen Gräber habe ich gesprochen, auch geweint und viel nachgedacht.«

Herbert Baum

Sein Grab befindet sich auf einem Ehrenplatz. Die Inschrift lautet: »Er war ein vorbildlicher Kämpfer gegen Krieg und Faschismus«.

Herbert Baum (1912–1942) war der Sohn eines Buchhalters und besuchte bis 1928 eine Berliner Realschule. Dann erlernte er bei einem Handwerksmeister den Beruf eines Elektrikers, konnte sich aber nicht weiterbilden, weil er wegen seiner jüdischen Herkunft von Abendkursen für Elektroingenieure ausgeschlossen wurde.

Herbert Baum und Marianne, seine spätere Frau, waren Mitglied der »Deutsch-Jüdischen Jugendgemeinschaft«. Später leitete er im »Bund Deutsch-Jüdischer Jugend« Kindergruppen an. Mit neunzehn Jahren war Baum Mitglied des Kommunistischen Jugendverbandes (KJVD) geworden.

DEN
ANGEHÖRIGEN DER GRUPPE
HERBERT BAUM
HINGERICHTET IN DEN JAHREN 1942/43
MARIANNE BAUM 30 JAHRE
MARTIN KOCHMANN 30
SALA KOCHMANN 30
GERD MEYER 22
HANNI MEYER 22
SUZANNE WESSE 29
IRENE WALTER 22
HEINZ BIRNBAUM 23
HEINZ ROTHOLZ 21
HELLA HIRSCH 22
ALICE HIRSCH 19
EDITH FRAENKEL 21
FELIX HEYMANN 26
WERNER STEINBRINK 26
HILDE JADAMOWITZ 26
HANS ADLER 30
HANS JOACHIM 21
MARIANNE JOACHIM 21
SIEGI ROTHOLZ 21
LOTTE ROTHOLZ 20
LOTHAR SALINGER 23
HILDE LÖWY 20
HERBERT BUDZISLAWSKY 22
HELMUT NEUMANN 21
HARDEL HEYMANN 31
KURT BERNHARD 40
HERBERT MEYER 32
SIE SIND IM KAMPFE FÜR FRIEDEN
UND FREIHEIT GEFALLEN

Als Mitglieder der illegalen Leitung des Unterbezirks Südost des Kommunistischen Jugendverbandes wirkten Herbert und Marianne Baum seit 1935/36 in verschiedenen jüdischen Jugendorganisationen. Es gelang ihnen, eine antifaschistische Widerstandsgruppe zu gründen, der neben weiteren Jungkommunisten eine beträchtliche Anzahl junger Juden angehörte. Als das Ehepaar seit 1941 in der sogenannten »Jugendabteilung« eines Rüstungsbetriebes arbeiten mußte, konnte es weitere junge jüdische Zwangsarbeiter für den Widerstand gewinnen.

Mit dem Namen Herbert Baum ist ein Stück Berliner antifaschistischer Widerstandskampf verbunden, das seinen Höhepunkt im Lustgarten fand. Auf den Tag genau drei Jahre, bevor Nazideutschland kapitulieren mußte, am 8. Mai 1942 war im Lustgarten eine antisowjetische Ausstellung eröffnet worden. Zehn Tage später legte Baums Widerstandsgruppe in der Ausstellung »Das Sowjetparadies« einen Brand.

Schon vier Tage darauf wurden das Ehepaar und weitere Mitglieder der Gruppe verhaftet. Herbert Baum ermordete man im Untersuchungsgefängnis. Seine Frau und 26 Angehörige der Gruppe wurden hingerichtet. »Sie sind im Kampfe für Frieden und Freiheit gefallen« steht auf der Rückseite ihres Gedenksteins auf dem Friedhof zu lesen. Eine Namensliste, die durch ihre Altersangaben besonders erschüttert. Die meisten waren zwischen 19 und 23 Jahren alt.

Wenig bekannt ist, daß zur weiteren Vergeltung für den Anschlag, an dem fünf Juden aktiv beteiligt waren, sofort 500 Juden festgenommen wurden. SS-Obersturmbannführer Eichmann teilte Vertretern der »Reichsvereinigung der Juden« am 30. Mai mit, daß »davon 250 erschossen und 250 in ein Lager abgeführt worden sind, daß weitere Maßnahmen dieser Art zu erwarten sind, falls noch einmal ein Sabotageakt vorkommen sollte, an dem Juden beteiligt sind«.

1949 gelang es, auf dem Friedhof in Marzahn das Grab von Herbert Baum zu finden. Die Leiche wurde am 8. September 1949 exhumiert und in Weißensee beigesetzt, und die zum Friedhof führende Lothringenstraße wurde in Herbert-Baum-Straße umbenannt.

Eine Grabinschrift

Begrabe dein eigenes Leben
In anderer Herz hinein,
So wirst du, ob auch ein Toter,
ein ewig Lebender sein!

Eugen Goldstein

Am Weihnachtstage des Jahres 1930 starb in Berlin Eugen Goldstein, einer der hervorragendsten Physiker seiner Zeit. Er war ein Schüler von Helmholtz; der übergab 1886 der Akademie die bedeutende Arbeit Goldsteins »Über eine noch nicht untersuchte Strahlungsform an der Kathode induzierter Entladungen«.

Eugen Goldstein starb zu einer Zeit, in der es persönlich gehaltene Nachrufe gab für seinesgleichen in der Tagespresse. Woher sollten wir sonst wissen, daß er im Privatleben »ein außerordentlich unterhaltender Plauderer« gewesen ist und ein heimlicher Schriftsteller. Er kannte Julius Stettenheim, den Satiriker und großen Feuilletonmenschen, und hat für dessen Blatt oft Beiträge geliefert, »ohne daß jemand in dem berühmten Physiker den Urheber so manchen Scherzes vermutet hätte«. Eugen Goldstein, heißt es in der »Vossischen Zeitung«, war »in seinem Wesen wie in seiner Erscheinung der Typus des bescheidenen, der Öffentlichkeit verborgenen und nur seiner Arbeit lebenden Professors mit Schlapphut und dem unvermeidlichen Regenschirm ...«

Goldstein hat durch zwei bahnbrechende Entdeckungen das moderne physikalische Weltbild entscheidend bestimmt, steht im Nachruf des »Berliner Tageblatts«. »Er ist der Entdecker der ›Kanalstrahlen‹ und des sogenannten zweiten Heliumspektrums.« Wenn ich wüßte, was das ist, würde ich gern mehr dazu sagen. Da die Allgemeinbildung gerade heute ihren höchsten Stand erreicht hat, sei auf Goldsteins wichtigen Beitrag zu den Grundlagen für die spätere Entwicklung der Atom- und Kernphysik hingewiesen. Die Ablenkung der von ihm entdeckten Kanalstrahlen in elektrischen und magnetischen Feldern führte zur Entdeckung der Isotope und zur Entwicklung der Massenspektrometer. Die elektrische Ablenkung der Kathodenstrahlen ermöglicht, daß auf dem Bildschirm ein Fernsehbild entsteht. Nun weiß jeder, was er Goldstein verdankt, der auch die Bezeichnung »Kathode« prägte.

Goldstein selber hatte Erbarmen mit jenen, die in Physik und Mathematik zurückgeblieben oder besonders neugierig waren. Als 1888 die Berliner populärwissenschaftliche Vereinigung »Urania« wirksam wurde, richtete Eugen Goldstein dort ein Physikalisches Kabinett ein, das dem interessierten Laien Gelegenheit zum Selbstexperimentieren gab. (Das wurde nie auf sämtliche an der Oberschule gelehrte Fächer ausgedehnt.)

Eugen Goldstein hat seine Entdeckungen mit den allerbescheidensten Mitteln gemacht und sich 1898 in seiner Wohnung ein privates Labor eingerichtet, wo er, von »nur einem Laboranten unterstützt«, bis 1927 unermüdlich experimentierte. Ohne staatliche Mittel, den knappen Etat aus eigener Tasche vergrößernd. Vielleicht hat er sich deshalb durch die erheiternden Beiträge finanziert.

»Berliner Tageblatt«

Wer heutzutage als Fußballzuschauer im Jahn-Sportpark sitzt, weiß gewiß nicht, daß unter seinen Füßen einst die Rudolf-Mosse-Straße lag. Unbebaut zwar und nach 1918 auf Stadtplänen zu finden. Es gab noch eine zweite nach diesem Mann benannte Straße in Berlin. Dort stand das von ihm gestiftete Waisenhaus, in dem hundert Kinder ungeachtet ihres Glaubens erzogen wurden. Diese Straße haben die Nazis umbenannt.

Rudolf Mosse (1843–1920), der sich ein gewichtiges und doch leicht zerstörbares Erbbegräbnis anlegen ließ, begann als Anzeigenwerber. Mit 24 Jahren eröffnete er die »Annoncen-Expedition Rudolf Mosse«, damals die erste Einrichtung dieser Art; etwas ganz Neues, dessen Erfolg es ihm ermöglichte, eine eigene Zeitung zu gründen. Mosse ist einer der ersten »rein kapitalistischen Verleger, deren Gründungen nicht von einer politischen Überzeugung oder verlegerischen Absicht, sondern ausschließlich vom nüchternen kaufmännischen Profitinteresse bestimmt waren«, schreibt Annemarie Lange.

Ab 1. Januar 1872 erschien sein »Berliner Tageblatt«, eine bürgerlich-liberale Zeitung von hohem journalistischem Niveau. Der einflußreiche Wirtschaftsteil, das von namhaften Autoren gelieferte Feuilleton und der speziell auf die Hauptstadt des soeben – 1871 – gegründeten Deutschen Reiches bezogene Charakter machten das »Berliner Tageblatt« zu einer angesehenen Zeitung, die sehr bald dreizehnmal wöchentlich erschien. Mancher Mitarbeiter des »Berliner Tageblatts« liegt auf diesem Friedhof begraben.

Mosse besaß außerdem eine vielseitige Verlagsbuchhandlung, druckte die gewinnbringenden Adreß- und Telefonbücher, viele Fachzeitschriften und vertrieb den »Rudolf-Mosse-Code« für den internationalen telegrafischen Handelsverkehr. 1889 übernahm der Verlag die »Berliner Morgenzeitung«, später die »Berliner Volks-Zeitung« (1904) und das »8-Uhr-Abendblatt«. Das Mosse-Haus im Berliner Zeitungsviertel war eine architektonische Sehenswürdigkeit.

Seit 1906 leitete Theodor Wolff das »Berliner Tageblatt«, eine nun linksbürgerliche Zeitung, über die der deutsche Kronprinz während des ersten Weltkriegs die Bemerkung verbreiten ließ, »die kann man ja nur mit der Feuerzange anfassen«. Unter Hitler gab's kurzen Prozeß: Bald nach seiner Machtergreifung wurde der Mosse-Verlag enteignet.

Nur wenige Schritte von seinem Verleger entfernt liegt Siegmund Haber (1835–1895), der Schriftsteller und Humorist, der 1870 als Geschäftsreisender nach Berlin kam und von Mosse bei der Gründung des »Berliner Tageblatts« für die humoristische Donnerstagsbeilage »Ulk« engagiert wurde. Das daraus entstandene politisch-satirische, lokalhumorvolle Berliner Witzblatt ist Habers Schöpfung. Er lieferte als Chefredakteur den Textteil zumeist selbst und fing die Atmosphäre des zur Weltstadt wachsenden Berlin ein, verwendete wie einst Glaßbrenner die Volkssprache literarisch und schuf populäre Figuren, den Eckensteher Nunne und die Konfektionsmamsell Paula Erbswurst. Haber veröffentlichte neun Bücher und war nach seinem Tode schnell vergessen. »Ulk« bestand weiter und erschien 1919 zeitweise unter der Leitung von Kurt Tucholsky, dessen Vater Alex hier in der Nähe begraben liegt. Als das Erbbegräbnis 1905 eingerichtet wurde, ahnte niemand, daß Doris Tucholsky, die Mutter, in Weißensee nur ein Symbolgrab finden

würde. 1943 wurde die Vierundsiebzigjährige nach Theresienstadt deportiert.

Im gleichen Jahr bemächtigte sich die Gestapo in Frankreich des emigrierten ehemaligen Chefredakteurs des »Berliner Tageblatts«. Theodor Wolff hatte, ehe er Chefredakteur wurde, seiner Zeitung zwölf Jahre als Pariser Korrespondent gedient und dort gemeinsam mit Zola und Anatole France für die Rehabilitierung des unschuldigen Dreyfus gekämpft. Theodor Wolff, dessen mit T. W. gezeichnete Leitartikel international geachtet wurden, ist einer der ganz großen Journalisten der Weimarer Zeit. Am Tage nach der Machtergreifung Hitlers schrieb er einen Leitartikel (»Es ist erreicht«) gegen die neue Diktatur und hoffte auf den Widerstand, der im Volk erwachsen würde. In der Nacht des Reichstagsbrandes gelang ihm die Flucht. Im Mai 1933 brannten Wolffs Schriften auf dem Scheiterhaufen mit der Begründung: »Gegen volksfremden Journalismus demokratisch-jüdischer Prägung ...« –

Wolff hat Romane geschrieben und Theaterstücke, die Max Reinhardt in Berlin erfolgreich aufführte. Seine publizistischen Bücher, darunter im Exil veröffentlicht »Der Krieg des Pontius Pilatus«, verdienen auch als hervorragende Sprachkunstwerke Beachtung. Als Mitglied des Vereins Freie Bühne trug Wolff entscheidend dazu bei, daß sich der Naturalismus mit Ibsen, Strindberg und Hauptmann in Deutschland durchsetzte. Auch als liberaler Politiker hat er seine Verdienste.

1943 wurde Theodor Wolff in Nizza verhaftet und der Gestapo übergeben, die den Fünfundsiebzigjährigen monatelang durch Gefängnisse und Konzentrationslager bis nach Sachsenhausen schleppte. Von dort kam der Mann, der »fast 27 Jahre lang so etwas wie eine hauptstädtische Institution gewesen war« (Wolfram Köhler), sterbend wieder nach Berlin, wo er im Jüdischen Krankenhaus verschied. Er liegt am Wegrand zwischen den Feldern A 1/D 1 begraben.

Eine Grabinschrift:

Was wir bergen in den Särgen,
es gehört der Zeit.
Was wir lieben ist geblieben,
bleibt in Ewigkeit.

Isidor Kastan

Am Mittag des 20. Oktober 1889 kam es im Berliner Lessingtheater zu einem Skandal, als der Verein Freie Bühne das erste Drama des unbekannten Gerhart Hauptmann uraufführte. »Vor Sonnenaufgang«, dessen Buchausgabe schon vorher erschienen war. Die Unruhe, die das naturalistische Stück auslöste, erreichte im fünften Akt ihren Höhepunkt. Als auf der Bühne nach einer Hebamme gerufen wurde, holte im Parkett ein Herr eine mitgebrachte Geburtszange heraus und schwenkte sie über seinem Kopf. Auf die Bühne geworfen – wie Anekdoten behaupten – hat er sie nicht. »Rasender Tumult erhob sich«, berichten Augenzeugen.

Der Mann, der aus seiner früheren Tätigkeit als Mediziner solches Gerät besaß, war Dr. Isidor Kastan (1840–1931). Ein Redakteur des »Berliner Tageblatts«, dessen Innenpolitik er später leitete. Sein Chefredakteur Theodor Wolff, obwohl er zu den Mitbegründern des Vereins Freie Bühne gehörte, hat ihn nämlich wegen der Zange nicht hinausgeworfen. Aber der Verein schloß sein Mitglied aus. Kastan klagte, und der Verein mußte ihn laut Gerichtsbeschluß wieder aufnehmen. Nun gab Kastan von sich aus die Mitgliedschaft zurück. Als man ihm daraufhin seinen Eintrittsbeitrag zurückzahlen wollte, bat Kastan, man möge das Geld einem Verein zur Besserung von Gewohnheitstrinkern überweisen – und spielte damit auf den Inhalt des Dramas an.

Ein Querulant? Auf der Journalistentribüne im Parlament küm-

Isidor Kastan

merte ihn nicht, daß der Presse kein Zwischenruf erlaubt war, sondern er bekämpfte Bismarck sofort und dann in der nächsten Ausgabe. Isidor Kastan, »dieser ausgezeichnete Journalist, Naturwissenschaftler, Kupferstichsammler, Bibliophile von Passion und umfassender Kenntnis, dieser Mann mit den oft jähen Ausdruck der Ungerechtigkeit, war von tiefstem Gerechtigkeitswillen voll. Man brauchte an der Kruste seiner Scheinhärte nur leise zu klopfen, und man empfing Antwort von einer allergütigsten Seele.« Das steht in dem Nachruf seiner Zeitung für den Einundneunzigjährigen, der sich, fast erblindet, noch manchmal in die Redaktion führen ließ, dort ein bißchen herumschimpfte, alle mit seinem phänomenalen Gedächtnis verblüffte und öfter laut sagte, was er als letzten Satz über das Leben in sein Testament geschrieben hatte: »Es hat sich nicht gelohnt.«

Kein Zufall, daß Kastans Kollege Kerr damals als letzten Seufzer in ein Epigramm setzte: »Es ... hat ... gelohnt!« Es hat gelohnt. Da sind zwei Bücher, die Kastan als Kenner der Hauptstadt geschrieben hat. Seine Erinnerungen »Berlin wie es war« (1919) und »Kastans Panoptikum« (1924), dessen Titel an das damals weit über Berlin hinaus bekannte Wachsfigurenkabinett von F. Castan erinnern sollte.

Wir finden Kastans Grab als erstes der Reihe 2 von A 1 (die Ehrenreihe wird nicht gezählt) gegenüber von Feld D 1.

Konnte man ihm zeitlebens jenen Theatermittag vorhalten? Wie stark die Erinnerung daran noch 42 Jahre später war und wie feinfühlig man schreiben kann, zeigt der Nachruf seines Redaktionskollegen Engel. Als Kastan spürte, daß Hauptmann keine vorübergehende Erscheinung war, »vergrub er das Kriegsbeil, das er in veränderter Gestalt in jener Aufführung geschwungen hatte, und es kam zu einem Dauerfrieden«.

Dieser Nachruf ist das einzige Stück Biographie, das wir über Kastan besitzen. Ganz abgesehen davon, daß solche Worte kaum noch in Tageblättern erscheinen. Es hat sich gelohnt, Kastan kennenzulernen. Ja, es hat gelohnt, seinen Nachruf zu suchen, denn dort am Ende steht ein Zitat, ein übermittelnswerter Satz, den mancher richtig verstehen wird. Der damals schon lange vergessene Berliner Universitätsprofessor Karl Werder hat einmal gesagt: »Das Schönste, was ein Mensch hinterlassen kann, ist, daß man lächelt, wenn man sich seiner erinnert.«

Der Schluß

Nach wenig Gutem, vielem Bösen
Beginnt ein Mensch sich aufzulösen.
Die Agonie ist nicht bequem.
Der Atem rasselt ungewohnt.
Der Hirnrest haucht trotzalledem:
»ES ... HAT ... GELOHNT«

Alfred Kerr, 1926

Berthold Jacob

Ich suchte ihn vergebens in der Kartei des Jüdischen Friedhofs in Berlin–Weißensee. Er müßte dort begraben liegen. Aber wir fanden ihn nicht in den seit 1880 geführten und vollständigen erhaltenen Unterlagen. Berthold Jacob. 1898 bis 1944. Zu keinem dort registrierten Jacob paßten diese Daten. Daher erschienen 1980 die »Historischen Jüdischen Friedhöfe in Berlin«, ohne ihn zu erwähnen.

Nicht viele werden wissen, wer Berthold Jacob war. Die Zeit vergeht. Namen werden legendär oder vergessen. Er steht in der Ausbürgerungsliste der Nazis vom 23. August 1933 neben Feuchtwanger, Alfred Kerr, Heinrich Mann, Ernst Toller, Tucholsky und Wilhelm Pieck. Er schrieb von 1925 bis 1933 für die »Weltbühne«. Und da es wegen des Inhaltes seiner Beiträge oft ratsam war, seinen Namen nicht zu nennen, erschienen sie auch unter dem Pseudonym »von einem alten Soldaten«.

Er hatte drei Jahre des ersten Weltkriegs freiwillig mitgemacht. Hatte überlebt, hatte gelernt und bekämpfte fortan jene, die mit Revanche und Rüstung liebäugelten. Der zweiundzwanzigjährige »alte Soldat« war ein Sachverständiger gegen Krieg und Militarismus geworden. Er enthüllte, wann immer er Material fand, die geheime deutsche Aufrüstung und die Fememorde der Schwarzen Reichswehr. Zwei Vorfälle waren charakteristisch. Jacob hatte die Hintermänner von Morden an sogenannten Verrätern der Schwarzen Reichswehr entlarvt und bloßgestellt. Daraufhin mußten hohe Offiziere, darunter der Chef der Heeresleitung, zurücktreten.

1925 ertranken bei einem Manöverunfall 81 deutsche Soldaten. Berthold Jacob ermittelte und bewies, daß elf von ihnen sogenannte Zeitfreiwillige waren, die es laut Friedensvertrag und amtlicher Erklärungen überhaupt nicht geben durfte. Die Reichswehr hatte aber Zehntausende dieser Soldaten in ihren Einheiten versteckt. Das öffentlich preiszugeben war Landesverrat.

In ihrem Buch »Gegenspieler«, das Profile linksbürgerlicher Publizisten bietet, widmet Ruth Greuner dem Weggefährten Ossietzkys ein informatives Kapitel. »Trotz Bespitzelungen und Verleumdungen, trotz Geld- und Gefängnisstrafen, einer Reihe Landes- und Hochverratsprozesse, Festungshaft und bedrückender finanzieller Sorgen« setzte Berthold Jacob seinen lebenslangen Kampf fort. Er blieb Anti-Militärjournalist.

Als er 1928 zu neun Monaten Festung verurteilt wurde – als Anklagevertreter hatte Reichsanwalt Jorns wegen Landesverrat sogar Zuchthaus gefordert, schrieb Berthold Jacob unter dem Pseudonym »Staatsanwalt N.« einen berühmt gewordenen Artikel mit der schlichten Überschrift »Kollege Jorns«. Darin wurde verlangt und bewiesen, daß der Reichsanwalt Jorns bestraft werden müsse. Er hatte 1919 als Kriegsgerichtsrat gegen die Mörder von Liebknecht und Luxemburg ermittelt, die Täter entdeckt, aber Protokolle gefälscht und die Wahrheit auf vielerlei Art hinters Licht geführt. Das kam nun durch »Staatsanwalt N.« heraus.

Der Beleidigungsprozeß, den Jorns daraufhin gegen Josef Bornstein, den verantwortlichen Redakteur der Zeitschrift »Das Tagebuch«, anstrengte, zog sich durch mehrere Instanzen. Drei Gerichte bescheinigten Jorns, daß er als Untersuchungsrichter Mörder begünstigt hatte. Aber er blieb Reichsanwalt und war folgerichtig unter Hitler beim Volksgerichtshof tätig. 1928 hat ein junger Referendar als Gehilfe des Staatsanwalts miterlebt, wie aus dem »arroganten, überheblichen, mit aller Sorgfalt gekleideten Offizierstyp« Jorns während des Verfahrens »ein auseinanderfallendes Häufchen Elend« wurde, das befürchtete, nach der Urteilsverkündung verhaftet zu werden. Der Referendar hat diesen Prozeß später mit der ihm eigenen sorgfältigen Brillanz dargestellt, mit der er auch für die »Weltbühne« schrieb. Es war Friedrich Karl Kaul.

Bei diesen aufsehenerregenden Prozessen wurde zwar Berthold Jacob nicht genannt, aber man bespitzelte ihn so, daß er schon vor Hitlers Machtergreifung ins Ausland ging. Von dort aus enthüllte er den Ausbau der deutschen Rüstungsindustrie und andere Kriegsvorbereitungen. Er blieb ein Experte. Nächtelang las er Verordnungen, Reden und andere Unterlagen, holte vieles zwischen den Zeilen hervor, blieb aber ein Einzelkämpfer.

Waghalsig, immer auf der Suche nach geheimem Material, ging Berthold Jacob im März 1935 in Basel in eine Falle der Gestapo und wurde unverzüglich über die Schweizer Grenze nach Berlin verschleppt. Das war fast sein Todesurteil. Er blieb jedoch am Leben, weil die Schweizer Regierung mit allem Nachdruck seine Auslieferung verlangte und durchsetzte. Ein Jahr später veröffentlichte Jacob in Paris sein Buch »Das neue deutsche Heer und seine Führer«. Als dieses Heer 1940 Frankreich eroberte, flüchtete Jacob mit seiner Frau aus der Internierung über Madrid nach Lissabon, ins neutrale Ausland, wo er 1941 erneut der Gestapo in die Hände fiel und im Flugzeug nach Deutschland entführt wurde. So groß war das Interesse an seinen Informationsquellen, daß man ihn nicht einfach in Portugal umbrachte.

Nach qualvollen Gefängnisjahren im Gestapo-Gefängnis am Berliner Alexanderplatz wurde der todkranke Mann am 17. Februar 1944 in das Jüdische Krankenhaus überführt, wo er am 26. Februar starb. Er war 46 Jahre alt. »Ermordet im Auftrag eines Systems, das Berthold Jacob ein Leben lang bekämpfte.« Mit diesen Worten en-

det Ruth Greuners biographischer Essay, der eine Bescheinigung des Krankenhausdirektors über den Tod des Gefangenen enthält.

Berthold Jacob muß in Weißensee liegen.

1983 erschien unter dem Titel »Die Weltbühne – Porträt einer Zeitschrift« ein Buch von Ursula Madrasch-Groschopp. Darin werden über Berthold Jacobs letzte Berliner Jahre weitere Einzelheiten mitgeteilt, die im Sommer 1947 als Bericht eines überlebenden ungenannten Mithäftlings in die Redaktion gelangten und bisher unveröffentlicht waren.

Dieser Mithäftling hat 1947 mit Jacobs Stiefmutter – der siebenundsiebzigjährige Vater starb in Auschwitz – das Grab besucht. Es war »vollkommen von Unkraut überwuchert, nur mit einem Holzscheit bezeichnet, auf dem der Name sowie Sterbedatum nur noch schwach zu lesen war«. Die beiden wußten natürlich, woran ich nicht gedacht hatte: Der Publizist ist unter seinem Geburtsnamen Berthold Jacob Salomon bestattet. Der steht in der Kartei.

Jacob liegt im Feld U 1, wo man ihn nie vermuten würde, weil es um 1910 belegt worden ist. Es mußten aber während der Judenverfolgung viele Gräber in diesem vorderen Teil des Friedhofs angelegt werden, wo Platz war. Am Wegrand oder zwischen anderen, wie im Falle von Jacob. Die wenigen auf dem Friedhof arbeitenden Juden konnten ihre vielen täglich eingelieferten Toten nicht in den entfernteren unbelegten Feldern beisetzen. Dazu reichten die Kräfte nicht aus.

Reihe 17 läßt sich etwa durch Abzählen finden, aber nicht überall betreten. Sie ist an mehreren Stellen zugewachsen. Jacob (111 367) liegt zwischen Alex Cohn und Berthold und Franziska Joachimson, deren hohe Grabsteine gut lesbare Wegweiser sind. Aber zwischen ihnen war nichts zu erkennen. Zuerst gebückt, dann auf den Knien das undurchsichtige Gestrüpp unterwandernd, fand sich ein niedriger, aber gut erhaltener Stein. Ich mußte mich hinlegen, um ihn zu entziffern:

Berthold Salomon
geb. 12. 12. 1898
gest. 26. 2. 1944

Geschichte zum Anfassen. Sie muß auch zu sehen sein. Wochen später legen Ursula Madrasch-Groschopp und ich mit allerlei Gartengerät die Stelle frei. Der Filmemacher im Ruhestand Richard Gro-

schopp fotografiert die Freilegung. Herabhängende Äste, durchzogen von einem über dreißig Jahre ungestört wuchernden Geschlinge wilden Hopfens, sind zu entfernen. Dann ein mehr als handbreites Erdpolster mit Efeu. Nach anderthalb Stunden liegt die von Steinen eingefaßte Grabplatte frei. Auch die Umgebung der Stelle ist übersichtlicher geworden.

Nun wird er hoffentlich nicht so bald wieder aus dem Blickfeld verschwinden, dieser Journalist. Einer der mutigsten unseres Jahrhunderts.

Louis Herrmann

Eines schönen Tages um 1848 ist er als Junge zugewandert nach Berlin, das er sich so einverleibte, das ihn so formte, daß er Berliner Stücke schreiben konnte. Solche, die man Volksstück nennt und Posse und Lustspiel. Die Handlung war spannend, die Charaktere vertraut, die Sprache voller Witz. Auf manches, das gar nicht oder anders in der Zeitung stand, spielten seine Couplets an.

Louis Herrmann hatte das Joachimsthalsche Gymnasium besucht und war Buchhändler geworden. Danach jahrelang Dramaturg an verschiedenen Bühnen, vor allem am alten Wallner-Theater, an dessen Glanz noch der Name Wallnerstraße in der Nähe der Jannowitzbrücke erinnert. Die alten Gebäude stehen nicht mehr. Von Herrmanns Stücken sind einige Titel übrig. »Unser Doktor«, »Die Revolverbrüder«, »Der Damenschneider«, »Das Paradies«. Der »König Krause« war eine Übertragung der shakespearischen Töchtertragödie auf kleinbürgerliche Berliner Familienverhältnisse. Längst sind der Beifall und das Lachen verklungen. Nur noch Sätze sind da wie: »Louis Herrmann hat einem ganzen Geschlecht von Komikern und Soubretten die zündkräftigsten Couplets geliefert.« Er hat sie auch selber vorgetragen. Einige sind in Büchern gedruckt, aber sie zünden nicht mehr, weil sie all ihre Kraft und Wirkung ihrem Tag gegeben haben, für den sie zugeschnitten waren. Als Maßarbeit.

Zur Zeitungsgründerzeit, 1881, gehörte Herrmann von Anfang an zur »Täglichen Rundschau«. Zunächst als Redakteur für den »reichshauptstädtischen Teil«, dann als geistiger Verwalter der Rätselseite, für die er über zehntausend Versrätsel ersann.

Einmal stand er wegen eines politischen Witzes vor Gericht. Der alte Kaiser Wilhelm I. war gestorben, und die Zeitungen meldeten, der Fürst von Reuß, ältere Linie, habe erklärt, zu einem Denkmal für diesen Kaiser gebe es »keinen Fuß breit Greizer Erde«. Er wird seine Gründe gehabt haben.

Louis Herrmann schrieb ein Epigramm, das mit den Zeilen schloß: »Es ist ja doch für solchen kleinen Fürsten die Stadt Berlin entschieden viel zu groß!« Das druckte seine Zeitung, viele andere druckten nach. Der Greizer Fürst las (das sollte er), wie unbedeutend er sei, und stellte Strafantrag. Daraufhin kam es in Berlin zu einer Verhandlung, in der sogar der Staatsanwalt die Herren Angeklagten für Ehrenmänner erklärte und der Richter bedauerte, zu einer Verurteilung verurteilt zu sein. »Wegen Beleidigung eines Bundesfürsten« erhielten die drei angeklagten Redakteure das niedrigste Strafmaß: einen Monat Festung. Daraufhin Louis Herrmann: »Ich nehme den Februar, der hat nur 28 Tage.«

Alle drei verzichteten auf das Begnadigungsrecht des Kaisers oder des Greizer Fürsten. Aber als sie die Strafe antreten wollten, war sie ihnen aus Berlin auf dem Gnadenwege erlassen worden. Später hörte man, das habe Bismarck veranlaßt. Er wird seine Gründe gehabt haben.

Als Louis Herrmann 1915 starb, es war Krieg, und das Lachen

verging vielen, betrauerten die Zeitungen, die ihn betrauerten, das Aussterben »des guten Altberliner Geistes«, auch ernste Ereignisse zu belächeln.

Hinten auf seinem Grabstein steht, Schillers betonten Ernst betont umkehrend: »Heiter war dein Leben, heiter deine Kunst.« Die großen Nachschlagewerke kennen Louis Herrmann nicht. Er hat wohl nichts Ernsthaftes geleistet.

Im Nachruf, den ihm das »Berliner Tageblatt« widmete, wird der einzige Sohn Herrmanns erwähnt, der Professor Max Herrmann, augenblicklich (1915) »so ziemlich der einzige Germanist der Berliner Universität. Daß er von einem Volkspoeten stammt, kommt seiner literaturgeschichtlichen Forschung nur zugute.«

Der Max-Herrmann-Preis

Jedes Jahr im Mai, wenn Woche des Buches ist, erhält ein Mitarbeiter der Deutschen Staatsbibliothek ihren Max-Herrmann-Preis. Es gibt ihn seit 1979. Ganz zwanglos die Feier im Sitzungszimmer der Generaldirektion, an dessen Wänden in Öl gemalt die Männer hängen, die seit der Gründung vor über dreihundert Jahren die Schätze verwaltet und vermehrt haben.

Wer Professor Max Herrmann (1865–1942) unter den Abgebildeten sucht, weil der Preis des Hauses nach ihm benannt ist, sucht vergebens. Max Herrmann ist nie Mitarbeiter gewesen, nur Leser. Aber was für einer. Ein langjähriger Freund, ein unersättlicher Nutzer, ein Nehmer und Geber, einer von jenen Lesern, an denen Bibliothekare ihre reine Freude haben, weil er ihnen mit seinen Wünschen kopfzerbrechende Mühe macht, was sie wiederum beglückt, denn dafür sind sie ja da, daß sie gefordert werden, so wollen sie es ja haben, findig und fündig sein, und hilfsbereit.

Max Herrmann war Universitätsprofessor in Berlin, der Begründer der Theaterwissenschaft. Ein Anreger, ein Sammler und Herausgeber, ein Humanist und leidenschaftlicher Wahrheitsfreund, der zehn Tage vor der Bücherverbrennung dem Ungeist aufkündigte und nach fünfundvierzigjähriger Tätigkeit als Hochschullehrer die Berliner Universität verlassen mußte. Weil sein Vater Jude gewesen war.

Zuerst durfte Herrmann, der unermüdlich weiterarbeitete, noch die Universitätsbibliothek benutzen, dann nur die Staatsbibliothek (in der eine ganze Abteilung seinem Fleiß ihre Existenz verdankt). Dann durfte er dort nicht mehr in den Lesesaal, dann bekam er kein Buch mehr ausgeliehen; schließlich blieb ihm erlaubt, in der Ausleihe einige Bände kurz einzusehen, am Stehpult. Dann wurde auch das verboten.

Wir kennen diese Einzelheiten durch Ruth Mövius, seine Schülerin, der er am 29. August 1942 in einem Berliner Hausflur sein letztes Manuskript übergab, »Die Entstehung der berufsmäßigen Schauspielkunst«. Rund 600 eng beschriebene Schulheftseiten, unter kaum vorstellbaren Schwierigkeiten verfaßt. Elf Tage danach wurde Max Herrmann nach Theresienstadt deportiert, wo er wenig später starb.

Ruth Mövius hat den Weg des Gelehrten zur Staatsbibliothek beschrieben, den Fußweg, denn er durfte als Jude keine Verkehrsmittel benutzen, keine Grünanlage betreten, sich auf keiner Parkbank ausruhen. Er mußte Umwege machen, weil ihm als Jude untersagt war, bestimmte Straßen der Innenstadt zu betreten. Nach zweistündigem Fußweg angekommen, setzte er sich erschöpft in der Ausleihe der Staatsbibliothek auf ein Sofa – »wenige Sekunden später kam ein Beamter der Ausleihe auf ihn zu und erklärte dem Fünfundsiebzigjährigen, er möge aufstehen, als Jude habe er nicht das Recht, irgendwo im Hause der Staatsbibliothek zu sitzen«.

Für freundlichen Umgang mit den Lesern verleiht unsere Staatsbibliothek jedes Jahr im Mai ihren Max-Herrmann-Preis.

Letzte Berliner Tage

Max Herrmann und seine Frau Helene, ebenfalls eine bedeutende Germanistin, wohnten bis zu ihrer Deportation nach Theresienstadt als Untermieter bei Katharina Finder, der Schwester von Helene Herrmann, in der Eislebener Straße Nr. 9 parterre links in Charlottenburg. Die Dreizimmerwohnung mit Kammer, WC, Bad, Keller, Boden, Warmwasser und Ofenheizung kostete 106,63 Mark monatlich. Das sind die Angaben der Wohnungsinhaberin, Frau Finder. Jeder der drei hatte wie jeder zur Deportation bestimmte Mensch einzeln seine »Vermögenserklärung« auszufüllen. Bis zum letzten Teelöffel wollten die Nazibehörden von den Juden wissen, was sie noch besaßen und zurücklassen mußten. »Sachen, die anordnungsgemäß mitgenommen werden, sind nicht einzutragen«, steht in den Anweisungen. Wertsachen waren schon Monate zuvor beschlagnahmt worden. Juden mußten im Juni 1942 alle elektrischen und optischen Geräte, Fotoapparate, Ferngläser und Fahrräder abliefern.

Jetzt, am 7. September 1942, als Frau Finder und die Herrmanns den 16 Seiten umfassenden Fragebogen ausfüllten, ging es um Bankguthaben, Wertpapiere und um die Wohnungseinrichtung; um Möbel, Teppiche, Kleidungsstücke in allen Einzelheiten. Bis ins kleinste. Unter der Rubrik »Sonstige Gegenstände des Haushalts« steht in Katharina Finders Handschrift: »5 Besen, 2 Müllschippen, 3 Eimer«.

Die Herrmanns haben als Untermieter kaum Wohnungsinventar anzugeben. »Nur ein ganz kleiner Teil der mir gehörigen Möbel, Haushaltungsgegenstände usw. befindet sich in meiner jetzigen Wohnung, der größte Teil ist im Speicher der Firma Hermann Thiele Wwe., Berlin-Zehlendorf, Anhaltinerstr. aufbewahrt«, schreibt Max Herrmann in den Fragebogen.

Was besitzen sie noch? »1 Stuhl, 1 Schreibtisch, 1 Sessel, 2 Couch-Gestelle, 2 Tischdecken, 15 Servietten, 1 Kaffeedecke, 1 gestickte Decke, 2 Bettlaken, 2 Bezüge, 2 Kopfkissenbezüge, 1 Spitzen-Bettdecke, 1 Bademantel, 1 Handtuch, 2 Teewärmer, 8 Küchentücher«. Das sind Sachen, die nicht mitgenommen werden. Ferner »2 Damenhüte, 2 Herrenhüte, 2 Oberhemden«.

Sie schreiben es in aller Sorgfalt auf, aber es gehört ihnen schon nicht mehr. An der Handschrift ist zu erkennen, daß Helene Herrmann im eigenen Fragebogen und in dem ihres Mannes diese Gegenstände eingetragen hat. Sie schrieb die seinerzeit umgangssprachlich Lateinisch genannte Schrift, während Max Herrmann deutsche Schreibschrift benutzte.

Guthaben? Bei der Deutschen Bank »572 M 34 Pf«, und Wertpapiere über rund 5000 Mark. Versicherungen? »Gothaer Feuerversicherung« und »Großdeutsche Feuerbestattung« ...

»Haben Sie Anspruch auf Gehalt, Provision, Pensionen, Renten oder Vertragsabfertigungen?« Max Herrmann: »Mein Ruhegeld für meine frühere Tätigkeit als Universitätslehrer«. Am Anfang der »Vermögenserklärung« hat er als Beruf angegeben: »Ordentlicher Professor an der Universität Berlin, a. D.« Seine Frau schreibt »Lehrerin« als Beruf ein. Ihre letzte Beschäftigung: »Bis 1. März 41 bei der Reichsvereinigung der Juden in Deutschland, Berlin Charlottenburg Kantstr. 158. Letztes Monatsgehalt 40 M 84 Rpf.«

Das ist alles. Während sie am 7. September 1942 die Erklärungen ausfüllen, existiert bereits mit dem Datum vom 1. September für jeden von ihnen eine Verfügung der Geheimen Staatspolizei, die das Gesamtvermögen beschlagnahmt. Diese Urkunde wird am 9. September vom Gerichtsvollzieher zugestellt. Da befinden sich alle drei schon im Gebäude der ehemaligen Jüdischen Knabenschule in der Großen Hamburger Straße. Am nächsten Tag wurden sie als die Nummern 81 bis 83 auf Blatt 5 der Transportliste mit dem 61. Altentransport vom Anhalter Bahnhof über Dresden nach Theresienstadt geschafft, wo Max Herrmann am 16. November 1942 starb. Am 16. Mai 1944 mußte Katharina Finder nach Auschwitz; ihr schloß sich freiwillig ihre Schwester Helene an, wie wir aus dem Bericht von Ruth Mövius wissen.

Die Berliner Akten sind mit der Deportation nicht abgeschlossen. Jetzt beginnt die Vermögensverwertung. Am 13. November 1942 kommt der Gerichtsvollzieher Vogel (Berlin NO 55, Pasteurstr. 38) in die Wohnung in der Eislebener Straße. Da er, seinem Bericht zufolge, nicht unterscheiden konnte, wem was gehört hat, schätzte er sämtliche Sachen gemeinsam und kam auf einen Wert von 2543 Mark. Frau Finder hatte mehrere wertvolle Teppiche und Möbelstücke angegeben. »1 großer Posten Bücher nicht geschätzt«, schreibt der Gerichtsvollzieher. Das war nicht in jedem Falle so. Als der Berliner Arzt und ordentliche Professor an der Universität Jena Emil Klein mit seiner Frau Antonie mit dem 31. Altentransport nach Theresienstadt deportiert worden war, wurde wenige Wochen später seine Bibliothek für 3000 Mark an das Institut für Geschichte der Medizin an der Berliner Universität verkauft.

Am 2. März 1943, also ein halbes Jahr später, wurde die Wohnung in der Eislebener Staße geräumt. Das Inventar kaufte der Oranienburger Händler Ludwig Paul für 1780,10 Mark. Die leere Wohnung wird mit gleichem Datum dem »Hauptplanungsamt Plan IX« amtlich gemeldet. Sie ist damit eine der 23765 jüdischen Wohnungen in Berlin, die vom 1. Februar 1939 bis 15. November 1942 von der »Hauptabteilung Umsiedlung« erfaßt wurden, einer Dienststelle des Ministers Speer. Der Rüstungsminister hat mehr über die Deportationen gewußt, als er später zugab, ist wohl sogar als Verantwortlicher daran beteiligt gewesen.

Für Max und Helene Herrmann, geborene Schlesinger, die kein Grab besitzen, ließ Ruth Mövius am Grab der Eltern Louis und Pauline Herrmann eine Gedenkinschrift anbringen.

Theater in Berlin

Wer unter der Unterführung den S-Bahnhof Alexanderplatz verläßt und in Richtung Rathauspassagen geht, liest »Alex-Treff« und erblickt tagsüber wurstessende Menschen. An dieser Stelle stand 1896 das »Gebrüder-Herrnfeld-Theater«. Spezialisiert auf Jargonpossen, deren Autoren und Hauptdarsteller die kunstreichen Brüder David Donat Herrnfeld (1867–1916) und Anton Herrnfeld (1866-1929) waren. Ihre Stammgäste konnten »alle drei Minuten einen Lacher, alle fünf Minuten eine Lachsalve« erwarten.

Budapester
Possen- und Operetten-Theater
Direktion Gebr. Herrnfeld
Grand-Hotel Alexanderplatz
Anfang 8 Uhr Gewöhnliche Preise
Heute u. folgende Tage:
Das
zwerchfellerschütternde
Donat Herrnfeld'sche Lustspiel
Endlich
Allein!
Sonnabend, den 23. Jan. 1897
Jubiläumsvorstellung zur 100. Aufführung
von **Endlich Allein!**

So stand es in der »Volkszeitung«. Ein anhaltender Erfolg, denn 1910 annoncierten sie im »Vorwärts« den »Beginn des großen Herrnfeld-Zyklus: ›Endlich allein‹, ›Fall Blumentopf‹« – das Stück hat Alfred Kerr in einer Rezension erwähnt: »... mit dem blühend gelockten Bräutigam Isidor Blumentopf, der im Hotel stets durch Anklopfen, durch ein Telegramm unterbrochen wird, sobald er die Ehe konsumieren will.« Vielversprechende Herrnfeld-Titel: »Die Welt geht unter«, »Letzte Ehre«, »Familientag im Hause Prellstein.«, »Hayfisch geht zur Jagd«, »Meine-Deine Tochter«, »Gemeinde-Narr«, »Die beiden Bindelbands«, »Die Original-Klabriaspartie«. »Es lebe das Nachtleben«, und immer Anton und Donat Herrnfeld in den Hauptrollen.

Ein altes Foto bildet die beliebten Brüder in verschiedenen Rollen ab. Darunter eine Zeile, die vermutlich aus einem Dankschreiben stammt: »Sie sind nicht nur sehr amüsante Schauspieler, sondern auch große Diplomaten, denn es ist Ihnen gelungen, lachend konfessionelle Gegensätze auszugleichen.«

1906 zogen sie um in die Kommandantenstraße 57. Berlins Reiseführer kennzeichneten die Herrnfeldbühne als Teil des hauptstädtischen Kulturlebens: »Jüdische Possen« (Baedecker), »Jüdische Burlesken« (Griebens Reiseführer). Um 1912 heißt es nicht ohne Untertöne in »Berlin« für Kenner«: »Gespielt werden von den Direktoren selbst verfaßte und in den Hauptrollen selbst gemimte Possen im jüdischen Jargon. Auch die Handlung ist danach.«

David Donat Herrnfeld liegt in der Abteilung W 4, wenn man in der 7. Reihe sucht. Mit seinem Tod ging die beliebte Bühne ein. Anton Herrnfeld (1866–1929) liegt auf dem Friedhof Nicolai-Marien I am Prenzlauer Tor begraben.

1925 heißt das Haus »Theater in der Kommandantenstraße«, 1929 »Theater in der Stadt (moderne Schauspiele und Lustspiele)«. Die Geschichte des im zweiten Weltkrieg zerstörten Gebäudes wäre nicht so wichtig, hätte dieses Haus nicht nach Hitlers Machtergreifung als jüdisches Theater innerhalb der jüdischen Kulturbünde eine besondere Rolle gespielt. Hedda Zinner in ihrem Roman »Arrangement mit dem Tod«: »Nur wenige Theater in Berlin waren verfügbar, und sie wurden nicht an Juden verpachtet. Ein Abschluß mit dem Lessing-Theater kam nicht zustande, weil die Theaterkammer Einspruch erhob. Die Bewilligung dürfe nicht erteilt werden, hieß es, solange noch ein arischer Reflektant vorhanden sei. Als einzige Möglichkeit blieb schließlich die ehemalige Herrnfeldbühne in der Kommandantenstraße. Sie hatte nicht den besten Ruf, das Haus faßte ein Drittel weniger Zuschauer, und es mußten 25000 Mark für Umbauten investiert werden. Aber es gab keine andere Wahl.«

Nach dem Novemberpogrom 1938 geschlossen und anschließend zwangsweise wiedereröffnet, blieb das Haus die kulturelle Heimstatt der Berliner Juden, die in anderen Theatern weder auftreten noch zuschauen durften. 1941 wurde das Jüdische Theater mit dem Beginn der »Endlösung« liquidiert. »Die Welt geht unter« hatten vier Jahrzehnte zuvor die Herrnfelds eines ihrer Lustspiele genannt.

Offenbar wollte niemand im Antiquariat das etwas zerlesene Heftchen. Der Verfasser Oscar Blumenthal – er lockt wohl nicht mehr. Das hätte vor hundert Jahren keiner gesagt. Blumenthal begann 1875 im »Berliner Tageblatt« als Theaterkritiker und war bis 1887 der Feuilletonredakteur. Er wurde wegen seiner erbarmungslosen Theaterkritiken von den Schauspielern gefürchtet und »der Blutige« genannt. Als er anschließend selber ein Theater gründete, das am 4. September 1888 eröffnete »Lessing-Theater«, durfte er die Begleitumstände von Mißerfolgen eigener Stücke erleben. Er hatte schon als Achtzehnjähriger mit »literarischen Vorpostengefechten« – so färbte der Krieg 1870/71 ab – einiges Aufsehen erregt. Blumenthal schrieb Plaudereien und Stücke, und in jenem antiquarisch aufgetauchten Büchlein steht manche gute Satire.

Sein Lessing-Theater wurde mit dem »Nathan« eingeweiht. Mit Hauptmanns »Vor Sonnenaufgang« hat es Theatergeschichte gemacht. Und Oscar Blumenthal? Was blieb von seinen Lustspielen und Gesellschaftsschwänken übrig? Bis heute steht sein 1898 gemeinsam mit Gustav Kadelburg verfaßtes »Im weißen Rößl« auf den Spielplänen.

Der in Budapest geborene Gustav Kadelburg gehört zu jenen, die gegen den Willen ihres Vaters Schauspielunterricht nahmen und auf die Bühne traten. Zehn Jahre, von 1884 bis 1894, spielte Kadelburg im »Deutschen Theater«! Danach schrieb er für die Bühne. Er scheint ein origineller Mensch gewesen zu sein. Wer auf dem Stahnsdorfer Friedhof im Süden Berlins sein Grab sucht, steht vor einem Haus. Wie geschaffen für Hänsel und Gretel; das hat er sich als Dekoration ausgedacht, als Bühnenbild seines Daseins.

Die Gräber aller anderen hier Erwähnten findet man auf dem Jüdischen Friedhof in Berlin-Weißensee. Die Brüder Eduard und Robert Linderer, beide als dramatische Schriftsteller etabliert. Robert konnte nach dem Besuch des Gymnasiums nicht studieren, die Mittel der Familie reichten nicht; er lernte Schriftsetzer, schrieb später Geschichten und Lustspiele, wurde Mitinhaber einer Theater-Agentur und gab die Theaterzeitschrift »Neue Schaubühne« heraus. Unter seinen humoristischen Stücken hat das Singspiel »Unsere Marine« (1886) besondere Nachwirkung erreicht. Ein darin enthaltenes Lied machte einen von dem im gleichen Jahr verstorbenen Verfasser unbeabsichtigten Weg: Als Linderer diesen Text schrieb, war nicht vorauszusehen, daß der übernächste deutsche Kaiser die Marine lieben würde (»Unsere Zukunft liegt auf dem Wasser«). So bekam das Flaggenlied »Stolz weht die Fahne schwarz-weiß-rot auf unsres Schiffes Mast« eine andere Aktualität und wurde in beiden Weltkriegen benutzt. – Eduard Linderer schrieb Possen und Lustspiele, »Deklamatorische Abend-Unterhaltungen«, satirisch-komische Schriften und viele Couplets. Ein kritisches Talent. – Robert und Eduard Linderer waren vermutlich Brüder des preußischen Hofzahnarztes Joseph Linderer (1809–1878), der zu seinen Lebzeiten in Berlin bekannt war als der Zahnschmerz-Linderer.

Ein Hofkünstler anderer Art war Samuel Berlach. Er nannte sich Bellachini und wurde der populärste Zauberkünstler im Deutschland des 19. Jahrhunderts. Als »Hofkünstler« steht er im Sterberegister des Friedhofs. Bellachinis Grab, ein hoher, heller Stein, wird von Markschieß van Trix gepflegt, dem verdienstvollen Historiker für Artistengeschichte.

Als Kollege schrieb der Zauberkünstler Jochen Zmeck 1978 über Bellachini: »Hunderte von Magiern legten sich nach seinem Tode seinen Namen zu, und auf vielen Zauberbüchern erschien er ebenfalls. Er war ein Volkskünstler schlechthin. Zwar beherrschte er die deutsche Sprache nur unvollkommen, doch er hatte dafür eine gehörige Portion Mutterwitz und würzte seine Vorstellungen mit derben Späßen.« Samuel Bellachini wird nachgerühmt, er habe seinen Mangel an Fingerfertigkeit durch Humor ausgeglichen. Das ist auf anderen Gebieten des täglichen Lebens seltener anzutreffen.

»Was sich die Linden erzählen« – so romantisch lautete der Titel eines Heftchens, als Humoreske deklariert; eines der heiteren Lebensbilder aus der Berliner Gegenwart um 1860. Ganz beschaulich klingt es, doch das handkolorierte Bild vorn zeigt Bezechte, die sich abends auf der Promenade in der Nähe des Reiterdenkmals prügeln.

Am Morgen sind dort Schusterjungen, Dienstmädchen und Geldeintreiber anzutreffen. »Wann werden Sie mich endlich bezahlen?« fragte der Schneider einen Studenten. Der antwortet: »Sie sind für Ihr Alter ziemlich neugierig.«

Drei Tageszeiten läßt der Autor Eduard Jacobson so vorübergehen. Mittags sieht man im lebhaften Gewimmel eine »magere, blasse Gestalt« schleichen, einen Gemeindelehrer. »Er setzt dem

Knurren seines Magens einen mehr energischen als wohltuenden Widerstand entgegen« und läßt »sich die Sonne in den Mund scheinen, um etwas Warmes in den Magen zu bekommen, während um dieselbe Zeit« an der Ecke Friedrichstraße vorm Café Kranzler die Lebemänner »Eis schlürfen, um die entgegengesetzte Wirkung zu erzielen«. Ihre Gespräche: »v. Quarkowsky: ›Kollossales Abenteuer mir gestern passiert, Putzmacherin, sechzehn Jahr, krampfhaft liebenswürdig, lasterhaft tugendhaft. Sehe sie an, wird rot, fabelhaft das in Stadt der Intelligenz, gebe meine Adresse, Morgens 10 bis 11 Uhr Sprechstunde, Chocolade schon getrunken, grade aufgelegt zu Liebes-Affaire. Kann mir nicht widerstehen, will kommen – kommt aber nicht. Pastranales Abenteuer das, nicht?‹ v. Rüdewitz: ›Ging mir neulich ebenso, gefährliche Symptome das, wenn Tugend anfängt zu grassieren.‹«

Solche Berliner Zwiegespräche blitzen in Jacobsons Texten auf. Er war 1833 als Rabbinersohn in Oberschlesien geboren, ging acht Jahre auf das Gymnasium, studierte dann in Berlin, wo er Anfang 1859 zum Doktor der Medizin promovierte. Doch schon als Student hatte er sein erstes Stück geschrieben, den Schwank »Faust und Gretchen«, und Erfolg gehabt. Als er im vierten Semester war, gelang ihm »Bei Wasser und Brot«, verfaßt für die beliebte Schauspielerin Ottilie Genée. Am Beifall und am Lachen in Krolls Etablissement merkte der junge Mann, daß die beste Medizin besser honoriert wird als der Mediziner; er praktizierte das Stückeschreiben (»Meine Tante, deine Tante«) und wurde zu einem der »Könige der Berliner Posse«. Sein Schwank »500000 Teufel« erlebte dreihundert Vorstellungen.

Neben David Kalisch ist Eduard Jacobson der wichtigste Vertreter der Berliner Lokalposse – und längst vergessen. Nur im Volksmund lebt namenlos noch mancher Satz aus seinen Stücken. Redewendungen wie »Bangemachen gilt nicht«, »Immer rin ins Vergnügen« und »Lange nicht so gelacht«.

Ein Vater führte seinen Sohn auf einen Friedhof und las ihm die hebräischen Inschriften auf den Grabsteinen vor. Es war ein sehr alter Friedhof, und es gab Tausende von Gräbern. Der Vater erklärte, auf diesem Stein stehe, daß der Verstorbene ein rechtschaffener Mann gewesen sei, auf einem anderen sei eingegraben, daß der Tote sehr fromm gewesen ist, hier nebenan liegt ein Wohltäter, dort drüben ein fehlerloser Mann – und so fort.

Nachdem sie zahllose Inschriften entziffert haben, fragt der Junge den Vater: »Und Ganoven sterben nie?«

Die Thorarollen

Wer an dem Blumenladen vorbei nicht zur Ehrenreihe geht, sondern an der Friedhofsmauer entlang, erblickt links ein Grab, in dem Thorarollen beerdigt liegen. (Thorarollen sind mit den fünf Büchern Moses handbeschriebene Pergamentrollen für den gottesdienstlichen Gebrauch, die bestattet werden, wenn sie beschädigt oder sonst unbrauchbar wurden.)

Ähnlich wie in Prag wollten die Faschisten in Berlin ein Museum eröffnen, in dem Kultusgerät von Juden und Freimaurern zur Schau stehen sollte, ein »Gruselkabinett« der »Untermenschen«. Wie die Trophäen in den Kolonialmuseen: an rituellen Kochgefäßen das Schild »Wurstkessel der Menschenfresser«. Als Standort war die Synagoge in der Münchner Straße Nr. 37 im Stadtteil Schöneberg vorgesehen, ein während des Pogroms im November 1938 nicht verbrannter Tempel.

Die hier mitgeteilten Einzelheiten sind dem damaligen Leiter der Friedhofsverwaltung, Landgerichtsdirektor a.D. Arthur Brass, zu verdanken. Er erfuhr im Frühjahr 1943, daß im früheren Krankenheim der Gemeinde Adass Jisroel in der Elsässer Straße 85 (heute Wilhelm-Pieck-Straße), dem Sitz des Oberfinanzpräsidenten, 583 Thorarollen und anderes Kultusmaterial gelagert worden waren. Die meisten stammten aus den aufgelösten jüdischen Gemeinden in Preußen.

Zwei Gemeindemitglieder, Selmar Neumann und Willi Schweig, organisierten den sofortigen Abtransport. Stunden später trafen zwei voll beladene Lastwagen mit dem Thorarollen am Friedhofstor ein. »Durchgeführt wurde dieser Transport durch den Spediteur Scheffler, der aus christlicher Gesinnung dafür keine Zahlung entgegennahm. Dem inzwischen verstorbenen Mann gebührt unser besonderer Dank. Das um so mehr, als Scheffler befürchten mußte, daß die Übernahme des Transports durch einen der NS-Bewegung besonders ergebenen Betriebsangehörigen der Gestapo verraten werden konnte.«

Erich Scheffler hatte sein Speditionsgeschäft in der Großen Präsidentenstraße 9, nur ein paar Schritte vom S-Bahnhof Börse entfernt, dem heutigen Bahnhof Marx-Engels-Platz.

Die Thorarollen wurden in der Neuen Halle, weit vom Friedhofseingang entfernt, verwahrt. Aber damit war es nicht getan. Arthur Brass erzählt: »Man muß sich die damalige Lage in Erinnerung rufen. Wir standen inmitten der Deportationen, die täglich jeden von uns erfassen konnten, also auf Abruf. Ständig waren wir den terroristischen Bedrängnissen der Gestapo ausgesetzt. Dazu kamen die Bombenangriffe auf Berlin ... Neben den Beerdigungsaufgaben hatten wir die Pflicht, das heilige Gut vor Profanierung durch die NS-Schergen zu bewahren. Das hätte nach unserem Religionsgesetz durch Beisetzung der Thorarollen in der jüdischen Erde des Friedhofs geschehen können. Einmal der Erde übergeben, wäre es verboten gewesen – wir Juden gestatten bekanntlich nicht die Exhumierung –, die Thorarollen jemals wieder auszugraben und sie ihrer Bestimmung in Synagogen wieder zuzuführen. Bewußt haben wir uns damals nicht zur Beerdigung der Thorarollen entschlossen, sondern ihre schützende Aufbewahrung für eine von uns erwartete Zeit der Sicherheit der Juden in diesem Lande gewählt. Das war der schwerere, von großer Verantwortung getragene Weg. Ich war überzeugt, daß die NS-Gewaltherrschaft ihrem Ende entgegengeht.«

Erschwerend wirkte ein Bombenangriff im Sommer 1943, bei dem die Neue Halle Schaden nahm. Nach sachkundiger Prüfung mußten nun jene Thorarollen ausgeschieden werden, die Brandstellen oder sonstige Schäden erlitten hatten. Ein jüdischer Lehrer [offenbar Martin Riesenburger] sah die Rollen durch. Ihm halfen einige jüdische Jungen. »Nach Trennung der beschädigten Thorarollen – es waren etwa 90 –, wurden ... die einwandfrei gebliebenen Rollen zu den Gebäuden am Eingang Lothringenstraße gebracht« und dort im großen Keller unter der Blumenhalle auf einem dafür hergestellten Holzgerüst gelagert. Dort erlebten sie das Ende der NS-Gewaltherrschaft und den Einmarsch der sowjetischen Truppen.

Diese rund 500 geretteten Thorarollen »gingen an die wiedereröffneten Synagogen in Berlin und in Gemeinden in der Bundesrepublik und anderen Ländern Europas«.

Lesser Ury

Drei Wochen vor seinem siebzigsten Geburtstag starb 1931 der Maler und Grafiker Lesser Ury, geboren 1861. Er hat die Ausstellung seines Lebenswerkes in der Nationalgalerie nicht mehr erlebt. Sein Tod wurde von den Zeitungen kaum beachtet. Am selben Tage war Edison gestorben und machte Schlagzeilen. Lesser Urys künstlerischer Nachlaß wurde bei Paul Cassirer versteigert. Erben fanden sich erst, als in den Möbeln des Malers beträchtliche Summen entdeckt worden waren.

Als Siebzehnjähriger hatte Ury nach der Lehre bei einer Berliner Konfektionsfirma Beruf und Stadt verlassen und in Düsseldorf Malerei studiert, anschließend in Brüssel und Paris. 1887 kehrte er nach Berlin zurück und schrieb zehn Jahre später am Schluß seiner Kurzbiographie für »Das geistige Berlin« (ein Künstler- und Gelehrtenlexikon): »Ich habe viele Feinde und wenige Freunde.«

Er war als Maler zur rechten Zeit in Paris gewesen, hatte den französischen Impressionismus erlebt, ihn so erlebt, daß er ihn als Künstler selbständig verarbeiten konnte und zum Wegbereiter des deutschen Impressionismus wurde. Zu einem seiner Meister. Mit Stilleben, Landschaften und erregenden Großstadtbildern. Das Berlin, in das Ury zurückgekehrt war, sah anders aus. Es hatte neue Lichter und neue Schatten. Die modern beleuchteten Cafés, die bewegliche Reklame und später die Autoscheinwerfer elektrisierten Ury. Er ist der erste Maler, der die Großstadt Berlin entdeckt hat.

Dreißig Jahre lebte Lesser Ury wie ein Einsiedler in seinem Atelier am Nollendorfplatz. Zum sechzigsten Geburtstag, 1921, ernannte ihn die Berliner Sezession zum Ehrenmitglied. Lovis Corinth verlas das Ehrendiplom: »Ein Künstler, der sein Leben lang ohne Rücksicht auf Modeströmungen und Tageserfolge unbeirrt seinen eigenen Weg geht, ist uns ein Vorbild.«

Seit Beginn des Jahrhunderts malte Ury auch ganz andere Themen. Der letzte Katalog des Berliner Jüdischen Museums beschreibt 1935 zwei Monumentalgemälde in der Eingangshalle. »›Jeremias‹, eines der vielumstrittensten Bilder des Meisters, der sich immer wieder um die Gestaltung biblischer Probleme bemühte«, und das letzte Werk dieser Reihe, der »Sterbende Moses«, 1928. Außerdem besaß das später von den faschistischen Machthabern aufgelöste Jüdische Museum ein Selbstporträt des schon kranken Malers.

In der Nationalgalerie hängt der »Nollendorfplatz bei Nacht« aus dem Jahr 1925. Es ist der Blick aus dem Atelier im vierten Stock des Hauses Nollendorfplatz Nummer 1, das der Krieg in einen Trümmerhaufen verwandelt hat. Über die Hälfte des Gesamtwerks von Lesser Ury wurde in der Nazizeit vernichtet. Zum fünfzigsten Todestag des Malers war eine Ausstellung seines Lebenswerkes in der Nationalgalerie nicht mehr möglich.

Warenhäuser waren Wahrzeichen

Und was er für ein Herz gewesen,
hört stolz im Sarge der Bankier
in Weißensee,
in Weißensee ...

Diese Zeilen stehen in dem Gedicht, das Kurt Tucholsky 1925 über den Friedhof schrieb. Es hat ihm damals von jüdischer Seite den Vorwurf eingebracht, »geschmacklos, respektlos, verletzend und zynisch« zu sein.

Da, wo an der Mauer die großen Erbbegräbnisse stehen, liegt der Kommerzienrat Adolf Jandorf (1870–1932) begraben. Nach seiner kaufmännischen Lehre ging er mit zwanzig Jahren in die USA und studierte moderne Verkaufstechniken. 1892 eröffnete er in Berlin am Spittelmarkt das »Hamburger Engros-Lager«, ein Spezialgeschäft für Kurz-, Weiß- und Wollwaren und Tapisserie, das Stammhaus des späteren Warenhauskonzerns. So wurde der rührige Kaufmann Adolf Jandorf in den neunziger Jahren zum Wegbereiter des modernen Warenhauses nach amerikanischem Vorbild und erreichte mit seinem Warenangebot breiteste Kreise, vor allem Mittelschichten und Arbeiter. Von den fünf Berliner Warenhäusern Jandorfs blieb das Gebäude Brunnenstraße/Ecke Veteranenstraße, in dem sich heute das Modeinstitut der DDR befindet, am besten erhalten. 1907 baute Jandorf in einer Wohngegend Wohlhabender, in einem neuen Verkehrs- und Einkaufszentrum der Stadt das »Kaufhaus des Westens« (KaDeWe), das größte Warenhaus Europas.

Fast so dicht beieinander, wie damals die Warenhauskonzerne ihre Neubauten konkurrierend in die Stadtteile setzten – Jandorfs Warenhaus am Halleschen Tor wurde mit dem ganzen Konzern 1926 von Tietz übernommen –, befinden sich die Gräber ihrer Gründer auf dem Friedhof. Hermann Tietz (1837–1907) begann in Gera mit einem kleinen Weißwarengeschäft. 1900 entstand in der Leipziger Straße nahe am Spittelmarkt das erste Berliner Tietz-Warenhaus. Nach dem Tode des Gründers übernahm sein Neffe Oskar (1858–1923) die Geschäfte. Beider Erbbegräbnis ist in Feld O2 zu finden.

Tietz wurde von den Nazis in »Hertie« verwandelt.

Der dritte große Berliner Warenhauskonzern ist eine Gründung der aus Stralsund stammenden Gebrüder Wertheim, die, da getauft, nicht in Weißensee begraben liegen. 1904 ließen sie am Potsdamer Platz von dem damals kaum bekannten Architekten, dem später für Berliner Bauten hochbedeutsamen Alfred Messel (1853 bis 1909) ein Warenhaus errichten, das bis zum zweiten Weltkrieg zu den Sehenswürdigkeiten der Stadt zählte.

Der Noseph

Es gab in den zwanziger Jahren in Berlin drei stadtbekannte Ärzte, die mit Nachnamen Joseph hießen. Um sie zu unterscheiden und weil eine Öffentlichkeit solche Pointen schätzte, nannte der Volksmund jeden nach seinem Fach. Hoseph war der mit Hautkrankheiten befaßte Professor, Moseph der Magenspezialist, und Noseph der anerkannte Pionier der modernen Nasenplastik, auch als Nasen-Joseph bekannt.

Jakob Lewin Joseph, der sich später Jacques nannte, 1865 als Sohn eines Rabbiners im damaligen Königsberg geboren, hatte in Berlin Medizin studiert und in Leipzig promoviert – die Dissertation existiert nur als siebzehnseitiges handgeschriebenes Exemplar – und lebte zunächst als praktischer Arzt in Berlin, wo er an die Universitätsklinik gelangte zu Julius Wolff, einem der Mitbegründer der modernen wissenschaftlichen Orthopädie. Erstmals 1896 konnte Dr. Joseph bei einem Jungen übergroß abstehende Ohren chirurgisch korrigieren. Als er diesen Fall in der Berliner Medizinischen Gesellschaft vorstellte, stieß er auf Kritik, wegen der bloß »kosmetischen« Operation, und mußte deshalb aus der Charité ausscheiden. Fortan unterhielt er eine Privatpraxis und führte 1898 seine erste totale Nasenverkleinerungsplastik durch. In den folgenden Jahren korrigierte Noseph-Joseph die verschiedenartigsten Nasengestaltfehler.

Der erste Weltkrieg brachte für Gesichtschirurgen ein neues Betätigungsfeld. Von 1916 bis 1921 leitete Joseph eine Abteilung für plastische Behandlung Kriegsverletzter, die an der HNO-Klinik der Charité eingerichtet worden war. Er operierte dort verstümmelte Soldaten so kunstvoll und erfolgreich, daß sich sein Ruf noch während des Krieges bis in die USA verbreitete.

Da kommt von Inge Meyer aus Magdeburg ein Brief: »Mein Vater wurde als 24jähriger zwischen Arras und St. Quentin 16. 6. 1915, Freitag, 3 Uhr 30, verwundet. Querschläger. Auge verletzt, Backenknochen zertrümmert, Nase halb ab. 5 Uhr 30 erster Verband im Schützengraben, zweiter in der Ferne, bewußtlos nach dem Feldlazarett sofort Operation. (Tagebuch)

Es war die erste von über zwanzig Operationen. Er landete für Jahre in der Berliner Charité, wo ihm ein elfenbeinerner Oberkiefer und ein elfenbeinernes Nasenbein eingesetzt und durch Hauttransplantationen vom Oberschenkel her eine Nase und eine neue Gesichtshälfte geformt wurden. Es war keine ›Schönheitsreparatur‹, aber es war wenigstens ein Gesicht. Wahrscheinlich liebte mein Vater mich auch deswegen besonders, weil ich – von jeher an dieses Gesicht gewöhnt – es als selbstverständlich hinnahm, während ihn Fremde unentwegt anstarrten.

›Ein jüdischer Arzt hat an mir seinen Professor gemacht‹, pflegte mein Vater Hetzparolen lakonisch entgegenzustellen. Den für eine Parade der ehemaligen ›Frontkämpfer des 1. Weltkriegs‹ werbenden Nazi-Blockwart vergraulte er prompt mit dieser Argumentation.

Eines Tages, während des Krieges, saßen mein Vater und ich in einer überfüllten Straßenbahn. Ein vornehm gekleideter Herr, der seine Wange anscheinend freiwillig hingehalten hatte, um sie mit einem dekorativen Schmiß verzieren zu lassen, drängte sich zu uns hin, zog seinen Hut, hangelte nach einer freien Halteschlaufe und sprach gedämpft und sanft zu uns herunter: ›Entschuldigen Sie bitte! Ich bin Chirurg. Ich kann beurteilen, wie großartig die Operation ist, die da an Ihnen durchgeführt wurde. Mich interessiert: Wer hat das gemacht?‹

Ich spürte, wie mein Vater tief die Luft einsog. Aber dann sagte er ruhig, mit seiner Baßstimme, die einst zu den Stützen der ›Singakademie‹ gehört hatte und die noch immer fähig war, einen lumpigen Straßenbahnwagen zu füllen: ›Sicher kann ich es Ihnen sagen, Herr Doktor. Er hat sich vier Jahre mit mir beschäftigt. Es war Professor Joseph in der Berliner Charité. Ein jüdischer Arzt. Eigentlich müßten Sie ihn doch kennen – als Chirurg!‹

Der Herr fuhr zurück und sah sich erschrocken um. Die anderen starrten meinen Vater ausdruckslos an. Er war das gewöhnt.«

Ab 1922 gab jedoch die deutsche Heeresleitung keine Mittel mehr für solche Schönheitsreparaturen. Sie investierte in neuen Generationen.

Joseph, mittlerweile zum Professor ernannt, operierte nun in seiner immer umfangreicher werdenden Praxis im Berliner Westen Hängewangen und -brüste und ließ von einer Plattform am Fußende des Operationstisches Kollegen zuschauen, die dafür bezahlten, aber nichts erklärt bekamen. Fragen duldete er nicht, und so blieb das Ganze »eher entmutigend als anregend und lehrreich«, wie Teilnehmer berichteten. Doch wie so oft im Leben verbarg sich hinter dem mürrisch Abweisenden, der nicht einmal verraten wollte, daß er sein Elfenbein aus einer Klavierfabrik bezog, ein humorvoller Mensch. Er hatte in jungen Jahren eine bildschöne Frau geheiratet und nahm ihr Profil in sein Lehrbuch auf; sagte auch, er würde andernfalls ihr Gesicht entsprechend selbst geformt haben. Leonore Joseph wiederum bewachte ihren Mann vor seinen Patientinnen (Zitat: »Die Weiber sind gefährlich!«).

Jacques Joseph war ein »begnadeter Operateur, der neben exzellentem chirurgischen Können über jenes künstlerische Formgefühl verfügte«, das einen kosmetischen Operateur auszeichnen sollte. Joseph hat den Nasenersatz, die schwierigste Form der Nasenplastik, »in einer Weise beherrscht und gefördert, daß seine Methoden hinsichtlich der äußeren Form kaum übertroffen werden können«.

Jacques Joseph starb am 12. Februar 1934 im 69. Lebensjahr an Herzschwäche in Berlin. Nachweislich war er im Vorjahr von den Nazis mißhandelt worden. Seine Familie veröffentlichte eine Todesanzeige. Nachrufe für einen bedeutenden jüdischen Arzt gab es zu jener Zeit in der Tagespresse nicht mehr. Er sollte vergessen werden, der warmherzige Helfer, der Ungezählten zu einem Aussehen verholfen hatte, mit dem sie in der unbarmherzigen Mitwelt weder Spott noch Abscheu erregten.

Es gab damals noch einen vierten Joseph in Berlin. Prof. Dr. med. Eugen Joseph (1879–1933), seit 1913 Professor und Leiter der Urologischen Abteilung der Universitätsklinik in der Ziegelstraße. Als er nach Hitlers Machtergreifung entlassen wurde, beging er Selbstmord. Eugen Joseph liegt im Erbbegräbnis 2775 in der Abteilung L V.

Die Suppen-Lina

So hat man die Begründerin der Volksküchen zu Lebzeiten genannt. Lina Morgenstern, die vor über hundert Jahren den Berliner Hunger lindern half. Mit siebzehn Jahren hatte sie einen »Pfennigverein zur Unterstützung armer Schulkinder« eingerichtet; das geschah 1847 und war vormärzlich gedacht.

Ein Leben, das eine Biographie verdient. Wie soll ich ihm hier anders gerecht werden als durch aufgezählte Daten und Taten, zu denen man sich Ursachen und Wirkungen denken muß. Aber selber denken, das geht ja.

Als 1859 ein Frauenverein zur Förderung der Fröbelschen Kindergärten entsteht, ist Lina Morgenstern dabei. Wenig später gründet sie das erste Kindergärtnerinnenseminar und 1869 den Kinderschutzverein zur Unterbringung gefährdeter Säuglinge in Pflegestellen. Gleichzeitig ist sie Mitbegründerin des ersten Arbeiterinnen-Bildungsvereins und der ersten Krankenkasse für Arbeiterinnen. 1895 finden wir sie im Vorstand der Deutschen Friedensgesellschaft.

Dreißig Jahre lang, seit 1874, leitete Lina Morgenstern ihre »Deutsche Hausfrauenzeitung«, schrieb Haushalts- und Kochbücher, Kindergeschichten, Spielanleitungen, Gedichte, Erzählungen, Biographien und Gedanken zur Frauenbewegung ihrer Zeit, darunter die dreibändige Darstellung »Die Frauen des 19. Jahrhunderts«. Dort heißt es im Vorwort, daß »die Frau nicht nur berufen ist, Gefährtin des Mannes und Mutter und Erzieherin der Kinder zu sein, sondern daß zahlreiche Beweise geliefert sind, die sie bewährt zeigen als ernste und energische Arbeiterin auf allen Gebieten, welche das Gesamtwohl der Menschheit fördern ...«

Die erste Volksküche öffnet nach dem gegen Österreich gewonnenen Krieg von 1866. (So ändert er den Lebensunterhalt der siegreichen Einwohner.) Später gab es in allen Stadtteilen Berlins diese von einem wohltätigen Verein finanzierte Einrichtung, in der für wenig Geld warme Mahlzeiten verabreicht wurden.

Der nächste Kriegsgewinn bringt 1871 den Deutschen einen Kaiser und ein Reich – Lina Morgenstern jedoch muß anschließend den »Berliner Hausfrauenverein gegen Verteuerung und Verfälschung der Lebensmittel« gründen. Und als die Gründerjahre ausbrechen, 1880 den »Frauenverein zur Rettung sittlich verwahrloster und strafentlassener minderjähriger Mädchen«. Jemand sollte einmal unsere Vergangenheit im Spiegel ihrer Speisezettel und Vereinsnamen darstellen.

Zeitgenossen schildern Lina als kleine, immer bewegliche Frau, die einen Kneifer trug, und rühmen ihren praktischen Sinn und das hervorragende Organisationstalent. Zur proletarischen Frauenbewegung zählt man sie nicht.

Daß in ihrem Buch über die Frauen des 19. Jahrhunderts die Kaiserin Augusta ein dickes Kapitel hat, wird niemand wundern, der sich etwas auskennt im Leben. Manchmal wird Geld benötigt oder ein Fürwort, da ist es gut, wenn die Kaiserin in einer Volksküche die Löffelerbsen kostet. Einmal besichtigt die auf ihre Hausfrauenkenntnisse stolze Augusta anschließend die Vorratskammer, blickt in einen großen Sack – »aah, herrliche Morcheln«. Es waren allerdings Backpflaumen. Und da keiner wagt, die Landesmutter auf die kleine Verwechslung hinzuweisen, nimmt sie ihren Augenschein vom Wohlsein der unteren Schichten mit ins Schloß.

Heute sind die Kaiserin Augusta, die Volksküchen und Lina Morgenstern vergessen. Wenigstens ihr Grabstein sagt uns: Sie war »eine große Menschenfreundin«.

Kindheit

Der Jüdische Friedhof in Weißensee ermöglicht ausgedehnte, einsame Spaziergänge. Der Weg am Feld P4 ist mit haselnußähnlichen Schalen übersät. Eine Nußbaumallee. Während wir das Grab von Moritz Heimann suchen, erinnert sich ein Begleiter an Kindertage. Hier hat er während der Nazizeit Nüsse gesammelt.

Im ersten Grab in Reihe 20 liegt Moritz Heimann (1868–1925). Wer kennt ihn? Er war Dichter, Schriftsteller und Essayist, veröffentlichte Novellen und Aphorismen und schrieb wegen ihrer Urteilskraft angesehene Rezensionen. Von 1896 bis zu seinem Tode arbeitete Moritz Heimann als Lektor bei S. Fischer, entdeckte und förderte neue Talente. Diese jungen Anfänger hießen Thomas Mann, Hermann Hesse, Friedrich Huch, Jacob Wassermann, Wilhelm Lehmann und Oskar Loerke. Heimanns Name, der sein eigenes Schaffen zugunsten der von ihm Betreuten zurückstellte, ja opferte, wird meist vergessen, wenn man von den berühmten Autoren spricht.

Aber die Autoren vergaßen ihn nicht. Thomas Mann schrieb zum fünfzigsten Geburtstag Heimanns einen Brief an Siegfried Jacobsohn, den dieser in der »Weltbühne« veröffentlichte. Dort heißt es über Heimanns Lebenswerk: »Zu einem großen Teil hat es sich ja in anonymer Stille, als uneigennütziger Liebesdienst erfüllt. Was der Lektor des Verlagshauses Fischer als Finder und Befreier jungen Talentes für die moderne Dichtung getan, läßt sich nicht feststellen; man kann nur auffordern, darüber nachzudenken.« Heimann hatte bei der Veröffentlichung der »Buddenbrooks« eine wesentliche Rolle gespielt.

Heimann »starb nach langem, schwerem Leiden in der Charité«, meldete das »Berliner Tageblatt« am 22. September 1925. Arthur Eloesser schrieb im Nachruf über den Mann »mit einem Herzen, das Geist hatte, sehr viel Wissen und wohl auch ein wenig Menschenverachtung, die aber immer wieder zur Güte wurde«.

Nußschalen und Stille. Dr. Peter Kirchner, der Vorsitzende der Berliner Jüdischen Gemeinde, erzählt, welche Zuflucht dieser Friedhof im Kriege tagsüber den Lebenden bot: »Ich selbst war zu dieser Zeit ein Kind, und vielleicht ist es heute für Jugendliche unverständlich, daß es damals in allen größeren Parkanlagen der Stadt Bänke gab, auf denen stand: ›Nur für Arier‹ bzw. ›Für Juden verboten‹. Ich selbst war Sternträger, konnte also, obwohl ich unmittelbar am Friedrichshain lebte, nicht im Friedrichshain spielen oder mich dort auf eine Bank setzen. Und so war für mich und viele andere Juden der Friedhof in Weißensee mit seinen ausgedehnten Gängen und Grünanlagen und den Bänken, die dort standen, eigentlich der einzige Ort, wo man spazierengehen konnte, ohne Gefahr zu laufen, von anderen in irgendeiner Form angegriffen und beschimpft zu werden.«

Zuflucht

Das Jahrbuch der Berliner Bühnen, Jahrgang 1925/26, zeigt ihn in einer großen Rolle. Josef Schwarz mit Maria Ivogün in »Rigoletto« – Inszenierung in der Städtischen Oper Berlin. Der Kammersänger Josef Schwarz galt als der bedeutendste Bariton seiner Zeit. Als er 1926 starb, wurde er in einem Erbbegräbnis beigesetzt, das einem

Tempel ähnelt. Das Dach wird von vierzehn hohen Säulen getragen. In der Mitte, vom Wege aus gut lesbar, steht auf einem Steinblock die Inschrift »Herr Gott, du bist unsere Zuflucht für und für«.

Dieser Text sollte vierzehn Jahre nach dem Tode des gefeierten Sängers einen ganz neuen Sinn erhalten. Das Mausoleum wurde für illegal lebende Juden als nächtliche Ruhestätte zur Zuflucht.

In seinem Roman »Die Bilder des Zeugen Schattmann« hat Peter Edel 1969 solch eine Szene geschildert. Martin Riesenburger beschreibt als Augenzeuge Einzelheiten: »In der Mitte des Daches befand sich eine Glasplatte. Man hob diese immerhin schmale Platte und suchte sich links oder rechts von ihr ein Ruhelager für die Nacht. Unten ruhte der begnadete Sänger, der einst Tausende Menschen durch seinen Gesang zu heller Begeisterung aufflammen ließ, oben lagen seine Glaubensbrüder im unruhigen Schlaf, durch den sich nur die bange Frage zog: Wie lange noch?«

Die Befreiung für die wenigen überlebenden Juden kam am 23. April 1945. Noch Stunden zuvor waren SS-Leute quer über den Friedhof geflüchtet und hatten Uniformteile weggeworfen. Riesenburger sah den ersten sowjetischen Soldaten durch das Friedhofstor treten: »Ich hatte das Gefühl, daß er mit jedem Schritt bei seinem Kommen zu uns ein Stück des verruchten Hakenkreuzes zertrat.«

Einweihung und Vollendung

»Der neue in Weißensee gelegene Friedhof der Berliner Jüdischen Gemeinde ist heute Vormittag eingeweiht worden«, meldet das »Berliner Tageblatt« am 9. September 1880 in seiner Abendausgabe. So merkwürdig das anmuten mag, der Friedhof wird eingeweiht, aber nicht mit einem Begräbnis, sondern mit offizieller Feier. Es war ganz anders als in der Schönhauser Allee im Jahre 1827, als dort der Friedhof seiner Bestimmung übergeben werden sollte und die Polizei einschritt, weil der Rabbiner in deutscher Sprache predigte. Das ist lange her. 1880 ist eine neue Zeit. »Am Eingang hatte eine stattliche Wagenburg sich gebildet. In der Kapelle waren Stühle für die geladenen Gäste aufgestellt. In den vordersten Reihen saßen die Herren mit den goldenen und silbernen Schulterketten, den Abzeichen städtischer Würden.« Und zum Schluß spricht Rabbiner Dr. Ungerleider ein Gebet für den Kaiser.

Was bedeutet ein neuer Friedhof? Am 9. September 1880, dem Einweihungstage, bringt auch die »Vossische Zeitung« einen Bericht. Der Autor, von dem uns nur das Zeichen K. N-St. überliefert ist, schreibt über die beiden vorhandenen Friedhöfe, den alten in der Großen Hamburger Straße, den anderen in der Schönhauser Allee ... »Auf dem alten und neuen Friedhofe, der nun auch bald der alte heißen wird, liegen Kaufleute und Soldaten, Künstler, Gelehrte und Philosophen in großer Zahl. Mancher von ihnen sann dem Ursprung aller Dinge nach und quälte sich mit Mutmaßungen über ein künftiges Sein. Was quälst du dich, fragt der Dichter. Sobald du die Zwecke deines jetzigen Seins immer vor Augen hattest, ist dein Leben vollendet, wenn dich auch der Tod mitten unter deinen Hoffnungen und Plänen hinwegnimmt. Und manche von denen, die jetzt friedlich in diesen Gräbern beisammenruhen, haben sich einst mit Zorn und Haß verfolgt.« Auch das sollte man weitersagen.

Arthur Nicolaier

Keine Akte vorhanden, dort, wo sie sein müßte und wo die 60000 anderen sind. Arthur Nicolaier? Nein. Nicht einmal eine Karteikarte.

Aber man muß immer mit der deutschen Gründlichkeit rechnen. »Ob Sie bitte bei denen mit K nachsehen können, vielleicht ...«

Verkehrt geschrieben findet er sich. Nikolaier, Arthur I. Geboren am 4. Februar 1862, gestorben am 28. August 1942. Das I. hinter Arthur steht für Israel, den Zwangsvornamen. Letzte Anschrift: Berlin W 35, Kurfürstenstraße 99, bei Jakobson. Untermieter auf Zeit. Oben rechts auf der weißen Karteikarte steht mit Schreibmaschine: »Sm. XXIX/ 15860«. Die römischen Zahlen bedeuten den Altentransport nach Theresienstadt. Die Buchstaben »Sm.« sind die Abkürzung der Gestapo für Selbstmord. Der Achtzigjährige hat seine letzte Reise selbst bestimmt und angetreten.

Arthur Nicolaier war, nein, er ist einer der Großen der Bakteriologie. Er hat die infektiöse Natur des Tetanus exakt bewiesen. Bereits als Student in Göttingen. Mit 22 Jahren. Weihnachten 1884, in der Nummer 52 der »Deutschen Medizinischen Wochenschrift«, hat der junge Mann seine entscheidenden Experimente veröffentlicht. Es waren ungewöhnlich umfangreiche Versuche, die er 1885 als Kandidat der Medizin in seiner Dissertation vorzeigte; und am Schluß konnte er feststellen: »Durch diese Versuche ist es als erwiesen anzusehen, daß Bacillen existieren, welche bei Mäusen, Kaninchen und Meerschweinchen in tiefere Wunden gelangend tödlichen Tetanus hervorrufen.« Den Wundstarrkrampf, den schon im Altertum die Ärzte kannten und benannten, ohne seine Ursache zu finden. Heute sind die meisten von uns gegen Tetanus geimpft. (Hoch wäre sonst die Sterblichkeit gerade unter den Kleingärtnern.)

Nicolaier hatte mit verschiedenen Erdproben experimentiert

und immer wieder in den Versuchstieren Bazillen gefunden, »feine, schlanke Bacillen«, die vier Jahre später der Japaner Kitasato in Reinkultur züchten und nachweisen konnte.

Mit 32 Jahren wurde Arthur Nicolaier zum Professor ernannt, war Oberarzt und zog um die Jahrhundertwende nach Berlin, wo er die Befugnis erhielt, auch an dieser Universität Vorlesungen zu halten. 1921 wurde er außerordentlicher Professor für Innere Medizin. Die Humboldt-Universität besitzt in ihrem Archiv einige Dokumente über seinen Werdegang. Das letzte, datiert von 14. September 1933, ist die Entziehung der Lehrbefugnis von der Hochschule, die ihn 32 Jahre zuvor wegen seiner Leistungen »ohne Referat und ohne Colloquium« als Privatdozent angenommen hatte.

Nicolaier war ein bedeutender Kliniker. Außer der Entdeckung des Tetanuserregers führte er das Urotropin zur Behandlung erkrankter Harnwege ein und zeigte 1908 gemeinsam mit dem Chemiker Dohrn die günstige Wirkung des Atophans bei Gicht und Rheumatismus. Das steht zu lesen in »Meilensteine der Bakteriologie« (Jena, 1984), in diesem Buch berichten die Professoren Hanspeter Mochmann und Werner Köhler aus der Geschichte der Medizin und erinnern an Menschen wie Arthur Nicolaier, über den es keine literarischen Quellen (nicht einmal sein Bild) zu geben scheint. Sein Grab ist unbekannt.

Reise nach Südwest

Im Südwesten Berlins gibt es interessante Grabanlagen. Ein Riesenfriedhof, angelegt 1909 und heutzutage etwas umständlich zu erreichen. Vor dem Friedhofstor befindet sich in Stahnsdorf ein S-Bahnhof, der sein eigenes Begräbnis symbolisiert.

Auf diesen Südwest-Friedhof wich die Stadt aus, als sie größer wurde, Weltstadtanspruch anmeldete.

Dieser Friedhof (und sein Nachbar, der Wilmersdorfer Waldfriedhof) ist eine selbständige Veröffentlichung wert, zumal er mittlerweile zum Bezirk Potsdam gehört, daher strenggenommen keine »Berliner« Grabsteine birgt. Aber ich nehme es milde und freundlich und behaupte, daß der dort begrabene Heinrich Zille ein Berliner war im besten Sinne. Und da der auferstandene König Friedrich II. in Potsdam saß und Berlin regierte, hat Berlin gewissermaßen etwas gut in Potsdam.

Hier ruhen: Engelbert Humperdinck (1854–1921), Lovis Corinth (1858–1925), Rudolf Breitscheid (20. Nov. 1874–24. August 1944), wo er in Buchenwald bei einem Luftangriff ums Leben gekommen sein soll. Die Familie Siemens hat einen eigenen Familienfriedhof, und 1949 sind tote Generale aus zwei Jahrhunderten aus der alten Berliner Garnisonkirche hierher umgebettet worden. Eine Rasenfläche ohne militärisches Gepränge.

Hier fand Ursula Madrasch-Groschopp nach langen Umwegen das Grab ihres Chefredakteurs Siegfried Jacobsohn. Hier liegt Paul Wiegler, der Mitbegründer von »Sinn und Form«. Joachim Gottschalk, der Schauspieler (geboren 10. April 1904); seine Frau Meta (13. Aug. 1902) und Michael (19. Feb. 1933) haben ein gemeinsames Todesdatum, den 6. November 1941. Um schlimmerem Schicksal zu entgehen, brachten sie sich lieber selber um. Opfer Hitlers. Und als Berliner Friedhöfe die Aufnahme verweigerten, fand die

Familie in Stahnsdorf die letzte Ruhestätte. Wolfgang Liebeneiner ließ den Stein setzen.

Berliner Grabsteine. Einer davon steht für:

W. Barker

Am Ende des Südwest-Friedhofs in Stahnsdorf liegt ein Begräbnisplatz besonderer Art. »Hier ruhen Soldaten des Britischen Reiches, welche während des Weltkriegs 1914–1918 in Deutschland starben«. Es handelt sich um die Gräber von britischen und Commonwealth-Soldaten, die als Kriegsgefangene oder 1921/22 während der Kämpfe in Oberschlesien umgekommen sind. »Die durch ihre Gräber geweihte Erde ist als ewiger Besitz durch Vertrag mit dem deutschen Volke und der Berliner Stadtsynode gesichert, auf daß ihre Überreste für immer in Ehren gehalten werden.«

1172 Soldaten, Matrosen, Flieger, Marineinfanteristen und Matrosen der Handelsflotte sind beigesetzt. Einheitliche Steine in langen Reihen. Am Eingang des wie ein Fort wirkenden Friedhofs erläutern zweisprachige Tafeln: »Dieser Friedhof ist vom Britischen Reich angelegt und wird durch britische Friedhofswärter unterhalten. Zwischen den Regierungen Deutschlands und des Britischen Reichs besteht eine Vereinbarung, wonach beide Teile die Friedhöfe, auf denen ihre Toten des Weltkrieges ruhen, nach ihrem eigenen Gutdünken ausbauen und durch eigene Friedhofswärter unterhalten lassen können.«

Jedes Jahr findet am Erinnerungstage, am 9. November, eine Feierstunde statt, an der außer den britischen Vertretern die Botschafter jener Staaten teilnehmen, die damals als Mitglieder des Staatenbundes (Commonwealth) ihre Soldaten nach Europa schickten, darunter Indien, Kanada, Neuseeland und ehemalige afrikanische Kolonien. So werden sie sich am frühen Nachmittag des Novembersonntags wieder in Stahnsdorf versammeln und gemeinsam ein Gedicht sprechen, »Flanderns Felder«, das John McCrae 1915 während der Schlacht bei Ypern schrieb. Darin heißt es: »Wir sind die Toten. Vor wenigen Tagen lebten wir, fühlten den Morgen dämmern, sahen die Sonne untergehen, liebten und wurden geliebt, und jetzt liegen wir in Flanderns Feldern.« Dort blüht zwischen den

Gräberreihen der Mohn. Dieser Anblick hat John McCrae, der 1918 selber so starb, zu einem Bild bewegt. Vor einigen Jahren hat die kanadische Post eine Gedenkbriefmarke herausgegeben. Grün umrandet der Blick auf Flanderns Felder mit Holzkreuzen und rotem Mohn, daneben das Porträt von John McCrae (1872–1918) und handgeschrieben seine ersten beiden Zeilen: »In Flanders fields the poppies blow / Between the crosses, row on row.« Die Mohnblüte, Poppy genannt, ist seither Symbol dieses Gedenktages für die Opfer des ersten Weltkrieges. Man trägt sie wie wir die Rote Nelke am 1. Mai. Kistenweise verteilen Sergeanten vorm Eingang Poppies an die Zuschauer.

Ein Trompeter in traditioneller roter Uniform – was tut's, wenn das kleine Mädchen hinter mir ihn für einen Feuerwehrmann hält – bläst die Signale und Choräle, und ein altes Volkslied zu Beginn. Eine Zeremonie, bei der über die Toten gesprochen wird: »Sie altern nicht, wie wir übrigen altern. Weder kann Alter sie ermüden, noch werden die Jahre sie untauglich machen. Wenn die Sonne untergeht und am Morgen werden wir uns an sie erinnern.« Zapfenstreich, Schweigeminute, Signal zum Wecken.

Berliner Grabsteine – denn das sind Berliner Friedhöfe dort im Südwesten – *35722 Private W. Barker.* Warum er? Vielleicht, weil sein Stein erneuert ins Auge fällt. Ein einfacher Soldat. *King's Shropshire L. I.* Leichte Infantrie. Gestorben am 22. Oktober 1918. Alter neunzehn. So alt wie mein Vater, den man mit siebzehn in jenen Krieg holte. Unten auf dem Stein: Sohn von George und Eleanor Barker, 7 Durham St. Harpurney, Manchester, England.

Ich trug meine Poppy am Mantel auf dem langen Weg nach Hause. Und weil keiner fragte, hab ich's aufgeschrieben.

Man müßte den Ausspruch hinzufügen, den 1902 der britische Publizist John A. Hobson tat: »Die Bestimmung eines Soldaten ist nicht, wie zumeist fälschlich gesagt wird, für sein Land zu sterben. Sie besteht darin, für sein Land zu töten. Wenn er stirbt, erfüllt er seine Aufgabe nicht.«

Am 8. Februar 1912 traf in Berlin der englische Kriegsminister, Lord Haldane, ein, um ein letztes Mal die Hand zu einer Verständigung zu bieten. Man wies sie zurück. Haldane verließ Berlin mit den schlechtesten Eindrücken. Auf dem Dorotheenstädtischen Friedhof hatte Haldane die Gräber von Hegel und Fichte besucht.

In einem Gespräch mit Wilhelm II. bedauerte er, wie vernachlässigt die Grabstätten jener Männer seien, deren Geist, deren hohe philosophische und ethische Kultur Preußen doch groß gemacht hätten. Tieferschüttert erzählte er Walther Rathenau, daß der Kaiser ihm geantwortet habe: »In meinem Reich ist für Männer wie Fichte und Hegel kein Platz.«

(Annemarie Lange, »Das Wilhelminische Berlin«)

Rathenau

Schon vom Eingang zum Waldfriedhof Oberschöneweide aus sichtbar und mit wenigen Schritten zu erreichen, liegt massig und düster, von einer fast vier Meter hohen Mauer umgeben, das steingraue Mausoleum der Rathenaus. Ein schmaler Eingang, der einst von einem Tor versperrt gewesen sein muß, jedenfalls sind noch Reste der Scharniere vorhanden. Ein letztes Haus. Ohne Dach. Erbaut von Messel. In einer Ecke wächst seit Jahrzehnten eine Buche.

Wie ein ungeheurer Steinsarg wirkt der Innenraum. Das macht die Mauer, deren Wände fast völlig mit Efeu überwachsen sind. In der Mitte ein unbenutztes breites Feld, ein Riesenbeet, vielleicht für zahlreiche Nachkommen gedacht. Aber nur vier Gräber. Deutlich abgegrenzt und mit Stein eingefaßt, bepflanzt mit immergrünen Ranken. Eine kleine Familie.

Hier ruhet in Gott

Erich Rathenau
geb. 26. August 1871 gest. 19. Januar 1903

Emil Rathenau
geb. 11. Dezember 1838 gest. 20. Juni 1915

Walther Rathenau
geb. 29. September 1867 gest. 24. Juni 1922

Mathilde Rathenau
geb. 17. März 1845 gest. 28. Juli 1926

Darunter eine Tafel:

In Gedenken an Dr. Walter Rathenau
der den Rapallovertrag mit der Sowjetunion unterschrieb,
mit den großen Staaten in Ost und West
gute Beziehungen suchte und deshalb von der Reaktion
im Juni 1922 ermordet wurde.
Nationalrat der Nationalen Front
des demokratischen Deutschland
Berlin, 24. Juni 1962

Der Vorname Walther Rathenaus wird auf dieser Tafel verkehrt geschrieben. Nicht zum erstenmal. Bereits auf der Karte zur Teilnahme »an der Trauerfeier für den Reichsminister des Auswärtigen« am 27. Juni 1922 im Reichstagsgebäude steht Walther ohne h.

Emil Rathenau begann als Techniker, war Ingenieur bei Borsig, kannte sich mit Dampfmaschinen und -heizungen aus und gründete 1882 weitblickend eine »Studiengesellschaft zur Verwertung der für Deutschland erworbenen Edisonschen Patente«. Er hatte sich in den USA umgesehen. 1884 arbeitete das erste deutsche Elektrizitätswerk in einem Keller in der Friedrichstraße. Vier Dampfmaschinen trieben vier Gleichstromgeneratoren an, die an der Ecke Unter den Linden das Café Bauer elektrisch leuchten ließen. Eine Weltstadtattraktion. Rathenau gründete die »Deutsche Edison-Gesellschaft für angewandte Elektrizität« zur Installation elektrischer Beleuchtungsanlagen, von denen es in Berlin bald sechzig gab. Aus ihr ging 1887 die »Allgemeine Elektrizitäts-Gesellschaft« (AEG) hervor, die sich zum führenden deutschen Elektrokonzern, zum Weltkonzern entwickelte und erst 1982 zerbrach.

Nach dem Tode Emil Rathenaus folgte sein ältester Sohn Walther, seit 1899 in der Firmenleitung, als Präsident des weitverzweigten Unternehmens. Er schlug bei Kriegsausbruch 1914 vor, im Kriegsministerium eine neue Abteilung einzurichten, die Kriegsrohstoffabteilung.

»Rathenaus beweglicher, weitblickender Geist hatte sofort den wunden Punkt der Kriegführung entdeckt«, schreibt Annemarie Lange, »bevor noch irgendein Ministerium auf den Gedanken kam, Berechnungen über die Rohstoffvorräte anzustellen, und hatte zugepackt, hatte mit kühler Überlegung den entscheidenden Schritt getan, der den Staatsapparat unmittelbar in den Dienst der Mono-

polinteressen stellte ...« Ein »Durchhalte«-Politiker noch 1918. Er war kein Kriegsgewinnler, sondern ein patriotischer Bourgeois, der ganz zuletzt sogar zu einer Art »Volkssturm« aufrief, zu einem »letzten Aufgebot«.

Nach dem Krieg war Rathenau bei den Friedensvereinbarungen Mitarbeiter der Reichsregierung und vertrat eine vernünftige, auf Verständigung hinarbeitende Politik. 1921 wurde er Reichsminister für Wiederaufbau und 1922 Reichsaußenminister. Er sprach und schrieb ein klares, schönes Deutsch. Ungewöhnlich für einen deutschen Politiker und Industriellen.

Im »Berliner Tageblatt« vom 7. Juli 1921 gab das Victor Auburtin die Chance zu einer glänzenden, zeitlosen Definition: *Als Herr Rathenau im Reichstag einen besonders schön gerundeten und klar verständlichen Satz beendet hatte, wurde ihm das Wort ›Feuilleton‹ zugerufen. Der Zuruf kam von den Bänken der Rechten und ist deshalb als ein Schimpfwort aufzufassen gewesen.*

Versuchen wir uns darüber einig zu werden, was gemeint ist. Ein Feuilletonist ist ein Mann, der sich mit vielen Sachen – nicht nur mit einer – beschäftigt, der kurz schreibt oder spricht. All das ist den Deutschen sehr verdächtig und wird deshalb mit dem unerfreulichen Fremdwort Feuilletonismus bezeichnet; das übrigens gar kein rechtes Wort ist, denn bei den Franzosen selbst ist es ziemlich ungebräuchlich.

Eine ernste Sache unterhaltend und in guten Formen darzustellen, das ist es, was man Feuilletonismus nennt; das ist es, was ein strebsamer Schriftsteller und Politiker in erster Linie und auf das sorgfältigste zu vermeiden hat.

Als Außenminister schloß Walther Rathenau am 16. April 1922 in Rapallo in Italien mit Tschitscherin, dem sowjetischen Volkskommissar für Auswärtige Angelegenheiten, den sogenannten Rapallo-Vertrag. Seine Begründung:

»Rußland lebt unter einem Wirtschaftssystem, das sich von unserem unterscheidet. Wir haben dieses Wirtschaftssystem nicht zu kritisieren ... Wir haben unseren Frieden geschlossen nicht mit einem System, sondern mit einem Volk, und wir haben ihn geschlossen durch die Menschen, die in diesem Augenblick dieses Volk vertreten ... Wir werden uns ihnen weder verschließen noch aufdrängen, sondern wir werden sie nach ihrer Fasson selig werden lassen.«

Das nahmen ihm die deutschen Reaktionäre übel. Auf der Straße grölte es: »Knallt ab den Walther Rathenau, die gottverdammte Judensau!« Das besorgten rechtsradikale Offiziere in den Vormittagsstunden des 24. Juni 1922 mit fünf Schüssen und einer Handgranate in der Königsallee/Ecke Erdener Straße, in der Nähe von Rathenaus Villa.

Anderntags schrieb Georg Bernhard, Chefredakteur der »Vossischen«, der ältesten Zeitung Berlins, den Nachruf für den Techniker, Kaufmann, Fabrikanten, Organisator, Politiker, Soziologen, Philosophen, Künstler, Schriftsteller und Ethiker Walther Rathenau: »Er besaß das, was in Deutschland so rar ist, das Verständnis für internationale Akustik, die Fähigkeit der Einfühlung in fremde Seelen.«

Unvergessene an der Heerstraße

Der 1924 angelegte Friedhof Heerstraße ist einer der vornehmsten in Westberlin. Und er gilt als sehr teuer. Das liegt an der Lage.

Mit der U-Bahn bis zur Station Olympiastadion, wo wochentags kaum jemand aussteigt. Breite Treppen, mehrere Ausgänge, alles für Menschenmassen angelegt.

Leer, abgesehen von ein paar Asphalt-Surfern, liegt der weiträumige Platz vor dem Stadion, den man in Richtung Friedhof überquert. Da kommen im Hundertmeterlauf die Erinnerungen. 1936. Die Olympischen Spiele in Berlin. An einem Vormittag bin ich unter Tausenden hier aus der U-Bahn gestiegen und auf dieses Stadion zugegangen. Ein entfernter Onkel, Sportlehrer, war so angenehm aufgefallen, daß er unten im Süden, in Radebeul oder Kötschenbroda, nach dem Olympischen Feuer greifen und mit der Fackel einige hundert Meter weit in Richtung Berlin rennen durfte. Selbstverständlich besaß er eine Dauerkarte für die Spiele, wohnte bei uns; ich mußte mein Bett abtreten, er schenkte mir seine Eintrittskarte für einen Vormittag. Deshalb bestaunt in der Schule; da ich mit Abstand im Turnen der Schlechteste und außerdem völlig desinteressiert an befohlenen Verrenkungen war. Ich stand mit meiner Eintrittskarte wie dekoriert da und bekam schulfrei. So verteilt das Leben die vermeintlichen Güter.

Es war kein wichtiger Vormittag im Stadion. Die Zehnkämpfer warfen den Diskus und sprangen weit. Mehr war nicht los. Nichts riß die Menschen von den Sitzen. Auch das ist Olympia. Was aber für mich das herausragende, unauslöschliche Ereignis blieb an diesem ersten eigenen, selbständigen und unbeaufsichtigten Sommermorgen: Auf dem Platz vor dem Stadion riefen Zeitungsverkäufer ihre Blätter aus. Und zum erstenmal im Leben kaufte ich mir eine Zeitung.

Das mag heute lächerlich klingen. Was tun denn Zehnjährige noch nicht? Damals jedoch war der Kauf einer Zeitung ein beachtlicher Schritt in die Erwachsenenwelt. Ich nahm die »BZ am Mittag«, die vorn den Triumph japanischer Schwimmer meldete. Den Kurztitel »BZ«, immer »Berliner Zeitung« bedeutend, hatte Hans Ullstein erfunden, der älteste Sohn des Verlagsgründers Leopold Ullstein. Der Verlag mit dem Eulensymbol als Signet war damals bereits »arisiert« worden und hieß Deutscher Verlag. Als ich dort sechs Jahre später als verlagskaufmännischer Lehrling eintrat, war von dem alten Ullstein-Geist noch eine Menge spürbar.

Hans Ullstein (1859–1935) liegt auf dem Friedhof Heerstraße. Er war 1899 nach dem Tode seines Vaters, der auf dem Jüdischen Friedhof in der Schönhauser Allee beigesetzt ist, Seniorchef des Hauses geworden. Sein Bruder Franz, der von 1897 bis 1934 die Abteilung der Tageszeitungen leitete, war 1938 in die USA emigriert und 1945 dort gestorben. Auch er ist auf diesem Friedhof bestattet. Im 1928 von namhaften Künstlern gestalteten Familiengrab. Ein anderer Bruder, Louis, der für die kaufmännisch-organisatorische Leitung des Unternehmens verantwortlich war, starb 1933 und wurde in Stahnsdorf bestattet in einer kostbaren Grabanlage, die verwahrlost, verwildert und zugewachsen ist.

Wie jeder Begräbnisplatz ist auch der Städtische Friedhof Heerstraße für Überraschungen gut. Rundgang nach der Skizze der Charlottenburger Stadtbücherei, die Grabstätten von Persönlichkeiten auf den Friedhöfen ihres Stadtbezirks registriert und eine Broschüre herausgegeben hat.

Die Landschaft beeindruckt. Ein friedliches Tal mit einem tiefliegenden See, dem Sausuhlen-See, ringsum an Terrassen die Gräber.

Arno Holz (1863–1929). Sein Porträt. Ein Relief von Kurt Harald Isenstein. Unter dem Namenszug des Dichters: *und seine Frau Anita.* »Mein Staub verstob; wie ein Stern strahlt mein Gedächtnis!« – das ist trotz guter Grabpflege nicht für jeden gesichert. Aber wenn es jemanden zu Lebzeiten beflügelt, warum soll er sein Andenken nicht bewahren helfen.

»Unvergeßlich« steht auf einem Stein. Möglicherweise handelt es sich um einen Gedächtniskünstler, dessen Erinnerung so geehrt bleiben soll. Dem Vorübergehenden erscheint es eher als eine sprachliche Schwäche der Hinterbliebenen. Warum erhob der Steinmetz den Meißel nicht zum Einspruch?

Am Ufer entlang. Ein unvollständiger Stein.

Dr. med. Hermann Salomonsohn
29. 12. 1862 – 19. 5. 1932

Isidor Friedländer
2. 10. 1864 – 16. 9. 1 ...

Der Rest ist abgebrochen. Hitlersche Grabschändung. So sieht das aus.

George Grosz (1893–1959) und Theodor Däubler (1876–1934) liegen dicht beisammen. Ehrengräber. Barlach hatte das Grabmal für seinen Freund, den Dichter Däubler, entworfen, aber das wurde 1935 nicht genehmigt.

Unter einer gewaltigen Platte ruht der an den Folgen eines 1922 von Rechtsradikalen verübten Mordanschlags gestorbene Publizist und Literaturkritiker Maximilian Harden (1861–1927).

»Keines Eroberers Macht währt als des Gedankens«. Eine kleine Platte ehrt Selma Harden (1863–1932).

Joachim Ringelnatz hatte unlängst noch eine Kachel auf seinem Stein, die Kachel, die er *ohne Bedenken aus seinem Ofen schenken* wollte: »Ich hab dich so lieb«.

Georg Kolbe entwarf 1926 die schwere Platte für das Grab seines Freundes Paul Cassirer, den Mitbegründer der »Berliner Secession« und Förderer der Impressionisten. »Zum Sehen geboren, zum Schauen bestellt.« Goethes Worte für den Kunsthändler. Paul Cassirer erschoß sich am 7. Januar 1926 wegen seiner Frau, der Schauspielerin Tilla Durieux.

Fünfundvierzig Jahre später kehrte sie zu ihm zurück. Ein Naturstein neben Cassirers stattlichem Grab, wie ein Kissen neben seinem Fußende:

Professor
Tilla Durieux
* 18. 8. 1880
† 21. 1. 1971

Braucht solche Künstlerin einen Titel auf ihrem Grabstein? Hat sie das bestimmt? Oder wer?

An einem, der vergessen (?) ist, wollen wir nicht vorbeigehen. Er war Literatur- und Kunsthistoriker und Schriftsteller, er übersetzte

Ibsen und Björnson ins Deutsche, lehrte Kunstgeschichte an der Technischen Hochschule, war Büchersammler und der literarische Vorkämpfer der impressionistischen Malerei: Julius Elias. Den »Erzvater des Berliner Kunstlebens« nannte ihn Zuckmayer.

Im Nachruf in der »Vossischen Zeitung« schrieb Max Osborn: »Das geistige Berlin hat mit ihm eine Persönlichkeit verloren, die in ihrer Art unvergleichlich war und unersetzlich bleiben wird, einen Mann von durchaus originalem Gepräge, der durch eine seltene Verbindung verschiedenartigster Interessen und Betätigungen jahrzehntelang eine ganz besondere Stellung einnahm ...« Julius Elias schrieb die erste Monographie über Max Liebermann, er war Mitbegründer der »Freien Bühne«, hatte Gerhart Hauptmann gefördert und den jungen Carl Zuckmayer, der in seinen Erinnerungen die feurige »Leidenschaft zum Entdecken, Stützen, Vorwärtsbringen junger Talente« beschreibt, mit der Elias selbstlos, gläubig und begeisterungsfähig lebte: »Klein, plattfüßig, mit einem chaplinesken Gang, dichtem schwarz-graumeliertem Haar, Schnurrbart, Augenbrauen und stets vor Eifer und Enthusiasmus blitzenden Augen, schoß er wie eine Rakete auf einen zu, wenn man sein Büro betrat, und wem er nur die Hand gab, der mußte an sich selber glauben, ob er wollte oder nicht.«

Der Spaziergang sollte zu einem Grab führen, in dem seit 1934 Edmund Edel ruht. Der Plakatkünstler, der um die Jahrhundertwende diese Neuheit aus dem Paris des Toulouse-Lautrec mitbrachte. Im Juli 1900 bemalte Edel einen Berliner Bauzaun mit bunten Werbebildern für Ullsteins »Berliner Morgenpost«. Ein Foto zeigt Großstädter, wie sie den gemalten Reporter mit Zylinderhut, den Redakteur, die Zeitungsfrau, die Litfaßsäule bestaunen. Als Leopold Ullsteins 1898 gegründete »Berliner Morgenpost« mit bereits weit über hunderttausend Abonnenten ins neue Jahrhundert ging, war Edel an diesem Erfolg nicht unwesentlich beteiligt.

Maler, Graphiker, Karikaturist und Schrittmacher der Plakatwerbung, war er später auch bekannt als Schriftsteller, der »eine leichte, die Berliner Szenerie bisweilen mondän belebende Feder führte«. (Felix Henseleit)

Der Schriftsteller und Journalist Edmund Edel, eine der seltenen Doppelbegabungen, hat Zeitungsaufsätze über Berlins Spieler geschrieben, über den Karneval, über schöne Frauen und edle Pferde auf der Rennbahn; am 15. Dezember 1911 füllt er drei Spalten nur zum Thema »Die Krawatte« und beginnt: »Eine Eigenart des Mannes ist es, bei der Herrichtung seiner äußeren Erscheinung auf jeden lauten Schmuck zu verzichten. Ganz im Gegensatz zur Frau, deren Wesen erst im Schmuck und im Schmücken zum Ausdruck gelangt.« Doch ehe er für solche, damals für die elegante Welt durchaus akzeptable Ansicht vorschnell gerügt wird, den Schluß seiner Betrachtung: Der Mann »liebt seine Krawatte, weil er weiß, daß sie der einzige Lichtpunkt in dem Dunkel seiner äußeren Lebenserscheinung ist.«

Geboren am 10. September 1863 in Berlin – durch Helga Korff-Edels Freundlichkeit, der Witwe seines Enkels Peter Edel – lese ich Glückwünsche zu Edmund Edels 60. Geburtstag. Wenn man doch die Vornamen und Initialen der Gratulanten entschlüsseln könnte: Ein Gedicht, lauter Vierzeiler, stammt offenbar von seiner Hebamme P. L.: »Heute war's vor 60 Jahren, / Als es meiner Kunst geglückt, / Daß der kleine Edmund Edel / Das Licht der halben Welt erblickt. / Jene Welt hast Du berochen – / Hast gelitten und gestritten, / Hast gezeichnet und gemalt, / Hast geliebt, getanzt, geschrieben, / hast gepumpt und – oft – bezahlt! / Gabst der Mode die Gesetze / Auf des guten Tones Thron; / Dein Französisch war geleckter / Als das von Napoleon.« Ja, sie wünscht ihm: »Halt' Dich senkrecht immerdar, / Und Dein alter goldner Pimmel / Stehe fest bis hundert Jahr'!«

Edmund Edel gab sieben Jahrgänge die »Zeitschrift des Herrn« heraus, und als das legendäre »Café des Westens« zwanzig Jahre alt wurde, »Erinnerungen vom Kurfürstendamm«. Fünfzehn Buchtitel von Edmund Edel registrierte zwischen 1911 und 1920 Leipzigs Deutsche Bücherei. Darunter so reizvolle wie »Gigolo, der Freund der Frauen«, »Sylvias Liebesleben«, »Skandal im Victoria-Klub«. Aber bereits 1906 hatte er mit »Berlin W. Ein paar Kapitel von der Oberfläche« einen Auflagenerfolg erzielt. Mindestens sieben Bücher hat Edmund Edel aus dem Französischen übersetzt, sich vorsorglich Walter Bonus nennend wegen »Zonzon Pépette, das Straßenmädchen« und »Bekenntnisse eines Cynikers«, beide nach Erscheinen in der Reihe »Geheimnisse der Liebe« mit dem Vermerk *beschlagnahmt* versehen und *nur beschränkt ausleihbar.* Eine künftige Herausgeberin Edmund Edels – und sie sei ihm gegönnt – wird dort eine schriftliche Genehmigung vorzeigen müssen.

Am Haupteingang zum Friedhof weisen ein Lageplan und eine lange Liste hin auf Ehrengräber und denkmalgeschützte Grabstellen. Kein Edmund Edel darunter. Sicher ist er zu unbekannt.

Er starb am 4. Mai 1934, und man möchte hinzufügen: rechtzeitig. Sonst wäre ihm der Judenstern beschieden gewesen, Theresienstadt oder Auschwitz.

Doch wenn er noch kein Ehrengrab hat oder denkmalgeschützt wird, das ließe sich ändern. Eine Tafel, ein Hinweis. Man muß Berlins Sittenschilderer suchen auf den verschlungenen Wegen dieses Begräbnisparks – doch vergebens. Edmund Edels Grab wurde 1964 eingeebnet.

Intermezzo

»Berlin selbst aber ist wie ein Kirchhof des Ruhms; es hat viele große Menschen begraben, nur wenige hat es geboren.

...

Berlin weiß nur selten von einem, denn Berlin hat keine Westminsterabtei, keinen père la chaise. Berlin vergißt seine großen Toten, es hat keinen Stolz auf seine Vergangenheit. Um groß zu sein, muß Berlin noch einen Kirchhof für die Unsterblichen erhalten, wo ein Ruhm neben den andern gelegt werden und das Volk die Anknüpfungspunkte seiner Geschichte auffinden kann. Bis jetzt wird noch ein Ruhm hierhin, der andere dort begraben, in allen Winkeln liegt ein Stückchen davon. In Berlin mag ich nur begraben sein, wenn ich vergessen sein will.

Die Kunst zu vergessen aber besitzt Berlin in einem sehr hohen Grade.«

Fedor Wehl, »Die Wehmut in Berlin«, 1843

»Da bemerkt worden, daß sowohl auf dem Cöpnicker- als übrigen Kirchhöfen, sogar während der Predigten, Ball- und andere Spiele gehalten werden; so wird das Spielen der Kinder und Jungens auf sämtlichen Kirchhöfen hiermit gänzlich untersagt.«

9. Mai 1787
Kgl. Preuß. Policey Directorium

Wunsch

Wenn der Mensch eine Mutter hätte,
die ihn aufnimmt am Ende,
wie eine Mutter ihn hergab
am Anfang –
wie leicht wär der Tod.

Heinz Kahlau

Drei Verunglückte

Otto Nagel, der im zweiten Weltkrieg das alte Berlin auf seinen Bildern festhielt, ehe es in Schutt versank, ist im Wedding aufgewachsen, dem Berliner Arbeiterviertel. Daß er in jüngeren Jahren mit Wort und Bild an der legendären »A-I-Z« mitarbeitete, ist neben seinem malerischen Werk recht unbekannt. 1927 erzählte er dort auf einer Seite unter der Überschrift »Ein vergessener Denkstein« von einem Vorfall, der vierzig Jahre zurücklag.

In der Gegend des S-Bahnhofes Putlitzstraße, wo die Putlitzbrücke über den Spandauer Schiffahrtskanal führt, stand 1887 eine kleine Gastwirtschaft mit Namen »Schweinskopf«, der von einem Jagdabenteuer des Kurfürsten Joachim I. mit einem Wildschwein herrührte. In diesem Wirtshaus, schrieb Nagel, »fanden zur Zeit des Sozialistengesetzes, als jede legale Arbeit unmöglich, des öfteren Geheimsitzungen der Parteifunktionäre statt. – Auch am 22. Januar 1887 kamen Genossen der Berliner Nordbezirke zusammen, um zur bevorstehenden Reichstagswahl Stellung zu nehmen. – Gegen ein Uhr nachts wurde die Sitzung durch Spitzel (in Straßenbahneruniform) aufgestöbert. Um der Verfolgung zu entgehen und um die Wahllisten in Sicherheit zu bringen, versuchten zwei Genossen, Nauen und Lachmann, den dünn zugefrorenen Spandauer Schiffahrtskanal zu überqueren. Bei dem Versuch brachen sie ein. Auf ihre Hilferufe sprang der Genosse Hensel nach, um sie zu retten. Lachmann und Nauen waren mittlerweile unter dem Eis verschwunden, und auch Hensel schwebte in Lebensgefahr. Andere Genossen, die herbeieilten, konnten nicht mehr retten. Mit den Worten: ›Lebt wohl, Genossen! Meine Kinder!‹ versank auch er vor den Augen der Freunde.«

Sechs Tage später wurden die drei gemeinsam begraben. Der Bericht der Zeitung »Volksblatt« ist in mehrfacher Hinsicht aufschlußreich. Wir erfahren, wie sich vor hundert Jahren ein Trauerzug durch verkehrsreiche Straßen der nördlichen Innenstadt bewegte, und lernen gleichzeitig eine detaillierte Berichterstattung kennen, die längst zur Kulturgeschichte gehört. Sie findet außerdem unter dem Zensurauge statt. Ein Wort zuviel, und das Blatt wird beschlagnahmt.

Am 29. Januar 1887, es war ein Sonnabend, hatten sich »Hunderte von Arbeitern und Arbeiterinnen in dem Leichenschauhause in der Kommunikation zwischen dem Oranienburger und Neuen Thore eingefunden« – das sind die heutige Hessische und Hannoversche Straße mit dem Institut für gerichtliche Medizin und Leichenschauhaus – »um von hier aus dem Trauerkondukte sich anzuschließen. Die Leichen standen in der großen Halle offen aufgebahrt. Die Zahl der Kränze überstieg die Zahl Hundert, es befand sich darunter ein mächtiger Lorbeerkranz, der über einen Meter im Durchmesser hatte und vielfach gewunden war. Eine weißseidene Schleife mit goldenen Fransen, welche daran befestigt war, trug die Inschrift: ›Unseren treuen Freunden Nauen, Hensel, Lachmann – gewidmet von den Genossen Berlins‹. Prachtvolle Kränze, mit weißen und gelben Rosen und gleichfalls seidenen Schleifen mit goldenen Fransen hatten ferner die Steinträger des Wedding, ›die Genossen von 6 a‹, die Kollegen der Lampenfabrik von Schmidt u. Jädicke und die ›Arbeiterfrauen Berlins‹ gewidmet. Die Trägerinnen waren Frau Cantius und zwei junge Damen.«

Die »A-I-Z« bildet Frau Cantius ab und teilt mit, sie hätte während des Sozialistengesetzes eine große Rolle in der Berliner Arbeiterbewegung gespielt. »Hintermänner der Polizei lockten sie nach Amerika, wo sie 1899 von einem Spitzel erschossen wurde.«

»Eine Musikkapelle, welche man mitzuführen beabsichtigt hatte, wurde von der Polizei nicht zugelassen. Dem Zuge voran ritt ein Schutzmann, dann folgte ein Zugführer mit Palmenzweig, die drei offenen Leichenwagen, von je sechs zum Dienst kommandierten Genossen begleitet, dahinter die Frauen, etwa 80 an der Zahl, sämtlich mit Kränzen versehen, der Männerzug, etwa 800, in verschiedenen Abteilungen, denen Kränze vorangetragen wurden, und dahinter zehn Kutschen mit den Leidtragenden und sonstigen Freunden.«

Der Weg vom Leichenschauhaus zum Friedhof ist ein derart langer Fußweg, wie er – einmal ganz abgesehen vom heutigen Verlauf der Strecke – uns allein wegen seiner Länge unzumutbar erscheint. Wir haben uns angewöhnt, zu fahren und gefahren zu werden.

Der Zug erreicht das Oranienburger Tor und biegt links in die Chausseestraße ein, zu beiden Seiten von mehreren hundert Zuschauern begleitet und von der Polizei eskortiert, zieht er langsam nach Norden. Die Müllerstraße entlang bis zur Kreuzung Seestraße und jetzt nach links einbiegen. Dort endete damals Berlin. Der Friedhof der St.-Pauls-Gemeinde lag auf dem Gebiet des Dorfes Tegel. Ein uraltes Dünengelände, auf dem Berliner Kirchengemeinden Begräbnisplätze gekauft und seit 1865 eingerichtet hatten.

Vor dem Friedhof »erwartete den Zug bereits ein Kommando Schutzleute unter Führung eines Polizeihauptmannes und eines Polizeilieutenants, die Tegeler Gendarmen und Amtsdiener sowie eine zahllose Menge der arbeitenden Bevölkerung des Wedding. Als die Einsegnung der Särge erfolgt war, betrat ein Arbeiter das Gerüst und warf mit den Worten ›Treu war't ihr bis zum Tod!‹ einen Lorbeerkranz und eine lange blutrote Schleife, die er bis dahin verborgen gehalten hatte, in die offene Gruft. Die Polizeibeamten drängten von allen Seiten hinzu, um sich des Mannes zu versichern, in diesem Augenblick aber rief der Kirchhofsbeamte: ›Lasset uns ein stilles Gebet verrichten.‹ Diese Gelegenheit nahm der Spender der blutroten Schleife wahr, um zu verschwinden. Nach dem Gebet legte der Träger des Riesenkranzes denselben ›namens der Berliner Genossen‹, Frau Cantius die drei Kränze ›namens der Arbeiterfrauen‹ und ein anderer einen Lorbeerkranz ›namens der Parteigenossen im 6. Berliner Reichstagswahlkreise‹ auf das Grab nieder. Die weißseidenen Schleifen wurden danach von einem der Teilnehmer von den Kränzen entfernt und mitten durchgerissen.« Deutlicher konnte die Zeitung nicht werden. »Danach entfernte sich ohne Störung die mehr als 1000 Köpfe betragende Menge.«

Einige Jahre später wurde der Grabstein errichtet, den Otto Nagel gezeichnet hat.

Er wußte, daß einige Genossen ihn in freien Stunden hergestellt hatten, »ein großer Stein mit verwitterter Schrift«.

Gewidmet
den am 23. Januar 1887 Verunglückten
Robert Nauen geb. 8. 7. 58
Paul Hensel geb 20. 6. 56
Otto Lachmann geb. 30. 4. 62

Otto Nagel: »Mit den Jahren geriet die Sache mehr und mehr in Vergessenheit – und heute (1927) weiß fast niemand mehr davon.

Sonntags ziehen Tausende Proletarier mit ihren Familien am Kirchhof vorbei – sicher stand schon mancher Genosse vor dem Stein – ohne zu wissen, daß hier drei Genossen liegen, die in treuer proletarischer Pflichterfüllung ihr Leben verloren.«

Da waren vierzig Jahre vergangen. Knapp hundert Jahre nach dem Ereignis: Ob der Obelisk noch steht? »Nicht weit von der Straße – in der zweiten Reihe«, heißt es bei Otto Nagel. Aber dort ist nichts, was auf die gesuchte Grabstelle deuten könnte. Ein Grab einer Familie Nagel in der Nähe bietet Trugschluß an. Wurde nicht der junge Otto von seinem Vater bei Friedhofsbesuchen auf das Grab der drei hingewiesen, so daß er die Geschichte kannte und nicht vergaß? Aber diese Nagels sind keine Verwandten des Malers.

In der Friedhofsverwaltung gibt das vergilbte Register Auskunft. 4. Reihe. Und die ist nicht mehr vorhanden. Die Namen sind im Buch verzeichnet, die Berufe; so läßt sich hinzufügen, daß Paul Hensel Schlosser war und Robert (oder Albert?) Nauen Gürtler. Ihr

Alter ist nicht in Daten, sondern wie früher üblich in Jahren, Monaten und Tagen vermerkt.

Otto Nagel
(27. Sept. 1894 bis 12. Juli 1967)

Otto Nagel liegt auf dem Zentralfriedhof in Friedrichsfelde. Sein Name steht auf dem Stein in Bronzebuchstaben als sein vergrößerter Namenszug. Dieser Art In- oder Aufschrift begegnet man auf jüngeren Gräbern öfter, nur sind die zuweilen schwungvollen Schriftzüge nicht immer leicht lesbar. »Otto Nagel« bereitet keine solche Schwierigkeit. Dafür gab es eine andere. Die Buchstaben verschwanden vom Stein. Wurden erneuert. Verschwanden wieder, mehrmals. Da es sich aber um einen besonderen Menschen handelte, um einen Hochgeehrten, um ein Mitglied der Akademie der Künste, fragte man, wer das wohl sein mochte, der sich am Grabstein des Malers vergriff.

Man darf sich die nächtliche Szene ausmalen. Sorgsam gelegte Alarmdrähte – im Scheinwerferlicht der Staatsorgane steht ein Mann mit einer Kneifzange, der gewerbsmäßig solche Buchstaben von Grabsteinen abknipste. Er hackte sie daheim im Keller klein und trug die Bronze in Ankaufstellen, wo niemand stutzig wurde, sondern für gutes Metall gern gut zahlte. Gegen den Maler Otto Nagel, den er überhaupt nicht kannte, hegte der Mann keine Gefühle, höchstens, wie er sagte, daß es ihm lieber gewesen, wenn dieser nicht so kurznamig gewesen wäre, bloß neun Buchstaben, sondern vorteilhafter »Ulrich von Wilamowitz-Möllendorf« geheißen hätte, beispielsweise.

Julius Rodenberg

Als der städtische Spaziergänger im Mai 1884 vom Berliner Norden erzählt, kommt er auf einen Friedhof zu sprechen, der jüngst, 1881, in Friedrichsfelde bei Berlin angelegt worden ist. Ein neuer Gemeindefriedhof, der nicht »nur für die Armen allein, sondern als Begräbnisplatz für jeden, der hier zu ruhen wünscht«, eingerichtet worden ist, »und zwar für Mitglieder aller Konfessionen«.

»Noch ist es ein weiter, mühseliger Weg, der aus Berlin hierher führt. Die Stadt verliert sich hinter dem Wanderer, der durch die Frankfurter Allee kommt, die Häuser treten in immer größeren Abständen auseinander, bis sie fast unmerklich in die Vororte Lichtenberg und Friedrichsberg übergehen – halb städtisch, halb dörflich gebaut, und nun das flache Land ringsum, dürftige Felder zu beiden Seiten, leicht ansteigend, mit einer Straße, durch die man tief im Sande watet, und einer doppelten Reihe uralter Linden mit knorrigen Stämmen und spärlichem Laube. Nun kreuzt die Bahn den Weg und nun erst zweigt sich eine steingepflasterte Straße ab, die zu der mäßigen Höhe leitet. Hier stehen wir vor einem efeuumrankten Gittertor, über welchem ein einfaches Kreuz sich erhebt und darunter die Inschrift: ›Gemeindefriedhof für Berlin‹. Tritt man durch eine der angelehnten Türen, so ist man aus der Sandwüste, die Berlin umgibt, wie in einen Garten versetzt, mit Bosquets und Ruhebänken und weiten Wiesenflächen. Vor einer Stunde noch mitten in dem dichten Gewühl von Berlin, umgibt uns hier Einsamkeit und vollkommen Stille, Blumenduft und Geruch des frischen Grüns. Auch hier ist den Armen nicht mehr gegeben als ihre Nummer, ihre 2 1/2 Fuß Erde und je zwischen zwei Horizontalreihen ein Gang von zwei Fuß Breite; doch eine sorglich gepflegte Rasendecke breitet sich über jedes Karrée von Gräbern hin, das man wohl einen ›Totenacker‹ nennen darf, und die melancholische, echt märkische, leicht hügelige Landschaft mit dem unermeßlichen Gewölbe des Himmels darüber bildet den für das Gemüt beruhigenden Abschluß. Es ist ein schöner Sieg der Humanität, daß der Arme fortan nicht auch im Tode noch gekennzeichnet sein soll; und Manchem von uns, der mitten im Kampfe steht – Manchem der seinen Gott im Herzen trägt und in jedem Menschen seinen Bruder sieht, wird es wohltun zu denken, daß es wenigstens eine sichtbare Stätte gibt, an welcher jene großen Probleme der sozialen und religiösen Unterschiede, die das Leben nicht zu lösen vermag, zum Austrag gebracht worden sind; und daß auch er, wenn er will, seinen Ruheplatz sich da wählen kann, wo der Arme neben dem Reichen und der Bekenner der einen Kirche neben dem Bekenner der anderen schläft. Allerdings ist das Verhältnis zur Zeit noch ein höchst ungleiches: auf 2782 Armenleichen kamen in den drei Jahren von 1881 bis 1883 erst 18 bezahlte Gräber.«

Ohne daß er es erwähnt, entsteht damals vermutlich in Julius Rodenberg der Wunsch, seine letzte Ruhe auf diesem »für die gesamte

Computersprache auf einem Grabstein
Die Lochung im sogenannten Code R300 lautet:
»Unvergessen«

Bürgerschaft ohne Unterschied der Stände« bestimmten Friedhof zu suchen. Er wollte weder auf einem jüdischen Friedhof noch auf einem christlichen begraben werden.

Im September 1891 druckte Rodenberg in seiner »Deutschen Rundschau« seine Erzählung »Klostermanns Grundstück«. Das ältere, kinderlose Ehepaar Cajus und Flavia Klostermann sehnt sich nach einem Häuschen mit Garten. Als sie abends am Landwehrkanal spazierengehen und die Gleise der Potsdamer und Dresdner Eisenbahn überqueren wollen, die damals die Straße kreuzten wie heutzutage Straßenbahnschienen, bemerken sie einen herannahenden Zug erst im letzten Augenblick. Die Frau läuft noch schnell hinüber, ihr Mann steht wie gelähmt und fühlt, während ein Güterzug nicht enden wollend an ihm vorbeirasselt, »als ob sie nun getrennt seien für immer, als ob sie nie wieder zusammenkommen würden«. Im voraus erlebt er den Zustand, daß einer zurückbleiben wird, so plötzlich.

Später verlieren Klostermanns bei einer Grundstücksspekulation ihre Ersparnisse. Eines Tages erzählt Cajus von einem Grundstück, das er gekauft hat, und will es ihr zeigen. Sie fahren erst mit der Pferdebahn, gehen dann zu Fuß weiter, über Schienenstränge, bis sie den »Gemeindefriedhof für Berlin« betreten. Hier, in Friedrichsfelde zeigt

zeigt Cajus seiner Frau das erworbene Stück Land. Es trägt eine kleine Tafel: »Begräbnisstätte für das Ehepaar Klostermann«. Dieser Friedhof »ist der einzige dieses ungeheuren Bezirks von Millionen, in dem es keinen Unterschied des Standes, des Ranges, ja nicht einmal des Bekenntnisses mehr gibt. Es sind erst wenige Jahre, daß auch im Tode noch der Arme von dem Glücklicheren, dem es auf Erden wohlergangen, getrennt war, als ob niemals eine Gemeinschaft zwischen ihnen sein könnte.« Weil es hier keine solche Trennung mehr gibt, »darum hab ich gedacht, daß es gut sei, hier zu ruhen«.

Julius Rodenberg starb am 11. Juli 1914 und wurde beigesetzt auf dem Gemeindefriedhof in Friedrichsfelde. »Sein liebenswürdiges persönliches Bild aber bleibt uns jetzt nur noch in der Ledererschen Profilplakette, die ihn so wunderbar getroffen hat«, schrieb Paul Schlenther im Nachruf des »Berliner Tageblatts«. Offenbar kam durch diesen Hinweis das Porträtrelief oben an die Stele aus Sandstein, die das Grab schmückte: Mittelallee, Rondell, Grab Nr. 4. Von keinem Geringeren als Hugo Lederer (1871–1940), dem Schöpfer des Weimarer Liszt-Denkmals und des Bärenbrunnens am Werderschen Markt in Berlin, stammte das Porträtrelief. Mitsamt diesem bedeutenden Kunstwerk wurde das Grab im Jahre 1973 eingeebnet. Ohne zwingenden Grund. Das Rondell blieb unbelegt.

»Getreu seinem eigenen Wunsche und Wort ›Pietät für das, was gewesen‹ zu erwecken, wollen wir alles, was er, Julius Rodenberg, uns gewesen, in pietätvollem Andenken bewahren«, hatte es im Beileidstelegramm des Berliner Magistrats geheißen. 1914.

Dort, wo heute Unkraut wuchert, erinnert auch nichts an Rodenbergs Nachbarn im Rondell, den gleichfalls eingeebneten Berliner Stadtrat Dr. Ernst Friedel(1837–1918). Er ist u. a. der Gründer des Märkischen Museums und dieses Städtischen Friedhofes, dem schon zu Wilhelm Liebknechts Zeiten für die Berliner Arbeiterbewegung wichtigsten Begräbnisplatz.

Slang und Sling

Auf dem Zentralfriedhof Friedrichsfelde stößt man, wenn man vom Eingang kommend geradeaus geht und sich dann links hält, auf eine sanfte Anhöhe mit vielen Grabsteinen, die sich gleichen. Wie die

Menschen, die hier als Gleichgesinnte beigesetzt sind. An der linken Seite dieses Sonderfeldes fällt ein Name auf:

Fritz Hampel
1895–1932

Das ist der Satiriker Slang, der hierher umgebettet worden ist.

Fritz Hampel war Volksschullehrer in Leipzig und schrieb für die satirische Zeitschrift »Der Drache«. 1922 trat er in die KPD ein, zog nach Berlin und wurde 1924 Redaktionsmitglied der »Roten Fahne«. Er zeichnete Karikaturen und schrieb Glossen, satirische Gedichte und Geschichten, Feuilletons und Tagesbedarf. Acht Jahre lang: So wurde er »zu einem revolutionären Satiriker von Rang« (Erich Weinert im Nachruf).

Damals war weit über Berlin hinaus bekannt der humanistische Justizkritiker Paul Schlesinger, dessen geistreiche Gerichtsberichte in der »Vossischen Zeitung« dermaßen beliebt waren, daß viele Arbeiter dieses Blatt nur seinetwegen kauften. Schlesinger schrieb unter dem Pseudonym Sling, das er sich aus seinem Namen angefertigt hatte. An »Sling« knüpfte Hampel an, als er sich 1924 Slang nannte.

1928 sprach Slang sachkundig auf dem Gründungskongreß des Bundes proletarisch-revolutionärer Schriftsteller: »Kein Mensch wird von einem Arbeiter verlangen, daß er sich ein Paar Schuhe kauft, die ihm Hühneraugen verursachen. Ebenso kann man von ihm nicht erwarten, daß er sich eine Zeitung kauft, die – als Schlafmittel in den Handel gebracht – reißenden Absatz finden würde.« Er nannte Tatsachen: Weil die Arbeiterpresse zu langatmig und langweilig ist, lesen neun von zehn Arbeitern bürgerliche Zeitungen.

Seit 1927 zeichnete Fritz Hampel in regelmäßigen Abständen als verantwortlicher Redakteur der »Roten Fahne«, kam dadurch vor Gericht und wurde – auch für Beiträge, die er nicht verfaßt hatte – wegen Vorbereitung zum Hochverrat insgesamt zu zweieinhalb Jahren Festung und Geldstrafe verurteilt und saß lange in Untersuchungshaft. Konnte dieses seltene Talent nicht behütet werden? Konnte die »Rote Fahne« keinen Sitzredakteur anstellen, wie das andere Redaktionen schon immer getan hatten? Eine Antwort steht bei Slang. 1930 erwähnt er in einem Brief aus der Haft vierzig eingesperrte Redakteure kommunistischer Zeitungen.

Als er im Frühling 1932 aus dem Gefängnis kam, war er herzkrank. Er fuhr mit seiner Mutter nach Koserow, um sich an der Ostsee zu erholen, und starb beim Baden an Herzversagen. Er war 37 Jahre alt.

Daß wir mittlerweile mehr über diesen Mann wissen und vieles nachlesen können, verdanken wir dem rührigen Leipziger Herausgeber Wolfgang U. Schütte, der noch immer neudruckfähige Hampel-Texte fand und herausgab.

Mich störte, daß auf Fritz Hampels neuem Grabstein nicht das Markenzeichen stand, der Name »Slang«, unter dem man ihn heute noch erkennt. Ich schrieb das in meiner wöchentlichen Rubrik in der »Wochenpost«. Wir hatten, wir haben so wenige Satiriker, da muß ihr Andenken ganz besonders behütet werden. Inzwischen ist die Inschrift ergänzt.

Was Sling angeht, der ebenfalls zu früh verstarb – oder vielleicht doch beizeiten, wenn man sein jüdisches Schicksal unter Hitler bedenkt –, Sling liegt auf dem Waldfriedhof in Stahnsdorf begraben.

Peter Nell

Als die Dinge Ende 1953 so weit gediehen waren, daß eine neue Zeitung erscheinen konnte, die »Wochenpost« heißen sollte, fand eine kleine Feier statt, zu der, wie die Weisen aus dem Morgenlande, drei Schriftsteller erschienen. E. R. Greulich, Walther Victor und Peter Nell. Als gute Fee umstanden sie das Ungeborene und versprachen ihm, was sie später getreulich hielten. Mitarbeit.

Nell gehörte dann einige Monate lang zur Redaktion. Er war der erste Schriftsteller, den ich aus der Nähe besichtigt habe. Ehe die erste Nummer in die Setzerei ging, las er die Manuskripte für den umfangreichen Kulturteil, darunter mein erster Beitrag. Er besah Sprache und Stil, strich Füllwörter, die sich erst unter seinem Blick als solche offenbarten, ließ Einwände gelten, setzte einen Punkt oder ließ den Satz offen ... Ich saß daneben und schaute zu. Änderungen wurden damals nicht hinterrücks vorgenommen.

Er stammte aus einem Berliner Hinterhaus. Seine Eltern besaßen kein Buch, aber einen lesehungrigen Sohn. Dann war Krieg. Sie gingen früh zu Bett, um Licht und Essen zu sparen; und dort im Dunklen erzählte der Zehnjährige seiner Mutter den Inhalt der Bücher, die er gelesen hatte. Schmückte ihn gern aus und erfand mancherlei hinzu. »Was ich nicht verstanden oder was mir nicht gefallen hatte, änderte ich, wie es mir entsprach.«

Dieses Ändern läßt sich in seinem Leben verfolgen. Als junger Mann schloß er sich jenen an, die die Verhältnisse ändern wollten. Schrieb in der Freizeit für Arbeiterblätter und änderte, um den Arbeitsplatz nicht einzubüßen, seinen ursprünglichen Namen. Gorkis »Mutter«, auf Gruppenabenden in Fortsetzungen vorgelesen, hatte ihn tief bewegt. Deshalb gab Pawel ihm den Vornamen Peter, während Nell von Nilowna stammt, dem Vatersnamen der »Mutter«.

Fünf Jahre nach seinem Tode, 1962, ließ die Akademie der Künste eine Auswahl aus dem Werk Nells erscheinen. Dort ist er auf Fotos zu sehen: mit Anna Seghers, mit Hermlin, auf dem Buchbasar und mit Lesern. Der durch eine Kriegsverletzung schwer gehbehinderte Mann mit Stock und Baskenmütze, der nie richtig dazu kam, in Ruhe seine Bücher zu schreiben, weil er immer irgendwo gebraucht wurde. Zuerst im Landessender Potsdam, dann als stellvertretender Chef der »BZ am Abend«, schließlich war er Leiter der Hauptabteilung »Schöne Literatur« im Kulturministerium. Wer dachte, daß er bald nach seinem fünfzigsten Geburtstag sterben würde?

Sein letztes Buch – illustriert von seinem Freund Max Schwimmer – heißt »Liebesbriefe aus Wiepersdorf«. Zwölf Briefe in der Art seiner Zeitungsbeiträge,-kleine Betrachtungen auf der letzten Seite, die Nell im Gespräch »Seelenarzt« nannte. Er unterzeichnete mit seinem Vornamen. Wollte Menschliches bereden, übertrieb aber seine gute Absicht nicht. Nannte den ersten Artikel einfach »Fast so wichtig wie die Weihnachtsgans«, sagte am Schluß: »Kommen wir uns menschlich näher, gerade auch wir, die sich zu kennen meinen.«

Bruno Kaiser

Ja, man konnte erwarten, daß uns der gütige Bücherfreund auch nach seinem Tode noch überraschen würde. Die Deutsche Staatsbibliothek Unter den Linden zeigte »Lesezeichen aus der Sammlung Bruno Kaisers«. Er hatte sie nebenbei zusammengetragen. Beim Büchersammeln.

Acht Vitrinen. Lesezeichen benötigen wenig Raum und erzählen viel. Früher legten Verlage ihren Büchern solche Streifen bei. Mit

VOLKMAR
WINKLER
MICHAEL
TSCHESNO-
HELL
RUDOLF
SINGER
1915 – 1980
ANNI
SINGER
1917 – 1980
BRUNO
KAISER
1911 – 1982

Autorenporträts, mit noblen Zitaten, mit Ankündigungen, Preisangaben und werbendem Allerlei. Buchhändler luden auf diese Weise ein, desgleichen Museen, Bibliotheken und wer sonst mit Lesekundigen rechnete. Die Heinrich-Heine-Buchhandlung am Bahnhof Zoo druckte 1958 das Jahreskalendarium auf ihre Lesezeichen aus Seide.

Buchzeichen vom Zahlenlotto, vom Industrieladen »Untertrikotagen«, vom Progreß-Filmvertrieb. Ältere Prachtexemplare stammen von vergessenen Kaffee- oder Weinhandlungen. Das Lesezeichen der Chlorodont-Zahnpasta hat Tubenform.

Und Sprüche, viele Sprüche. Zweimal vertreten »Ein Blick ins Buch und zwei ins Leben ...«, immer wieder Goethe untergeschoben. Dabei stammt der schöne Satz von Walther Victor.

Kostbare Stickereien. Einlagen für das Gesangbuch. Konfirmationsgeschenke. »Friede sei mit euch« auf einem unscheinbaren Stück, ohne Abbildung, in Blindenschrift. Dann raffiniert gegen Eselsohren erdachte Dreiecke, die Buchschändern das Einknicken der Seiten abgewöhnen möchten, beizeiten; eines stammt vom Kinderjournal »Frösi«.

Lesezeichen: »Hier schlief ich ein« oder »Wieder gestört« oder »Leider Schluß für heute« und »Morgen weiter«.

Zum Lesezeichen kann werden, was einem gerade in die Hände fällt. Die Ausstellung sagt deutlich: soweit es Papier in jederlei Form ist – Fahrkarten, Briefe, Fotos, Theaterkarten, Rechnungen, Rezepte, Geldscheine, Zeitungsränder – ist gegen das Lesezeichen nichts einzuwenden. Sobald es sich aber um Buchseiten schädigende Gegenstände »und um ihre Verwendung in Bibliotheksbüchern handelt, sind das barbarische, bekämpfenswerte Unsitten!« Nur in Bibliotheksbüchern? Zuweilen verleihen auch Einzelwesen ein Buch und bekommen es nicht immer einwandfrei zurück. So ging es jemandem, der sein Buch kaum wiedererkannte vor Benutzungsspuren. Da schrieb er als Empfangsbestätigung diesen kurzen Brief: »Sie haben in meinem Buch Ihr Lesezeichen vergessen!« und legte eine Speckschwarte bei.

Selbstverständlich hat sich der weitgereiste Bruno Kaiser manches von außerhalb mitgebracht. Am häufigsten unter den Städten ist Leipzig vertreten, die Buchstadt, wo er als Vorsitzender der Jury jährlich die schönsten Bücher auswählte.

Er tat ja noch viel mehr. Nachdem das entsetzliche Nazireich verendete, gab er »Das Wort der Verfolgten« heraus. 400 Seiten vom Vormärz bis zur Bücherverbrennung. Er selber war ein Verfolgter und hatte im Exil in der Schweiz den literarischen Nachlaß von Georg Herwegh entdeckt, damit ein Museum eingerichtet und sich auf eine bücherfreundliche Zukunft vorbereitet. 1949 wurde er der Direktor der Bibliothek des Instituts für Marxismus-Leninismus; ein Forscher, dessen Spürsinn und Sachkunde Bücher aufspürten, die einst Marx und Engels gehörten. Er entdeckte auch unbekannte Texte der beiden.

Bruno Kaiser gab in fünf Bänden die »Sämtlichen Werke« von Georg Weerth heraus, dem Feuilletonredakteur der »Neuen Rheinischen Zeitung« und erstem Dichter des deutschen Proletariats.

Bruno Kaiser gründete die Pirckheimer-Gesellschaft der Bücherfreunde im Kulturbund der DDR. Ohne ihn ist die Entwicklung der Buchkunst und der Bibliophilie nach dem Krieg nicht denkbar.

Wenn er die Jahresversammlung unserer Pirckheimer-Gesellschaft eröffnete, sprach er Nachworte auf verstorbene Mitglieder; stilistischer Hochglanz, verbunden mit einer Wärme, die man davontrug. Gleichzeitig aber, wenn er dort am Pult stand, bangte man um ihn. Wie lange würde sein Herz ihm gehorchen wollen.

Er war ein so gütiger Mensch. So freundlich, so leise. Freundlich einen Beitrag für seine Pirckheimer-Zeitschrift fordernd, den ich dann doch nie geschrieben habe.

Sooft ich ihm als Bibliothekswesen begegnete, trug er ein wunderbar weich aussehendes und gewiß sich auch so anfühlendes Samtjackett.

Im Norddeutschen Antiquariat in Rostock lagen immer für ihn Lesezeichen bereit. Vergangenes Jahr, als ich von der Ausstellung aus seinem Nachlaß erzählte, durfte ich mir welche aussuchen. Das macht froh. Jedoch nicht ohne den Gedanken, mir wäre viel lieber, Bruno Kaiser trüge sie mir unter der Lesenase davon.

Warum habe ich ihm nie gesagt, sagen können, wie sehr ich ihn verehrte! Im Dezember 1972, als wir zu Heines 175. Geburtstag alle verfügbaren Heinrich-Heine-Preisträger zusammenrafften in der Kongreßhalle am Alexanderplatz, als jeder etwas vortragen mußte, entweder von sich oder von unserem Heine, da kündigte Bruno Kaiser an, er werde ein Kapitel aus dem Buch »Le Grand« vorlesen.

Der Saal war gefüllt. Mit Heine-Freunden, mit Angehörigen, mit jungen Interessenten – es gab gar nicht genug Karten und Plakate zum Signieren. Das war noch nie dagewesen: Fast alle lebenden Heine-Preisträger auf einer Bühne beisammen!

Dann kam der Mann, der 1956 einer der beiden ersten Heinrich-Heine-Preisträger gewesen war, Bruno Kaiser sagte: »Ich lese das zwölfte Kapitel aus dem Buch ›Le Grand‹«.

Er machte eine Pause, sah zum Schein in das Buch in seiner Hand, sprach dann frei ins Auditorium: »Die deutschen Censoren

. . . .

Dummköpfe . . . . . . «

Ich bin kein Freund literarisch verwerteter Träume. Sie interessieren mich nicht, weil ich sie für erdacht halte und weil mir die erlebte Wirklichkeit lieber ist.

Aber was kann ich dafür, wenn ich zwei Monate nach seinem Tode von Bruno Kaiser geträumt habe …

Er trug einen Bücherstapel aus der Staatsbibliothek, las im Gehen und hatte auf seinem linken Jackettärmel einen runden Aufnäher, auf dem stand: »Ich habe Zeit«.

Vor dem Neuen Tor

Die Welt treibt fort ihr Wesen,
Die Leute kommen und gehn,
Als wärst du nie gewesen,
Als wäre nichts geschehn!

Diese Eichendorff-Verse setzte Ulrike Laar an den Anfang ihres Buches »Berliner Kirchhöfe«, das 1869 erschien. Es war eine Sammlung von Aufsätzen, die »gelegentlich, bei Spaziergängen auf unseren Kirchhöfen« entstanden und zuerst in einer Zeitung veröffentlicht worden waren. »Als die erste Idee zu den Aufsätzen entstand, waren die Stadttore schon abgebrochen, hatte Berlin noch Mauern. Nichts natürlicher daher, als die Kirchhöfe nach den Toren einzuteilen.«

Ulrike Laar, die unter dem kunstvoll aus ihrem Vornamen gefertigten Pseudonym U. Kleri veröffentlichte, beginnt ihre Beschreibung der zweiundzwanzig Kirchhöfe mit dem Invalidenpark vor dem Neuen Tor.

Der Invalidenpark unter den Friedhöfen? Invalidenpark heißt die Grünanlage. Da stehen wir in der Nähe des Grenzübergangs an der Haltestelle und warten auf den 57er Autobus. Dort hinten, wo er aus der Habersaathstraße einbiegen wird, der einstigen Kesselstraße, wo mittlerweile ein Wohnblock errichtet wurde, stand früher eine über 37 Meter hohe gußeiserne Säule. Obenauf ein Adler mit ausgebreiteten Schwingen, unter ihm eine Galerie, zu der 199 Stufen im Innern der Säule führten. Schöne Aussicht.

Ulrike Laar nennt die Inschrift: »National-Denkmal zum Gedächtnis der in den Jahren 1848 und 49 treu ihrer Pflicht für König und Vaterland, Gesetz und Ordnung gefallenen Brüder und Waffengenossen«, dazu die Namen auf achtunddreißig Marmortafeln.

»Mit ihnen aber auch allen denen, die in der revolutionären Bewegung der Jahre 1848 und 49 bei Verteidigung und Aufrechterhaltung der Königlichen Gewalt den Tod gefunden haben.« Das Gegenstück zum Friedhof der Märzgefallenen.

Es gehört sich, bei dieser Gelegenheit an Schopenhauer zu erinnern, an sein Testament. Wen setzte er zum Universalerben ein? Den Fonds zur Unterstützung der »in den Aufruhr- und Empörungskämpfen der Jahre 1848 und 1849 für Aufrechterhaltung und Herstellung der gesetzlichen Ordnung in Deutschland invalide gewordenen Preußischen Soldaten, wie auch den Hinterbliebenen solcher, die in den Kämpfen gefallen sind«.

Der kleine Friedhof und die große Säule sind nicht mehr. Ein angegilbtes Stück Zeitung mit der Überschrift »Invalidensäule stürzte«. Sie hat es nicht von selber getan. Zum 100. Jahrestag der Märzrevolution hatte das Berliner Stadtparlament auf seiner Jubiläumssitzung am 10. März 1948 beschlossen, die Invalidensäule sofort zu beseitigen. »Diese im März erlassene Anordnung konnte endlich im August durchgeführt werden. Mehrere zuständige Stellen hatten sich zur Aufgabe gemacht, den Beschluß durch absichtlich herbeigeführte Verzögerungen zu boykottieren«, was immer das heißen mochte. »Das ohnehin stark baufällige und einen ständigen Gefahrenpunkt bildende Denkmal« wurde durch Seilzug gestürzt.

Man sollte wegen der entfernten Säule nicht zu sehr mit den Verantwortlichen und ihrem einseitigen Geschichtsbild hadern. Damals war kalter Krieg. Die Teilung Berlins kündigte sich an.

Zum großen Invalidenfriedhof ist es von hier nicht weit. Aber nie weiß man genau, ob er geöffnet ist und wann. Da ist es gescheiter, an einen Mann zu erinnern, der die Zahl der Invaliden zu vermindern suchte:

Christian Andreas Cothenius

Am 14. Februar 1708 in Anklam geboren, er hatte in Halle studiert, sich in Karlsbad weitergebildet und 1734 in Havelberg niedergelassen – viele Orte markieren den Weg dieses Arztes, der zu seinen Patienten reiten mußte oder im Kutschwagen fuhr, dort bei Mondschein und Funzellicht las und sich die Augen verdarb. Weit entfernte Kranke behandelte er brieflich. Nebenbei war er Bürgermeister und wurde Hofrat.

Als man dem Erfolgreichen am mecklenburgischen Hofe eine Leibarztstelle angeboten hatte, verbot ihm König Friedrich die Ausreise, weil er einen Mann, der »in seinem Kreis und bei der Garnison so nötig ist«, nicht entbehren wollte.

1748 wird Cothenius nach Potsdam berufen, ist Kreisarzt für zwei Landkreise, Arzt des Waisenhauses, Stadtphysikus und bald Leibmedicus. Seine weiteren Ämter und Titel füllten etliche Zeilen. Im Endeffekt: Cothenius hatte im behördlichen Gesundheitswesen am meisten zu sagen. Günstig war, daß er Mitglieder des königlichen Hauses heilen konnte; ungünstig, daß Friedrichs Lieblingsneffe dennoch an den Pocken starb. Zwar vermochte Cothenius den Gichtzeh des Königs zu besänftigen, mußte jedoch später anderen Leibärzten den Platz an Friedrichs Krankenbett überlassen.

Die wichtigste Leistung von Cothenius ist sein Wirken als oberster Militärarzt im Siebenjährigen Krieg. Täglich besuchte er die Lazarette und hielt Konferenzen ab, auf denen er sich über Krankheiten berichten ließ. Ernst Gottfried Baldinger, der damals hospitierte, hat den preußischen Infanteristen beschrieben, der marschierend oftmals über dreißig Kilo schleppen mußte: Montur und Seitengewehr, Schießprügel und gefüllte Patronentasche, Tornister mit Wäsche und Habseligkeiten, ein Leinensack mit Brot, die Feldflasche mit Wasser gefüllt auf der Brust, und »nicht selten ladet man ihm noch Zeltpflöcke, Handbeil und dergleichen Gerätschaften auf«. Ohne Mantel, mal ausgehungert, mal überfressen, findet sich der Soldat schon vor dem Gefecht solchen Feinden wie Skorbut, Fieber, Durchfall, Typhus und Krätze ausgesetzt, und unsicheren Ärzten. Cothenius organisierte das bis dahin unzulängliche Lazarettwesen.

Für den König stellte er eine Feldapotheke zusammen: viele Arten Abführ- und Brechmittel, Hirschhorngeist, Kampfer, Moschus, Opium und mancherlei Balsam und etliche andere, inzwischen veraltete Medikamente. Ein kleines Regierungskrankenhaus. Das schmälert nicht seine Leistung für den einfachen Mann. Cothenius ließ jeder Feldapotheke einen Laboranten zuteilen, der Medikamente herstellen konnte; 104 Rezepte allein stammten von dem Generalfeldstabsmedicus, der nach Kriegsende dem König schreiben konnte, daß über 220000 Kranke und Verwundete »gesund aus dem Lazareth gegangen« sind.

In den folgenden, nicht durch Krieg behinderten Jahren durfte Cothenius nach Berlin ziehen, wo er im Ephraim-Palais wohnte und wegen seines Naturalienkabinetts bekannt wurde. Er organisierte die Neuordnung der Hofapotheke und hatte die Krankenhäuser und Hospitäler einschließlich der Charité zu überwachen. In der eigenen Praxis behandelte er arm und reich. Sein Kollege und Biograph, der Leibarzt Moehsen äußerte: »Die beständigen Krankenbesuche waren ihm so zur Gewohnheit, ja fast zur Leidenschaft geworden, daß er sich nicht glücklicher fand, als wenn er recht vielen Hilfsbedürftigen nützlich sein konnte. Alle und jeder Arme und Notleidende hatten bei ihm täglich freien Zutritt, und er stand ihnen bis auf die letzten Tage seines Lebens mit Rat und Tat bei.«

Cothenius starb am 5. Januar 1789. Er war erblindet, hatte aber mit Unterstützung jüngerer Ärzte weiterpraktiziert und offenbarte in seinem Testament jene zu Lebzeiten geübte Großzügigkeit. Der Berliner Akademie der Wissenschaften vermachte er Geld für einen Forschungspreis, nach Halle gab er Geld an die Leopoldina für preiswürdige Arbeiten auf dem Gebiet der Medizin. Für arme Kinder seiner Geburtsstadt Anklam stiftete er einen hohen Betrag. Seine Bücher, die neben der naturwissenschaftlichen Sammlung eine Sehenswürdigkeit darstellten, vermachte er den beiden Akademien.

Begraben wurde Christian Andreas Cothenius auf dem Dreifaltigkeitsfriedhof am Halleschen Tore, wo sich das Wandgrab von Friedrichs Leibarzt Moehsen bis in unsere Zeit erhalten hat. Das Cotheniusgrab existiert nur noch als Kupferstich. Lebensgroß sitzt Hygieia, die Göttin der Gesundheit, und stützt den rechten Arm auf eine Urne mit dem Reliefporträt des Verstorbenen. Um ihren linken Arm geringelt, läßt eine Schlange heilsames Gift in eine Schale tröpfeln. Auf der Rückseite des Steins trauert ein Engel mit dem Asklepiosstab. Der Künstler dieses monumentalen Werkes ist uns nicht bekannt.

Das Denkmal litt unter der Witterung der Jahrzehnte und wurde 1864 durch freiwillige Spenden erneuert, lag aber später in Stücke zerfallen in einem Friedhofswinkel, bis der Generalarzt der Armee, Dr. von Schjerning, das Andenken seines Vorgängers rettete. Die Kaiser-Wilhelm-Akademie für das militärärztliche Bildungswesen bekam um die Jahrhundertwende einen Neubau. Auf einem mit Rasen bedeckten Hof fand das kunstvolle Grabdenkmal seinen endgültigen Standort – wie man sagen könnte, wären die Militärärzte nicht wieder in den Krieg gezogen.

Wir stehen an der Haltestelle und drehen uns zum Grenzübergang um. Rechts das große, neubarocke Gebäude der einstigen Militärärztlichen Akademie, von der noch ein Relief mit einer Hygieia kündet, die einem Rosselenker hilft, diente nach 1945 anderen Operationen, wurde dann Regierungskrankenhaus und ist jetzt Poliklinik für Diplomaten, wie das Schild am Eingang mitteilt. Es gibt dort in der Scharnhorststraße 37 einen parkartigen, 150 Quadratmeter großen, unter dem Namen »Cotheniushof« geführten Innenhof. Das Denkmal ist verschwunden. Im Erdboden soll ein überwachsener Sockel sein. Das ist alles.

Testament eines Berliners

Mit Musik, doch ohne Pfaffen,
Gleichfalls ohne vieles Flennen,
Sollt Ihr mich zum Friedhof schaffen
Und mich braun zu Asche brennen.
Dann begrabt mich armen Pinsel,
Kleingestäubt in Ur-Atome,
Unweit von der Pfaueninsel
Hart am holden Havelstrome.
Sonntags, wenn sich heiß umschlingen
Fritze, Kläre, Max, Adele,
Und die kleinen Mädchen singen, – –
Freut sich meine arme Seele.

Alfred Kerr, 1926

Literaturauswahl

Altenberg, Peter: Übers Schreiben
In: Altenberg, Peter: Diogenes in Wien. Band 2. Berlin, 1979

Bloch, Peter; Ludwig Scherhag: Grabmäler in Berlin III. Exempel: Die Kirchhöfe des 18. Jahrhunderts vor dem Halleschen Tor. Berlin (West), 1980 (Berliner Forum; 1980/7)

Etzold, Alfred; Peter Kirchner; Heinz Knobloch: Jüdische Friedhöfe in Berlin. Berlin, 1980 (Historische Friedhöfe in der Deutschen Demokratischen Republik; Heft 1)

Fontane, Theodor: Briefe. Berlin, 1980

Fontane, Theodor: Romane und Erzählungen. Berlin 1969

Forster, Ursula von: Zum 85. Todestag Theodor Fontanes. In: Fontane Blätter; 1984/1, Band 5, Heft 5. Potsdam, 1984

Geist, Johann Friedrich; Klaus Kürvers: Das Berliner Mietshaus 1740 bis 1862. München, 1980

Juden in Preußen. Ein Kapitel deutscher Geschichte. Dortmund, 1981 (Die bibliophilen Taschenbücher; 259/260)

Kahlau, Heinz: Lob des Sisyphus. Leipzig, 1983

Kerr, Alfred: Caprichos. Berlin, 1926

Knobloch, Heinz: Berliner Fenster. Halle; Leipzig, 1981

Knobloch, Heinz: Herr Moses in Berlin. Berlin, 1979

Laar, Ulrike: Berliner Kirchhöfe / U. Kleri (d. i. Ulrike Laar). Berlin, 1869

Lange, Annemarie: Berlin zur Zeit Bebels und Bismarcks. Berlin, 1972

Lange, Annemarie: Das Wilhelminische Berlin. Berlin, 1967

Lowenthal, Ernst G.: Juden in Preußen. Ein biographisches Verzeichnis. Berlin (West), 1981

Magie der guten Laune. Hrsg. Felix Henseleit. Berlin (West), 1967

Meidow, Werner: Der fröhliche Weinbergsweg. In: Miniaturen zur Geschichte, Kultur und Denkmalspflege Berlins; 12. – Berlin, 1983

Müller, Adrian von: Edelmann ... Bürger, Bauer, Bettelmann. Berlin (West), 1981

Ossietzky, Maud von: Maud von Ossietzky erzählt. Ein Lebensbild. Berlin, 1966

Preußische Bildnisse des 19. Jahrhunderts. Zeichnungen von Wilhelm Hensel. Ausstellung und Katalog: Cécile Lowenthal-Hensel. Nationalgalerie. Berlin (West), 1981

Rodenberg, Julius: Bilder aus dem Berliner Leben. 3 Bände. Berlin, 1885/1888. Als Auswahl: Berlin, 1987

Schoenichen, Walter: Geweihte Stätten der Weltstadt. Langensalza, 1929

Straub, Enrico: Berliner Grabdenkmäler. Berlin (West), 1984 (Berlinische Reminiszenzen; 55)

Streckfuß, Adolf: 500 Jahre Berliner Geschichte. Berlin, 1886

Streckfuß, Adolf: Vom Fischerdorf zur Weltstadt. Berlin seit 500 Jahren. Berlin, 1864

Voss, Karl: Reiseführer für Literaturfreunde – Berlin. Vom Alex zum Kudamm. – Frankfurt/Main; Berlin (West); Wien, 1980

Voßke, Heinz: Geschichte der Gedenkstätte der Sozialisten in Berlin-Friedrichsfelde. Berlin, 1982

Willmann, Heinz: Geschichte der Arbeiter-Illustrierten Zeitung (AIZ) 1921–1938. Berlin, 1974

Wo Schriftsteller in Charlottenburg wohnten. Bücher und Anschriften/ Stadtbücherei Charlottenburg. Berlin (West), 1980

Wohlberedt, Willi: Verzeichnis der Grabstätten bekannter und berühmter Persönlichkeiten in Groß-Berlin und Potsdam mit Umgebung. 4 Teile. Berlin, 1932; 1934; 1939; 1952

Bildnachweis

Archiv des Autors: 41
Thomas Franze: 1, 2, 4, 6, 10, 23, 26
Richard Groschopp: 32, 33
Christoph Lang: 40
Barbara Meffert: 37
Andreas Vogt: 19
Alle weiteren Aufnahmen vom Verfasser

(Aus typographischen Gründen wurde im Text auf eine Numerierung der Bilder verzichtet; die Zahlen entsprechen der Abfolge ihrer Verwendung.)

Die Karten für den vorderen und hinteren Vorsatz zeichnete Manfred Gneckow.

Register: Ursula Beyer, Leipzig

Erwähnte Friedhöfe

Berlin/DDR

Alter Garnisonsfriedhof. Kleine Rosenthaler Str. 3/7 (1054)
Consistorium der Französischen Kirche.
  Friedhof Chausseestr. 127 (1040)
  Friedhof Wöhlertstr. (1040)
Domgemeinde St. Hedwig, Wöhlertstr. (1040)
Dorotheenstädtische und Friedrichwerdersche Gemeinde
  Chausseestr. 126 (1040)
Elisabeth-Gemeinde. Ackerstr. 37 (1040)
Evangelischer Dom-Friedhof. Wöhlertstr. (1040)
Invalidenfriedhof. Scharnhorststr. (1040)
Jüdischer Friedhof.
  Herbert-Baum-Str. 45 (1120)
  Schönhauser Allee 23–25 (1055)
  Große Hamburger Str., Grünanlage (1040)
Nicolai-Marien, Prenzlauer Tor (1055)
Sophien-Gemeinde
  Große Hamburger Str./Sophienstr. (1040)
  Friedhof II, Bergstr. 29
Städtischer Friedhof Pankow. Buchholzer Str. (1110)
Waldfriedhof Oberschöneweide. An der Wuhlheide (1170)
Zentralfriedhof Friedrichsfelde. Gudrunstr. (1130)

Bezirk Potsdam/DDR

Südwest-Friedhof. Stahnsdorf (1533)
Wilmersdorfer Waldfriedhof. Stahnsdorf (1533)

Berlin (West)

Domfriedhof St. Hedwig. 51, Ollenhauerstr. 24–28
Dorotheenstädtischer Friedhof II. 65, Liesenstr. 9
Dreifaltigkeitsfriedhof. 61, Bergmannstr. 39–41
Dreifaltigkeitsfriedhof, Jerusalems- und Neue Kirchgemeinde. 61, Mehringdamm/Zossener Str.
Johannis-Friedhof. 65, Seestr. 126
Nazareth-Friedhof. 65, Seestr. 125
St. Pauls-Gemeinde. 65, Seestr.
Städtischer Friedhof Charlottenburg, Heerstr. 19, Trakehner Allee 1

Andere und aufgehobene Friedhöfe

Armenfriedhof Koppenplatz (Grünanlage)
Sophienfriedhof Gartenstraße (Grünanlage)
Friedhof der Märzgefallenen
Invalidenpark vor dem Neuen Tor (Grünanlage)
Kirchhof Domkirche
Kirchhof Parochialkirche, Klosterstraße
Lichterfelder Kirchhof
Luisenstadtkirche
Matthäi-Kirchhof

Personenregister
(Auswahl)

Inhalt

ISBN 3-371-00085-0

3. Auflage 1989
Lizenznummer: 48-48/28/89
LSV 7002
Gesamtgestaltung: Hans-Joachim Schauß
Printed in the German Democratic Republic
Gesamtherstellung: Druckhaus Aufwärts, Leipzig III/18/20 · 740
Bestellnummer: 695 647 0
01320

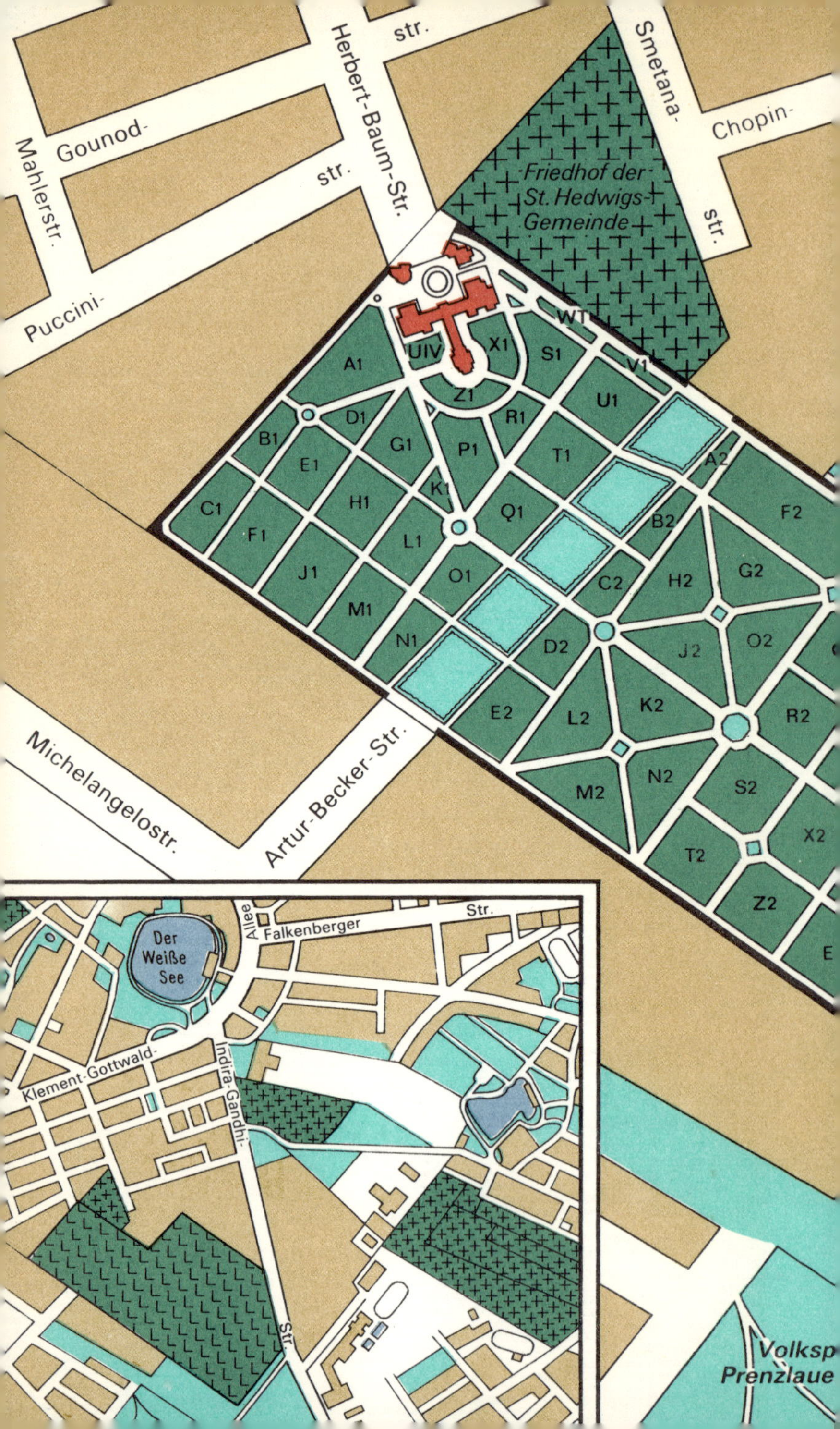

Gounod-
str.
Herbert-Baum-Str.
Smetana-
str.
Chopin-
str.
Mahlerstr.
Puccini-
Friedhof der St. Hedwigs-Gemeinde
WT
UIV
X1
S1
V1
A1
Z1
U1
D1
R1
B1
G1
P1
T1
A2
E1
K1
H1
Q1
B2
F2
C1
F1
L1
J1
O1
C2
H2
G2
M1
N1
D2
J2
O2
E2
L2
K2
R2
M2
N2
S2
T2
X2
Z2
E
Michelangelostr.
Artur-Becker-Str.
Der Weiße See
Allee
Falkenberger
Str.
Klement-Gottwald-
Indira-Gandhi-
Str.
Volksp
Prenzlaue